Axel Andree

DIE KNEF

Hildegard Knef

Axel Andree

DIE KNEF

*Mit 81 Fotos und Originaltexten
aus den Werken von Hildegard Knef*

*sowie Verzeichnissen der Theater-, Film-, und
Fernsehrollen, einer Discographie
und einer Auflistung der Auszeichnungen und Preise*

LANGEN MÜLLER

BILDNACHWEIS

Auf den Seiten 1 bis 9 befinden sich Rollen- und Privatporträts zwischen 1943 und 1959

Aus dem Archiv von Hildegard Knef stammen die Bilder:
Nr.1 (Defa, Foto Klagemann), 4, 5, 7, 8 (Foto: Rico Puhlmann), 10, 11, 12, 13, 15, 16, 17, 18, 19, 23, 24, 26, 27, 31 (Foto: Hubmann), 32, 33, 34 (Foto: Irm Kühn), 35, 36, (Foto: Hubmann), 37 (Foto: Hubmann) 38, 39 (Karikatur von Hirschfeld), 40, 41, 42, 43, 45 (Foto: Bernhard of Hollywood), 46, 47, 49, 51 (Foto: Sessner Dachau), 52 (Foto: Otfried Schmidt) 54, 55 (Foto: Dieter Kühn), 56 (Foto: Horst Prange), 57, 58 (Foto: Siegfried M. Pistorius), 60 (Foto: Rudolf Alert, Bild am Sonntag), 61 (Foto: Brauner, Bildzeitung) 62 (Foto: dpa, Düsseldorf), 63 (Foto: Michael Montfort, 64 (Foto: Michael Montfort), 65 (Foto: Joachim Wieczorek), 66 (Foto: Brauner, Bildzeitung), 67 (Foto: Concorde-Film), 68, 69, 70, 71, 72 (Foto: Funkturm Verlag, Berlin) und die Fotos auf dem Vorsatz und Nachsatz.
Die Bilder Nr. 3, 6, 20, 21, 22, 25, 28, 29, 43, 44, 48, 50, 51, 52, 53, 59, 71 stammen aus der Agentur Interfoto
Bild Nr. 9 Stern Bildarchiv, Fotograf: Mack
Bild Nr. 14 aus »Theater lebenslänglich« von Boleslaw Barlog, Universitas, 1981
Bild Nr. 30 das Filmprogramm »Svengali« stammt aus dem Archiv von Axel Andree, die Rechte liegen im Archiv von Christian Unucka, Hebertshausen
Bild Nr. 40 aus dem Archiv Dr. Karkosch, Gilching bei München

Foto auf dem Schutzumschlag: Archiv Axel Andree (Foto: Rico Puhlmann)
Foto auf der Rückseite: Hildegard Knef mit Gregory Peck in dem Film »Schnee am Kilimandscharo«, Interfoto
Foto auf dem Vorsatz: Hildegard Knef bei einem Konzert in der Hamburger Musikhalle, 1968
Foto auf dem Nachsatz: Filmkulisse zu dem Film »Die Mörder sind unter uns« 1946, mit Ernst Wilhelm Borchert, Defa, Foto: Klagemann

Bei den Bildunterschriften bezeichnen die Jahreszahlen den Kinostart.
Der Verlag konnte in einzelnen Fällen die Inhaber der Rechte nicht ausfindig machen. Er bittet, ihm bestehende Ansprüche mitzuteilen.

Besuchen Sie uns im Internet:
http:// www.herbig.net

© 2000 by Langen Müller
in der F. A. Herbig Verlagsbuchhandlung GmbH München
Alle Rechte vorbehalten
Schutzumschlaggestaltung: Wolfgang Heinzel und Axel Andree
Schutzumschlagfoto: Rico Puhlmann
Satz: ew print & medien service gmbh, Würzburg
Gesetzt aus 12/16 pt Goudy
Druck und Binden: Huber KG, Dießen
Printed in Germany

ISBN 3-7844-2804-5

INHALT

Deutschland bestand nur noch aus Ruinen – da tauchte darüber dieses Gesicht auf, klar, hell, mädchenhaft, mutig.

Die Welt sah es und sah in ihm, daß es nach Nazi-Brutalität und Kriegs-Zerstörung eine gemeinsame Zukunft mit den Deutschen gab, die aus dem Schutt heraus in die Freiheit führte.

Dies Gesicht war neu und jung und erinnerte doch an das Beste, was die anderen Völker aus unserem Land kannten und liebten, an Idealismus, Empfindsamkeit, Musik.

Mit ausgebreiteten Armen wurde die herbe Schönheit aus Berlin in den Filmstudios Frankreichs und der USA aufgenommen: Inbegriff einer neuen Jugend, einer leidenschaftlichen Unschuld, der doch das Bewußtsein für die Verletzungen in der Vergangenheit nicht abging.

Sie war und ist die einzige Deutsche ihrer Generation, die die Welt bewegte. Kein Wirtschaftserfolg, kein politischer Sieg ging so tief wie ihre Präsenz auf den Bühnen und Leinwänden der ehemaligen Sieger und neuen Verbündeten.

Sie machte klar, daß es noch Schönheit gab in unserem Land, Schönheit des Gesichts, des Körpers, des Geistes, der Seele.

Danke, Hilde, jetzt und für alle Zeit.

Helma Sanders-Brahms   Berlin, den 1.10.2000

Den steilen Berg hinan

Hildegard Knef feiert am 28. Dezember 2000 ihren fünfundsiebzigsten Geburtstag. Wahrlich Anlaß genug für ausführliche Ehrungen der berühmten Theater- und Filmschauspielerin, der Chansonsängerin, Texterin und Schriftstellerin, für mannigfache Sondersendungen im deutschen Fernsehen und Doppelseiten in Zeitschriften und Magazinen, mit Würdigungen in allen größeren Tageszeitungen und Rundfunksendungen. Säckeweise werden Glückwunsch-Telegramme und Gratulationskarten ins Haus gebracht; schon der Treppenflur ihrer Zehlendorfer Wohnung wird überfluten mit Blumengrüßen, die Telefone kaum noch stillstehen.

Hildegard Knef überlegt schon heute, wie sie am besten diesem Ansturm Stirn bieten könnte, oder besser noch: ihm entgehen ... Aufmerksamkeiten dieser Art, vor allem in diesen zu erwartenden Dimensionen, machen ihr Angst, sind ihr im Grunde unangenehm, fast lästig: sie ist eine bescheidene, sehr uneitle, völlig unprätentiöse und eher schüchterne Person, die einen solchen Rummel um ihre Existenz überflüssig findet, ja beinahe peinlich.

Zudem ist sie in ihrem Leben und im Laufe ihrer großen und langen Karriere das Ziel so vieler Ehrungen und Auszeichnungen, Preise und Plaketten, Lobesreden und verehrenden Ansprachen gewesen, daß man nachsichtigst verstehen kann, wenn ihr irgendwann all des Guten zuviel ist – mit der altbekannten Angst: Von nun an geht's bergab.

Hildegard Knef ist eine der bekanntesten deutschen Künstlerpersönlichkeiten und einer der wenigen Weltstars, die dieses Land hervorgebracht hat. Sicherlich ist sie die vielseitigste, erfolgreichste und populärste Vertreterin ihrer Generation. Ihr Name ist – und das muß man sich einmal auf der Zunge zergehen lassen – bereits im siebenten Jahrzehnt den meisten Menschen hierzulande ein Begriff, und ihre Bewunderer gehören mindestens vier, wenn nicht sogar fünf Generationen an. Das wirklich Erstaunliche dabei ist aber, daß gerade die Jungen – die vielleicht keine Ahnung haben von dem, was Hildegard Knef bereits vor 50 Jahren geleistet hat – sie heute als so modern empfinden. Gewiß hat das mit dem zu tun, was ich als das ewige Geheimnis dieser Künstlerin bezeichne, die ungewollt so oft ihrer Zeit einen oder gar mehrere Schritte voraus war, doch nie bewußt *avantgarde* zu sein beabsichtigt hatte.

Es ist, glaube ich, Teil ihres Wirkens und ihres Erfolges, wie ein Medium kreative Vorgänge in Bewegung zu setzen, die ohne Kalkül, aber nicht ohne tieferen Grund entstanden sind und denen sie ihren ganz eigenen, unverwechselbaren Ausdruck verleiht. Eine rein intellektuelle Durchgestaltung war gewiß niemals der Plan, wenn es je einen gegeben hat.

Mir scheint, die Quelle der schöpferischen Kraft der Hildegard Knef entspringt einem nicht diesseitig verankerten Antrieb, einem gestalterischen Ur-Instinkt, und entzieht sich damit auch jeglicher logischen Beurteilungskategorie. In der formalen Entwicklung der kreativen Facetten des künstlerischen Antriebs und all seiner subtilen Ausdrucksmittel erkennt man zwar die Linie, der Entwurf jedoch bleibt ungeklärt. Überraschung scheint ein wichtiges Element zu sein, wie auch Erneuerung und Variation. Das Originäre, das Eigene, der einzig göttliche Teil unseres Wesens: das Individuelle, das uns heraushebt über alle anderen, birgt in sich allein die Kraft zur Magie, zu einem unerklärbaren Magnetismus, der andere in Bann hält, ohne daß man weiß, warum. Die Wirkungsweise mag bekannt sein, die treibende Kraft jedoch bleibt stets verborgen, die Quelle zutiefst ein ewiges Rätsel.

Hildegard Knef ist in Ulm geboren, dennoch gilt sie als Verkörperung der Berlinerin par excellence, wie vor ihr vielleicht nur noch Claire Waldoff, die eigentlich gebürtige Gelsenkirchenerin war.

Hans Theodor Knef, der Vater, ein Abenteuern zugeneigter sympathischer Hitzkopf flämischer Herkunft, der sogar im Berliner Reichstag als zeitweilig jüngster Abgeordneter eine beachtete Rede gehalten hatte, war nach unterschiedlichen beruflichen Auf und Abs planend auf dem Wege in die Türkei, um dort eine Tabakfabrik zu leiten. Die Geburt der Tochter Hildegard Ende Dezember 1925 kam wohl dazwischen, und ein halbes Jahr später starb er urplötzlich. Seine Frau Frieda übersiedelte mit dem Säugling nach Berlin und mußte sich zunächst als Sekretärin bei Siemens verdingen. Im Sommer blieb das Kleinkind in der Obhut des geliebten Großvaters in Zossen, dem Hildegard Knef später im Buch *Der geschenkte Gaul* mit dem berühmten Ersten Kapitel *Liebeserklärung an einen Großvater* ein unsterbliches Denkmal setzen würde. Ihre Jugend war meist unerfreulich; einzige Ausnahme: die gemeinsamen Zeiten mit dem Großvater, und trotz eines späteren Stiefvaters und sogar zehn Jahre jüngeren Halbbruders, um den sie sich kümmern mußte, empfand das zurückhaltende Kind Hildegard seine Existenz als einsam und recht ungeliebt. So drängte sie nach der Mittelschule schnell in eine Ausbildung, die ihr neue Wege öffnen sollte: Ein zeichnerisches Talent und die ungebremste Hingabe an diese Tätigkeit verschafften ihr sogar ein Stipendium der Ufa-Schule mit dem Ausbildungsziel Trickzeichnerin. Es konnte nicht allzu lange dauern, bis das eigenwillige junge Mädchen mit der besonderen Strahlkraft auch Vertetern anderen Abteilungen der Filmfabrik auffiel, und bald hatte Hildegard Knef dank ihrer unermüdlichen Bemühungen sogar ein Stipendium zur Schauspiel-Ausbildung erlangt, während der sie emsig studierte, an sich arbeitete und sogar kleine Rollen in frühen Filmen bekam, von denen lediglich die in *Fahrt ins Glück* als Tochter von Käthe Dorsch und die kurze, aber hinreißende Szene mit Carl Raddatz aus *Unter den Brücken* überlebt haben. Dann kamen 1945 Kriegsende, Zusammenbruch, Gefangenschaft und Flucht und der Neubeginn in Berlin.

Als Hildegard Knef zwanzigjährig im Jahre 1946 mit der Premiere des ersten deutschen Nachkriegsfilms *Die Mörder sind unter uns* in der Regie von Wolfgang Staudte sozusagen über Nacht bekannt wurde und zum ersten deutschen Nachkriegsstar avancierte, als sie dem Weiblichkeitsklischee des Nazifilms ein gänzlich neues Frauenbild im deutschen Film entgegensetzte, hatte sie bereits erste Stufen zu einer erfolgreichen Theaterkarriere im Berliner Schloßpark-Theater erklommen.

Unter den umsichtig lenkenden Fittichen des quirligen Prinzipals Boleslaw Barlog, der später als Generalintendant des Schillertheaters plus seiner Steglitzer Bühne die *Goldene Ära* des Berliner Theaters nach dem Kriege prägen sollte, hatte Hilde sich mit wenigen Rollen in die Herzen des Berliner Theaterpublikums gespielt, wurde zum zärtlich benannten ›Hildchen‹, vor allem mit ihrer umwerfend komödiantischen *Mabel* in der berühmten Farce *Drei Mann auf einem Pferd*. Und als sie weiterhin gleichzeitig Theater spielen und Filme drehen wollte, kann man durchaus den verzweifelten Klageruf Barlogs verstehen, der umgehend zum geflügelten Wort geworden: »Wie soll ick denn Theata machn, wenn alle zum Kintopp jehn?«

Hildegard Knef blieb zunächst beim Theater *und* beim Kintopp. Doch schon bei der Premiere ihres dritten Films, ihres Lieblingsfilms, wie sie immer betont, des 1948 beim Cannes-Vorläufer-Filmfestival in Locarno ausgezeichneten *Film ohne Titel*, war sie bereits auf dem Luftweg nach Amerika. Nach Hollywood. Theater hatte Pause.

So aber auch der Film, was der hoffnungsfrohe, gerade mit dem amerikanischen Filmoffizier Kurt Hirsch frischverheiratete Jungstar aus Deutschland keineswegs ahnen konnte. Erst 1950 ergab sich die Möglichkeit für einen weiteren Film in Deutschland, unter der Regie von Willi Forst. Doch nach dem irrwischigen öffentlichen Skandal, den dieser vierte Film *Die Sünderin* auslösen sollte, und wegen der dadurch ungemein gewachsenen Popularität seiner Hauptdarstellerin Hildegard Knef brachen ohnehin völlig neue Zeiten für sie an: Bis zum Probenbeginn des Cole-Porter-Musicals *Silk Stockings (Seidenstrümpfe)* am New Yorker Broadway-Theater *Imperial* im Herbst 1954 drehte Hildegard Knef nahtlos hintereinander noch dreizehn weitere Filme in verschiedenen Ländern Europas – und endlich auch in Hollywood.

Dann hatte Film wirklich Pause bis 1957, denn das Portersche *Ninotschka*-Musical mit ›Hildegarde Neff‹ in der *Garbo*-Filmrolle an der Seite ihre Partners Don Ameche lief über zwei Jahre ununterbrochen, 675mal. Und nach einer kurzen Erholungspause in St. Moritz drehte Hildegard Knef allerdings – teilweise in Europa, dreimal sogar in Afrika – insgesamt 16 Filme bis 1967, wobei sie sich da bereits mitten in ihrer neuen und immens erfolgreichen Karriere als Chansonsängerin und zunehmend auch -texterin befand. Bei den Dreharbeiten zum Film *The lost Continent* in England bemerkte Hildegard Knef im Spätherbst 1967, daß sie schwanger war. Mit fast 42 Jahren. Sie wollte das Kind. Sie bekam das Kind. Ihr erstes. Ihr einziges. Ihre Tochter Christina.

Nach schwieriger Schwangerschaft und schwierigster, ja gefährdeter Geburt begann für Mutter und Tochter eine intensive Zeit der Gemeinsamkeit. Berufliche Aktivitäten fern vom Kind wurden möglichst vermieden, oder das Baby reiste einfach mit. Und als Hildegard Knef sich anschickte, ihr Buch *Der geschenkte Gaul* zu schreiben, ergab sich ein ungestörtes Beieinander durch die häusliche Arbeitssituation. Erst im Herbst 1970, im Zuge des triumphalen Erfolges des bald zum Weltbestseller avancierten literarischen Debüts der beliebten Schauspielerin und gefeierten Chansonsängerin, wurde wegen der öffentlichen Verpflichtungen und Reisen der nun allseits bejubelten Autorin eine gewisse Trennung von der Tochter auf Zeit unvermeidbar. Und war sie auch sehr begrenzt, trägt Hildegard Knef dennoch zuweilen Zweifel in sich, ob das verantwortlich gewesen sei.

Tochter Christina ist da wesentlich sicherer: es habe ihr keineswegs geschadet – und bei den meisten Reisen, auch später, sei sie ja sowieso immer dabei gewesen. Und es habe ihr sehr viel Spaß gemacht, sagt sie heute.

Die Krebserkrankung der Knef bedeutete einen ungeheuren Einschnitt in ihr Leben. Als das später im Buch so betitelte *Urteil* von den Ärzten verkündet wurde, geriet sie in tiefste Panik: sie hatte doch ein vierjähriges Kind – und obendrein begann es in der Ehe heftigst zu kriseln. Es ist zu vermuten, daß hauptsächlich die Sorge um ihr Kind Hildegard Knefs Überlebenskraft nach ihrer Brustkrebsoperation derart mobilisieren konnte, daß sie den als aussichtslos beurteilten Kampf siegreich überstanden hat.

Doch dieser Sieg bekam einen faden Beigeschmack, forderte übermäßigen Tribut: die Ehe der Knef mit David Cameron alias Anthony Palastanga war bereits in Schieflage, als sie ihr neues Buch *Das Urteil* schrieb, geriet bedenklich in Rutschgefahr beim neuerlichen Bucherfolg und den daraus bedingten Promotionsreisen. Und zerbrach letztlich mit der Scheidung im österreichischen Wels, wie immer unter erheblichem Presse-Getöse. Hildegard Knef floh mit Tochter Christina nach West-Berlin, das man damals bekanntlich nur mit gültigem Paß verlassen konnte, somit einer befürchteten Entführung ihres Kindes – durch wen auch immer – vorbeugend.

Gesundheitlich und seelisch angeschlagen, stürzte sich die Geschiedene in Arbeit, umsorgte geradezu gluckenhaft ihre Tochter und versuchte, Beruf und Privatleben wieder auf ein erträgliches Normalmaß zu bringen, soweit man bei ihr überhaupt von Normalmaß reden konnte: Schallplattenaufnahmen, zuvor ein abrupter Medikamenten-Entzug, Buchpromotion, Interviews und Reporterjagden, Reisen und dann die überraschende Hochzeit mit dem ungarisch-amerikanischen Paul von Schell – alles natürlich unter den unerbittlich gierig-verfolgenden Augen der Boulevardpresse – plus anschließender Dreharbeit in Griechenland für Billy Wilders unglücklichen Film *Fedora* markieren nur äußerliche Eckdaten, an denen sich ein tatsächlich beinahe aus den Fugen geratenes Leben nur verzerrt erkennen läßt.

Nach einem sanften Ausklang der wildbewegten 70er, die doch mit solch unerwartetem Triumph wie dem Welterfolg des *Geschenkten Gaul* begonnen hatten, ihm einen zweiten internationalen Bucherfolg mit dem *Urteil* folgen ließ, bevor der fällige Tribut an Glück und Gesundheit vom Schicksal unnachgiebig eingefordert wurde, starteten die 80er Jahre erwartungsvoll und zunächst produktiv, wenn auch leicht lädiert durch den finanziellen Mißerfolg einer etwas zu groß konzipierten und managerseits völlig aus den Händen geglittenen Chansontournee. Ein neues Buch errang zwar blendende Kritiken, aber eine redaktionell verfälschte Magazinserie, basierend auf einem Knef-Manuskript über Romy Schneider, hingegen entfachte eine üble Pressekampagne gegen die Knef.

Die Übersiedlung nach Hollywood zu Beginn des Jahres 1983, zum Schutz der Tochter, die sieben guten Jahre dort, Christinas Jahre, allein ihr gewidmet, bis zur Heimkehr der Knef nach

Deutschland im Jahr des Mauerfalls, sind Lebensdaten, die eher privat erscheinen und auch bleiben sollen, mit nur wenigen beruflichen Unternehmungen und Highlights versehen.

Und in den 90er Jahren erlebte Hildegard Knef neben vielen Aufgaben hauptsächlich im Fernsehen den unerwarteten Revival-Erfolg ihres bereits unvergänglichen Evergreens *Für mich soll's rote Rosen regnen* in einer mitreißenden neuen Fassung der Deutschrock-Gruppe *Extrabreit*, die das Originalband des Knefgesangs von 1965 verwendete und mit modernen Rhythmen höchst erfolgreich ins Rennen um die ersten Plätze in den *Music-Charts* der Jungen schickte. Mit 68 Jahren regierte Hilde Knef souverän als *Rock-Oma* Deutschlands MTV- und VIVA-Jugend-TV-Kanäle. Über 250.000 verkaufte Singles und eine 53wöchige Chartplazierung sprechen für Hildegard Knefs künstlerischen Erfolg und ihr Gespür für aktuelle Strömungen.

Und zum Jahrzehnt-Ende, dem Jahrhundert-Ende – der Jahrtausend-Wende gar, wie viele nicht nachdenkend nur nachplapperten – überraschte die Knef im November 1999 die deutsche Öffentlichkeit mit ihrer ersten neuen Chanson-Produktion nach 19 Jahren. Die CD *17 Millimeter* stieß auf ein geradezu überdimensionales Medieninteresse. In jeder Zeitung, jedem Wochenmagazin, auf fast allen TV-Kanälen wurde das neueste *œuvre* der Knef sogar innerhalb der Spätnachrichten angekündigt, vorgestellt, besprochen, begutachtet, beklatscht – und durch die Bank gelobt, als musikalischer Neubeginn begrüßt oder als reifes Alterswerk geadelt, je nach Standpunkt und Alter der Rezensenten. Nur im Radio, eigentlich da, wo hauptsächlich auch *aktuelle Musik* gespielt und tagtäglich wiederholt wird – was durchaus einen Hit erschaffen könnte, – war leider recht wenig zu hören von dieser neuen Knef-CD. (Dank der Plattenfirma? Dank der Produzenten? Danke, meine Herren. Aufwachen, next time!)

Nichtsdestotrotz: die CD ist ein großer Erfolg, das Echo in den Medien ungewöhnlich positiv und erstaunlicherweise sehr tiefgehend rezensiert und vom Publikum dankbar akzeptiert.

In den Regalen der CD-Läden erweitert sich das ehemals nur schmalbestückte Knef-Fach erheblich, sogar um ganz erstaunliche Piratenpressungen von Konzertmitschnitten oder auch ziemlich dubiose ›Greatest-hits-of‹-Zusammenstellungen, zieht jedoch glücklicherweise langerwartete Wiederveröffentlichungen früherer Erfolgslangspielplatten – nun endlich auch auf CD – nach sich, sogar mit Original-Cover. Nachdem vier der ersten erfolgreichen schwarzen Langvinyls von damals nun als Compact-Silberlinge veröffentlicht sind, erscheint im Oktober 2000 im Berliner *Tagesspiegel* sogar ein beinahe halbseitengroßer Artikel des wie immer sehr versierten Christian Schröder mit einer sachlich fundierten und überaus enthusiastischen Würdigung der Musik und Texte dieser frühen Knef-Aufnahmen – mit dem augenzwinkernd hilfreichen Hinweis: »*Ein neues Album ist in Vorbereitung. Bis dahin gilt: weiter die alten Platten auflegen!*« Im Jahr ihres fünfundsiebzigsten Geburtstages, nach Verleihung von Ehrenbezeugungen wie *Goldene Kamera* und *Echo*-Musikpreis, kann Hildegard Knef berechtigt und stolz auf ein gutsortiertes CD-Angebot ihrer Chansonkünste blicken.

Es ist Mitte Oktober 2000. Neue Projekte zeichnen sich ab; ein Dokumentarfilm über Hildegard Knefs Leben und ihre ausgedehnte Karriere wird seit Jahresbeginn in Etappen konzipiert, gedreht, geschnitten, geschaffen. Und soll zum Jubiläumsdatum natürlich fertig sein; wird wohl nicht, aber man arbeitet dran. Er soll ja gut werden, muß also nicht unbedingt termingerecht sein. Bei Gott, die über ein halbes Jahrhundert sich erstreckende Karriere braucht eben Zeit, wird einfach Zeit bedürfen, dargestellt zu werden – und sollte es auch, wenn man's richtig machen will.

Und schon harren weitere Vorhaben: Im Aufnahmestudio wartet man auf Hildegard Knef, neue Chansons – und alte neu – zu singen. Sämtliche Instrumentalstimmen sind bereits komplett, die Arrangements ausgefeilt, die Musik ist schon abgemischt, der Soundtrack längst fertig.

Es fehlt nur noch die Stimme. Die Stimme – die angeblich keine ist, und dennoch *die* Stimme ist. Die Stimme, die hier einzig stimmt. Die Stimme der Knef.

Die Knef wird geliebt und geschmäht, gefeiert oder verurteilt; dazwischen gibt es keine Grauzonen. Sie wird bejubelt oder angegriffen, verehrt und verpönt: eine Künstlerpersönlichkeit, die immer schon Pro und Kontra ausgelöst hat, Zustimmung oder Ablehnung, doch niemals nur Gleichgültigkeit.

Sie ist eine Frau, die eingesteht, im Laufe ihres Lebens oftmals für die falschen Dinge gelobt, aber ebenso häufig auch für vollkommen Unwichtiges verdammt worden zu sein und die dennoch unumwunden sagt, was sie denkt, wenn sie glaubt, es müsse gesagt werden; und die denkt, wenn sie etwas sagt, an das sie glaubt.

Hildegard Knef und ich kennen uns einundzwanzig Jahre. Schöne, schwere, gute Jahre; sind hundertmal solang schon Freunde. Wir haben über zwei Dekaden an vielen Projekten zusammen gearbeitet, haben vielfältige Pläne umgesetzt, Konzepte entwickelt, vereint oder getrennt, jeder in seinem Metier. Und wenn wir nicht gemeinsam gearbeitet haben, waren wir uns dennoch immer nah, lebten sogar lange Zeit miteinander unter einem Dach: als Hildegard Knef mit Ehemann Paul von Schell und Tochter Christina 1983 nach Los Angeles übersiedelte, sollte ich bald folgen. Und blieb dort.

Zwölf der aufregendsten Jahre meines Lebens, randvoll mit Wundern – inklusive der brisant traumatischen wie zwei Erdbeben, plus ein verheerender Buschbrand in Malibu, der mein gemietetes Haus nebst all meinem unversicherten Besitz bis zu den Grundmauern niederbrannte, inklusive 65 meiner eigenen Gemälde – habe ich in dieser irrwitzig-verwunschenen, manchmal abstrus-fürchterlichen, dann wieder magischen, wunderbaren, elektrisierenden und energiestrotzenden Riesenstadt verbracht. Und als Hilde und Ehemann Paul sich 1989 zur Rückkehr nach Deutschland entschlossen, blieb ich in der Stadt der Engel. Knapp zwei Monate nach ihrer Abreise hatte ich meine erste öffentliche Ausstellung als Maler: Los Angeles. Melrose Avenue. 32 Bilder. Erfolg, Anerkennung, auch Verkäufe. Ich erwähne das aus einem Grund: Hilde war es nämlich, die vier Jahre zuvor ein verschüttetes Talent zum Malen in mir wiederentdeckt hatte, behutsam förderte und mich unerbittlich antrieb, liebevoll, versteht sich. Hilde die Malerin, die mich ermutigt, angespornt, gefangengesetzt und gleichzeitig befreit hatte mit dem stetigen Ruf: »Malen, malen, malen!« Nur ihrem unermüdlichen Mutmachen und Anfeuern, besonders ihrer blitzehrlichen Kritik an Mißlungenem, was bekanntlich unter Freunden zuweilen doppelt schwerfällt, verdanke ich die seelenumkrempelnde Erfahrung, daß ich die schönste und beglückendste Form kreativen Schaffens für mich gefunden habe und niemals verlieren kann. Ich schulde Hildegard Knef Unendliches.

Noch heute denke ich, daß unser erstes Zusammentreffen, das erste zumindest in *diesem* Leben, von einer besonderen Qualität gewesen ist, so daß ich mich gerne noch einmal an den genauen Hergang erinnere:

Es ist Herbst 1979. Berlin rüstet sich zu *dem* unwichtig-wichtigsten Ball-Ereignis des Jahres: zum ersten Mal seit seiner Eröffnung soll im Internationalen Congress Centrum (ICC) am Funkturm ein großer Ball stattfinden, mit gleichzeitiger Bühnenshow. Doppeltest modernster Technik im Ballsaal und auf der mit millionenteueren Raffinessen ausgestatteten Bühne. Wahrlich eine faszinierende Herausforderung für alle Beteiligten.

Der bewitzelte, aber stets äußerst erfolgreiche ›Berliner Tuntenball‹ soll damit hoffähig gemacht werden in einem Riesensaal mit Superbühne. Barbara Ratthéy, eine befreundete Theaterkollegin, hochtalentierte Schauspielerin und grandioses Synchron-Genie, vermittelt mir das Angebot der Veranstalter, die Regie des Bühnenprogramms für den Ball zu übernehmen. Erwünscht: Schlager-Nostalgie-Show, Brasiliana-Ballett etc. – schon winke ich ab. Doch halt: Stargast dieser Mammutveranstaltung mit fast einstündigem Soloprogramm wird *Hildegard Knef* sein.

Wenn auch geködert, bin ich nicht sonderlich beeindruckt, lehne also ab, sage etwas hochnäsig: »Ich mache *Theater*, nicht Schlager-Mätzchen, und schon gar nicht auf dem Tuntenball. Mein guter Ruf ...« – »Wenn sich die Knef nicht zu schade ist, ihren Namen dafür herzugeben, kannst du's ruhig machen, denn *du* hast noch keinen *Namen*, den du verlieren könntest.« Sprach Freundin Barbara kühl, aber zutreffend. Ich lasse mich überzeugen, reizt mich doch die Herausforderung der Aufgabe und die Aussicht, mit neuester Bühnentechnik herumspielen zu können. Auch der Name Knef weckt Interesse bei mir, hatte ich durchaus ein Faible für die Schauspielerin und ganz besondere Hochachtung vor der Autorin. Die Chansonsängerin hingegen war mir ziemlich ungeläufig, bis auf einige unvermeidbar ins Ohr gedrungene Superhits; denn ich zog gewöhnlich Jazz oder klassische Musik der ›leichten Unterhaltung‹ vor.

Meine erste Begegnung mit Hildegard Knef fand 1979 in ihrem Haus in Berlin-Grunewald statt:

23. September, um 3 Uhr nachmittags. Pünktlich. Mit artigscheuem Handkuß, plus einzelner Rose – langstielig, aber nicht rot –, auch angemessener Verlegenheit meinerseits und deshalb viel zu häufigem »Gnädige Frau« hier, »Verehrte Frau Knef« da ...

Um 3 Uhr 10 werde ich zu einem riesigen Plattenregal geführt, die Dame des Hauses empfiehlt höflich: »Sie sollten da mal reinhören. Auch diese Platte sollten Sie kennen, und wenn ich Sie bitten dürfte, Herr Andree, daß Sie ...« – »Aber selbstverständlich, gnä' Frau, Sie können sich darauf verlassen, ich danke Ihnen sehr für Ihre ...« Meine Zunge stolpert, ich fühle mich unbehaglich, plump, die Knef wirkt irritiert.

Um 3 Uhr 15 höre ich ungeduldiges »Ach wissen Sie, ich habe zu lange in Amerika gelebt. Das deutsche ›Sie‹ hält ja furchtbar auf und macht Zusammenarbeit nur kompliziert. So'n Quatsch. Sagen wir doch einfach ›du‹ ...«

Nur wenige Zentimeter entfernt uns gegenüberstehend, vom Plattenregal eingezwängt, somit viel zu eng beieinander für forsch ausgestreckten Handschlag, mißlingt uns beiden die beabsichtigte Zeremonie, gerät aus Platzmangel zu skurril erst aufwärts, dann abwärts geführten Paddelbewegungen unserer Hände, wie Pfötchengeben.

»Ich bin die Hilde«, wird mir enthüllt, mit einer leisen, urplötzlich fast schüchternen Stimme. Ihr Gesichtsausdruck ist, als hätte ich noch einen Knicks zu erwarten.

Um 3 Uhr 17 treffen sich unsere Augen. Treffen sich lächelnd. Hildes grüne sind in ihrem Grün nicht von dieser Welt; werfen umgehend in Bann, verzaubern nachhaltig, nehmen lebenslänglich gefangen.

Irgendwo in mir, zwischen Scheitel und Nasenbein, macht es »klick«, gleichzeitig links zwischen Schlüsselbein und fünfter Rippe von unten.

Um 3 Uhr 18 waren wir bereits seit hundert Jahren Freunde.

In den anschließenden Wochen arbeiteten Hilde und ich am Konzert-Programm, wählten Titel aus, verwarfen Songs, prüften Texte und Noten, stellten zusammen, änderten und probten mit den

Musikern. Gemeinsam lernten wir die festgelegten, unendlich wortreichen Texte auf langen Spaziergängen im Grunewald, untergehakt und im Gleichschritt, Hilde stets unkenntlich mit Kopftuch und Sonnenbrille. So leierten wir lauthals wieder und wieder sämtliche Texte gebetsmühlenhaft herunter, sogar im Duett, was ohne Frage manch entgegenkommenden Spaziergänger äußerst verdutzt haben dürfte ...

Der Auftritt beim ›Tuntenball‹ wurde zum furiosen Comeback für Hildegard Knef, die zehn Jahre nicht live vor Publikum gesungen hatte. Kai Rautenbergs Band jammte, rockte und jazzte, der Ballsaal kochte, tobte, jubilierte. Hildes Hits gingen beinahe unter in rhythmischem Klatschen, Trampeln und Johlen. Ganze Songpassagen echoten vieltausendkehlig aus brodelnder Menge zurück auf die Bühne, vermischt mit skandierenden »Hil-de, Hil-de«- Chören.

Ein unerhört fetzig-jazziger *Mackie Messer* drohte die Saaldecke zu sprengen, Wände zu verschieben. *Eins und eins, das macht zwei* als walzerseliges Glanzstück der ungezählten Zugaben, ließ die begeisterte Jubelmenge sogar das Rechnen verlernen und, sämtliche Hemmungen aufgebend, die Bühne stürmen. Schrill wiehernde Knef-Kopien von beachtlicher Körpergröße – auch mit abenteuerlicher Garderobe – umringten das singende, swingende Original, balgten mit juchzenden Gratulanten in verwegenen Fummeln um dichteste Berührungsnähe zu der Gefeierten. Verschwenderisch üppige Wagenladungen von Blumensträußen, ja ganze Gewächshausbestände meterlanger roter Rosen prasselten auf eine selig-erschöpfte, doch sieghafte Hilde hernieder. Es war ein Triumph.

Damals begann unsere Gemeinsamkeit, die über all die Jahre, selbst bei physischem Getrenntsein, eine innige, sehr starke und fast telepathische Verbindung möglich machte, die im Laufe der Zeit wohl nur noch intensiver und sensibler geworden ist. Sind wir nämlich getrennt, spüren wir dennoch genau, wenn der andere einen braucht oder nur an ihn denkt; und sind wir zusammen in einem Raum, genügt zuweilen ein Blick, ein Lächeln, ein verwundertes Stutzen, sogar ein fragender Laut, um wortlos einander ganze Sätze zu vermitteln.

Und wenn ich mich nun, aus Anlaß ihres fünfundsiebzigsten Geburtstages, erneut bemühe, ein Porträt von Hildegard Knef zu entwerfen, wie schon zu ihrem Siebzigsten versucht, kann ich immer nur anführen, daß ich dazu gedrängt wurde. Denn ich bin absolut überzeugt, daß nur Hildegard Knef selbst sich wirklich authentisch darstellen kann. Das ist der einzig für mich bestimmende Grund, warum ich innerhalb dieses Buches seitenweise aus ihren Werken Original-Knef-Zitate verwende, aus denen nicht nur die jeweilige Situation und Atmosphäre schlüssig entsteht und geschildert wird, sondern hauptsächlich, weil nur dadurch auch die literarische Qualität kompetent dokumentiert werden kann. Die Unmöglichkeit, im Medium Buch die Qualitäten einer Schauspielerin oder Sängerin anders als im beschreibenden Wort – also nicht originär, sondern nur nacherzählt – erfahrbar wiederzugeben, steht im Gegensatz zu der klaren, nachvollziehbaren Authentizität der Wiedergabe des Geschriebenen durch Original-Zitate.

Und vielleicht erfüllt die Auswahl sogar eine weitere Hoffnung von mir, daß nämlich dadurch der Appetit auf mehr Original-Knef-Text geweckt wird und der Wunsch entsteht, ihre Bücher zu lesen ...

ÜBER DEN GROSSEN TEICH

Wenn man diesen Hollywood-Filmen Glauben schenken darf, dann ist wirkliche Eleganz auf See wohl *doch* mit der ›Titanic‹ untergegangen ...«

Hildegard Knefs erste Worte an Bord der ›Queen Elizabeth 2‹ verweisen den berühmten Luxusliner augenblicklich in die Touristenklasse. Und bis zu unserer Ankunft im New Yorker Hafen acht Tage später will sich das erwartete first-class-feeling selbst bei bescheidensten Ansprüchen nicht so recht einstellen: Hertie-Charme und Woolworth-Chic dominieren in Ausstattung und Mobiliar des Riesenschiffes, prägen nachhaltig auch Passagiere und deren Garderobe. Nur das Personal der Restaurants, vom *maitre d'* runter bis zum *busboy*, ist von angestrengter Vornehmheit, was allerdings die gebotenen Speisen nur unmerklich veredeln kann.

»Gottlob werd' ich ja nie seekrank ...«, sagt die Knef, »komisch eigentlich ...«, und bestellt Champagner, »... dabei wär' ich sowieso viel lieber mit der *Concorde* geflogen ...«

Sie blickt wie träumerisch nach oben, folgt dem Gedanken mit den Augen, die plötzlich grüner werden; dabei gluckst sie ungeniert und fragt mich, ob ich denn den *coolsten joke* von der ›Titanic‹ kenne. Lord Astor, mit einem Glas Whisky in der Luxusbar, soll kurz nach dem Zusammenstoß mit dem Eisberg mißbilligend raisonniert haben: ›Well, I ordered ice, indeed – but this is ridiculous ...‹

Drei Tage später verkündet unser Kapitän über Lautsprecher stolz, daß wir gerade jene Stelle passieren, an der die ›Titanic‹

gesunken sei. Wir haben das Gefühl, als wolle er zu einer Schweigeminute für die armen Seelen auffordern. »Aber, meine Damen und Herren«, plaudert der Kapitän fröhlich weiter, »ich kann Ihnen absolut versichern: es sind weit und breit keine Eisberge in Sicht ...!« – »Und ich wollte mich beinah für den ice-joke von neulich schämen!« sagt die Knef, leicht enttäuscht.

Anstrengend wird sie werden, diese Reise, die ja nicht nur Vergnügen bedeutet, sondern hauptsächlich Arbeit: Ein Dokumentarfilm wird gedreht: ein Kaleidoskop des Lebens und der Karriere von Hildegard Knef, eine Hommage an eine große Künstlerpersönlichkeit, aus Anlaß ihres fünfundsiebzigsten Geburtstages am 28. Dezember 2000.

Der Plan ist, auf der Schiffsreise von Southampton über den Nordatlantik nach New York einige Aufnahmen zu machen mit Hildegard Knef, besonders auch Interviews und Gespräche zu bestimmten Themenkreisen für die Filmdokumentation und vor allem, um filmträchtige ›Atmosphäre‹ einzufangen, die dann mit Aufnahmen in New York und danach in Los Angeles, sprich Hollywood, ergänzt werden sollen, beides wichtige Lebensstationen in der internationalen Karriere der Knef. Das professionelle Filmteam der Lounch Entertainment, bestehend aus Kameramann, Tonmeister, Regisseurin und deren jeweiligen Assistenten sowie der Produktionsleiterin und einem Standfotografen, begleitet die Kneftruppe, die außer der Hauptperson und ihrem Ehemann Paul von Schell noch von ihrem Manager Thomas Jost und dem musikalischen Leiter, Jazztrompeter Till Brönner gebildet wird, dem französischen Visagisten Loïc Breard und von mir als ›Biograph‹ und Berater ergänzt.

Seit beinah 55 Jahren verbindet der Name Hildegard Knef in den Köpfen sogleich ein Bild von herber Schönheit einer schmalgliedrigen Frau mit auffallenden Augen, von trotziger Kraft und mutiger Anteilnahme mit dem Klang einer ungewöhnlichen, dunklen Stimme, zuweilen rauchig-verrucht, die schnörkellos von kessem Witz in lächelndes Vibrato sinkt, je nach Textsinn bedauert, anklagt, aufrüttelt oder lakonisch-knapp in drei Worten konstatiert, wozu andere verknotete Bandwurmsätze brauchen. Und schon verschachteln sich die Eindrücke: Optisches wird in Akustisches übertragen, die Erinnerung an Worte und Klänge überlagert von Bildern, deren Eindringlichkeit in den Augen entspringt und in einem Ton endet und vertraut und besänftigend erscheint. Die Mehrschichtigkeit der Begabung manifestiert sich in der Verschiedenheit der kreativen Ergebnisse und löst damit die gedankliche Vorstellung eines überaus facettenreichen Gesamtbildes aus, in dem die einzelnen Elemente einander weit übergreifend ergänzen.

Die Faszination, die dieses Gesicht, diese Stimme auslösen, ist nicht mittelbar verständlich, entspricht weder das eine wie die andere einer vorgegebenen Norm. Möglicherweise ist es auch die Interaktion des einen auf das andere Element, die besondere Perspektiven herstellt und projiziert und somit Magie erzeugt. Und dieses Ineinanderfließen von Begabung, Schöpferkraft und Charisma einerseits und unermüdlicher Arbeit, Disziplin und künstlerischen Instinkt auf der anderen Seite, soll ja auch der Dokumentarfilm aufspüren und verdeutlichen, zu dessen Vervollständigung wir uns auf dem Ozeanriesen *Queen Elizabeth 2* befinden, auf dem Wege nach New York, einer der frühen Stätten der internationalen Karriere der Hildegard Knef.

›Ein Buch zu schreiben über Hildegard Knef ... erscheint mir im höchsten Maße paradox‹, schrieb ich fünf Jahre zuvor am Anfang meiner Biographie der Künstlerin anläßlich ihres 70. Geburtstages – und im Grunde hat sich an dieser Einschätzung nichts geändert.

An der Notwendigkeit eines (neuen) Buches über Hildegard Knef allerdings auch nichts.

Es ist noch kühl, als die *Queen Elizabeth 2* kurz nach sechs Uhr in den Hafen von New York einfährt, vorbei an der ins Morgenblaß gehüllten Freiheitsstatue, die wenig von der Massigkeit und irisierenden Patina hat, wie in der Erinnerung meines Besuches ein Jahrzehnt zuvor. Die Farben Manhattans, die ich vorwiegend eisgrau, schiefern, trutzig wie Blei und betonhaft kalt empfunden hatte damals, scheinen sich verändert zu haben, erwärmt geradezu, mit bodenständigen Erdfarben, mit sonnigen sogar. Beige und ganz sanfte Sandtöne entdecke ich da, viel Kontrastgrünes und auch viel Kachelschwarzes glänzend zwischen Rost und Sepia, Marmorweiß und lichtdurchflutetem Glas. New York wirkt dadurch wärmer, und als Glühpunkte inmitten des monolithischen Hochmuts der Straßenschluchten scheinen die orange-gelben Taxis wie Leuchtfeuer zu atmen, zu irrlichtern wie Fackeln.

»New York ist nicht barmherziger geworden.« Hildegard Knef fröstelt. Wie oft schon war sie hier – und zu welch verschiedenen Zeiten, unter welch anderen Bedingungen!

Am traumatischsten war sicherlich das erste Mal, 1948, als Hilde mit ihrem gerade frisch angetrauten tschechisch-amerikanischen Ehemann Kurt Hirsch bei dessen Eltern wohnte, bevor sie sich auf die Autoreise nach Hollywood begaben, wo Hildegard Knef – damals bekannte Bühnenschauspielerin in Berlin und nach drei erfolgreichen Filmen bereits der erste Star des deutschen Nachkriegsfilms – einen Siebenjahres-Filmvertrag hatte. Doch die jüdischen Schwiegereltern, keineswegs erfreut, daß ihr Sohn ausgerechnet eine Deutsche zur Frau genommen, verbargen ihre Abneigung kaum, verweigerten dem Sohn sogar seine langjährigen Ersparnisse. Nach einem besonders heftigen Eklat, entstanden zunächst aus Unkenntnis der jüdischen Gepflogenheiten am Sabbat und eskalierend in aufgebrachte Gewalttätigkeit des Alten gegen die unwissende Junge, mit in Raserei ausgestoßenem Verfluchen fast alttestamentarischen Ausmaßes, blieb nur eins: heillose Flucht.

Beinah ohne Geld, mit schlimmster Erkältung, im schlecht-geheizten Billighotel auf den verzweifelt nach einer Lösung su-chenden Ehemann wartend – machte gewiß für Hilde die erste Erinnerung an New York keineswegs angenehm.

Sie selbst beschrieb es in ihrer weltberühmten Autobiogra-phie *Der geschenkte Gaul* so:

* *
*

»Alle Flüge sind eingestellt, wer nach New York will, muß die Bahn nehmen.« Anschließend fuhr ein Bus durch finstere Straßen, setzte uns ab vor einem unterirdischen Bahnhof, in dem Zeitungsfetzen und Plakatecken hin und her wogten, und ein paar Vermummte vor und zurück trampelten. Der Zug war breit, mit weiten Gängen und großen Fenstern, und raste selbstmörderisch und scheinbar unbemannt von Schienenseite zu Schienenseite. Nach Mitternacht waren wir im Grand-Central Bahnhof in New York, bestiegen, wiederum ohne etwas anderes als Gleise, Plakate und Frierende zu sehen, eine U-Bahn, entstiegen der Kaugummi-verklebten im Stadtteil Astoria, der weit außerhalb der Wolken-kratzerinsel Manhattan lag und nicht das geringste mit der Stadt zu tun hatte, die ich in Filmen, Wochenschauen, auf Postkarten und in Magazinen gesehen hatte.

Auch ohne Schneesturm hätte ich das Haus in der tristen Straße nicht wiedererkannt; auf dem Foto war es, obwohl fleckig, feudaler und höher gewesen, hatte nichts preisgegeben von der Trostlosigkeit der abgeblätterten Vier- und Fünfstöckigen mit fla-chen Dächern, einheitlich wie Kartons, abweisend wie Bunker, Unterkünfte für Durcheilende, achtlos Zusammengesetzte, die man lustlos betritt und lustlos verläßt, sie standen, als erwarteten sie ein Erdbeben oder einen Bombenangriff, Belagerung oder Entvölkerung. Vor einer schmalen Tür im vierten Stock umarmten ein mittelgroßer kahlköpfiger Mann und eine untersetzte blonde Frau unter Tränenströmen und einer Flut tschechischer Worte ihren Sohn.

Ich schwimme zwischen Schnupfennebel und klebrigem Schlaf, versuche aufzuwachen in trockenheißer Heizungsluft, erkenne das Wohnzimmer, die Couch, höre ein Radio pfeifen, Tellergeklapper, Sprachfetzen, Wasserspülung. In der Küche sitzt seine Mutter, liest eine bettuchgroße Zeitung, sieht auf, sagt: »Sind Sie aber dünn« und »Sind Sie oft erkältet?«

Ich setze mich auf den Stuhl zwischen surrenden Eiskasten und vollgepackten Küchentisch, weiß nicht wie anzugehen gegen Spannung, Ablehnung, Mißbilligung. Schwiegermutter-Schwiegertochter-Mißbehagen, Argwohn der Jüdin auf die Christin, der Tschechin auf die Deutsche, der Emigrantin auf die Daheimgebliebene, der Verfolgten auf die Verfolger.

Der Vater kommt, stampft mit den Schuhen auf den Türvorleger, reibt den Mantel, wischt mit dem Jackenärmel über den Hutrand, sagt: »War wieder viel los im Hotel.« Er zündet eine Zigarette an, legt den Kopf in den Nacken.

»Ich arbeite im Waldorf Astoria in der Park Avenue.« Der Name machte ihn stolz.

Am nächsten Morgen fahren wir nach Manhattan, in der Bahn sitzen graugesichtige Mädchen, die alle so aussehen wollen wie die übermütig Lachenden oder lockend Dämonischen auf zerknitterten Plakaten an rußigen Stationswänden; die Frauen tragen Blumennester und rosa Schleierchen, lila Rougekleckse und wütendrote Münder, die Männer hängen in labbrigen Hosen, sehen teilnahmslos auf Frauenbeine und Busen. Am Times Square schieben Soldaten, Matrosen, Mädchen, bläst ein metergroßer Mund Rauchwolken aus einer Hauswand, hält eine Riesenfaust Camelpackung, hopsen Lichtstreifen und Laufschriften, fegen gelbe Taxis an Fußspitzen und Bordkanten vorbei, brüllen Zeitungsverkäufer, johlen Plattenspieler, liegen Betrunkene an U-Bahn-Treppen, sind auf schmierigen Scheiben rotgemalte Preise durchgekreuzt, durch niedrigere ersetzt, ist weit oben ein Viereck Himmel, im Himmel die Spitzen der Wolkenkratzer, ist schon Licht in den fingernagelgroßen Fenstern weit oben, blinken wie Weihnachtsbäume. Zwei Behaarte mit Kochmütze und offenem Hemd werfen Buletten in aufgerissene Semmelmäuler, schleudern sie über Theken, daneben ein Fotoladen mit Pappaufstellern: Großwildjäger mit Stiefel auf verendeter Bestie, Kapitän auf hoher See, Indianer mit Pfeil und Federn, Mexikaner auf Esel, Sombrero, Gitarre. Kreisrundes Loch unter Hut, zwei Soldaten stecken die Köpfe durch, grinsen, sind jetzt Mexikaner und Kapitän, werden fotografiert. Jahrmarkt am Morgen wie Jahrmarkt am Abend, mit Buden aus Stein.

Weiter oben, im Central Park, laufen sie Schlittschuh, am Teichrand stehen die Kindermädchen mit gestärkten Häubchen, tragen die Frauen lange Nerzmäntel und kleine weiße Handschuhe – wir sind in einer anderen Stadt, einer reichen mit blanken Scheiben, diskreten Auslagen ohne Preisschilder, drohenden Portiers mit Goldschnüren. Auf der breiten Park Avenue führen livrierte Diener artige Windhunde, Möpse und sorgfältig gekämmte Pudel aus, an kostbaren Kettchen, die Mädchen sind schön und hochmütig; gelangweilt besteigen sie blocklange Autos; auf der gegenüberliegenden Straßenseite lese ich »Waldorf Astoria«. »Wir könnten deinen Vater besuchen«, sage ich.

Am Hinterausgang sitzt er in einem Gepäckfahrstuhl, auf einem Klapphocker, Hände zwischen den Knien. Er springt auf, knöpft seine Weste, ruft: »Was macht ihr hier?«

Ein Mann kommt mit einer Karre, schiebt die Koffer in den Aufzug, zischt »Sechzehnter, worauf warten wir.« Der Vater zieht die Gittertür zusammen, preßt die Lippen aufeinander, schwebt nach oben.

Mein Gesicht hämmert und pocht, Blitze von Kiefer zu Ohr, unter den Haarwurzeln krampft's, Kopf löst sich, steigt hoch, balanciert zwischen Plakaten und Feuerleitern, springt zurück, preßt auf Nacken und Hals. »Hast du Fieber?« fragt Kurt Hirsch.

Muffig-trocken ist der Hausflur, nie gelüftet, Haus ohne Sommer; nach Zeitungen riecht er, und Milchresten. Ich hab' Angst vor dem ES: ES sind die Eltern, sind die Blicke, die Pausen, die Ablehnung. ES ist Lauern wie Riesenschlange im Einweckglas. ES ist, was in Kellern sitzt, wenn man im Winter die Kartoffeln holen mußte, ES ist in den drei Schritten zwischen Haustor und Lichtschalter, ES sind die Blicke wie damals in Pankow, als der Film zu Ende war. Ich bilde es mir ein, denke ich, als Kurt Hirsch die Tür aufschließt – aber wieso sprechen sie tschechisch, wenn ich da bin? Sie könnten genausogut deutsch … zwischen Englisch und Tschechisch bin ich amputiert.

Im Flur ist es dunkel, auf dem Tisch in der Küche steht ein Leuchter, die Kerzen sind angezündet. »Habt ihr Stromsperre?« frage ich.

Der Vater sieht hoch, die Mutter sagt etwas und wischt Krümel von der Decke in die Handkuhle. Der Vater hat den Stuhl in der Hand, seine Augen werden rund und glasig, die Lippen formen ovales Loch, Nasenflügel wächsern bibbrig, er hebt den Stuhl weit über den Kopf, ein Bein zerschlägt die Lampe, Splitter kleckern über Tisch und Eiskasten.

Die Hündin jault – Zeitlupenballett – taumelnd träge, dann rascher rasanter, der Haß fuchtelt und strampelt, bricht auf, platzt wie praller Sack, wie Wasserbauch, pfeift durch Barrakudamäuler, Piranhazähne. Kurts Rücken zwischen Stuhl und mir. »Nimm den Koffer«, schreit er. Der Vater sticht mit Brotmesser durch den

Deckel, tritt und schleudert, ich renn' zum Fahrstuhl, dann zur Treppe, Türen fliegen auf, vorbei an Cremeverschmierten, Lokkenwicklern, Morgenröcken, Schürzen, ausgestreckten Händen mit Zahnbürsten.

Auf der Straße ein Taxi: »Wenn ihr besoffen seid, sucht euch einen andern«, sagt der Fahrer und will weg. Kurt fällt über meine Beine, der Vater trommelt gegen das Fenster, schüttelt Fäuste, stummes rasendes Gesicht, vom Haß zerteilt; gespalten in Dreiecke, Vierecke, schwarzer Fleck vor schwarzem Fenster: »Ich verfluche dich«, schreit der Fleck.

»Was war das? Ich hab' doch nichts verstanden.« – »Sabbat war, Schabbes, jüdischer Feiertag und alles – nicht Stromsperre«, sagt Hirsch.

Im achten oder neunten Hotel haben sie ein Zimmer für vier Dollar fünfzig, der Hund ist nicht erlaubt. Wir schmuggeln ihn über die Hintertreppe, mit Pflasterstreifen um die Schnauze, er kratzt an dem Band, pinkelt auf den Boden, ich lieg' auf dem Bett und friere. »Morgen suchen wir einen Arzt; hoffentlich finden wir einen, bei dem wir nicht gleich zahlen müssen«, sagt Hirsch.

»Soso, aus Deutschland bist du«, sagt die Ärztin ins dunkelrote Dunkel hinein. »Hattest du mal was an der Lunge?« – »Nein.«

»Ich seh' da was, aber Durchleuchten genügt nicht, du mußt zum Röntgen, ich gebe dir eine Adresse.« Ihre Praxis ist ein Hinterzimmer mit verschlissenem Ledersofa, Küchentisch, Durchleuchtungsapparat, zwei Stühlen und Kochplatte. Sie zieht eine Spritze auf, sagt: »Mach den Schenkel frei.« – »Was ist das?«

Sie sieht hoch, ist wütend, ist nicht gewohnt, gefragt zu werden. »Penicillin«, sagt sie widerwillig. Die Nadel ist dick, die Spritze schlägt gegen den Schenkelknochen, ich zucke. »Na na, stell dich nicht so an, die Deutschen sind doch sonst nicht so zimperlich, oder?« Sie gibt mir einen Zettel mit Namen und Adresse. »Montag früh um neun«, sagt sie.

»Wenn ich Tb habe, ist alles aus«, sage ich im Drugstore, in dem Kurt Hirsch gewartet hat.

»Ich rufe zu Hause an, sie müssen mir das Geld rausgeben«, sagt er.

»Solange du mit der Schickse lebst, kriegst du keinen Pfennig«, schreit der Vater, daß ich es hören kann.

»Es ist mein Geld.« – »Jungele, wir meinen es nur gut mit dir.«

Ich liege im Bett, sehe auf die Brandmauer, die Hündin jammert, die Heizung röchelt, zwischen den Rippen habe ich Nadelkissen, vollbesetzte, gespickte.

Montag früh fahren wir zum Arzt. »Komm morgen wieder«, sagt er, nachdem er geröntgt hat. Vor dem Hotel steht sein Vater, schlägt mit einem Brief um sich: »Das hat sie geschrieben, die Mutter, die Deutsche – Sorgen macht sie sich, geträumt hat sie, – um die Juden hat sie sich keine Sorgen gemacht, was?«

Er rennt mir nach, schreit und geifert, hat neues Beweismaterial.

»Die Nazis nannten das Sippenhaftung«, sage ich. Er hebt die Hand, will mich schlagen. »Verrecken sollst du!« brüllt er.

»Tb hast du nicht«, sagt der Arzt, »fünfzig Dollar, bitte.«

»Das war ein mieser Trick«, faucht Kurt Hirsch auf der Treppe, »ein ausgemachter mieser Trick, die spielen sich die Patienten zu, die beiden.«

»Ich weiß nicht, ob es gut ist, wenn Sie jetzt schon nach Amerika gehen«, hatte Michi de Kowas Astrologe gesagt; aber vier Wochen später hatte er angerufen: »Sie sollten fahren, unbedingt, die Aspekte sind ausgezeichnet.«

Ich muß Erfolg haben, ich muß es zwingen, denke ich: Erfolg ist Schutz, Asbest, Sauerstoffzelt, Zauberwort wie Artista bei der

Muschiks; Erfolg ist Ballon, Regenbogen, Tarnanzug, Schutzblech, Burggraben.

Die Agentin ruft an: »Einfach war es nicht«, sagt sie, »die wissen, daß ihr kein Geld habt und keinen Paß, aber ich habe es geschafft: Siebenjahresvertrag, mit Optionen natürlich, aber das ist üblich. Freu dich, es wird alles großartig, am ersten April mußt du in Hollywood sein.«

*
* *

Der nächste Besuch in New York 1953 war auch nicht dazu angetan, Hildegard Knef Jubelschreie zu entlocken. Obschon in ganz anderer Weise, war auch diese Erinnerung mit Ängsten und Widerwillen verwoben. Cole Porter hatte sich in den Kopf gesetzt, daß Hildegarde Neff genau die richtige sei, um in seinem Musical *Silk Stockings* Garbos frühere Filmrolle der Ninotschka zu verkörpern. Auch Hildes Prosteste, sie könne ja gar nicht singen, verpufften ungehört, hatte sie doch gerade das Gegenteil bewiesen: In der Hemingway-Verfilmung von *Schnee am Kilimandscharo* (1952) sang sie ursprünglich zwei Cole-Porter-Songs; in der heute gängigen Version verblieb jedoch nur noch ein Titel: *You do something to me*. Doch Hildegards Angst, auf einer Bühne zu singen, ohne Mikrophon, in einem Saal für beinahe 2000 Zuschauer, wuchs ins Unermeßliche. Probesingen war angesagt, vor Ort. Im *Geschenkten Gaul* liest es sich so:

* *
*

In Los Angeles treffe ich Carroll Righter, den Astrologen. Unverändert, die Jackentaschen vollgepfropft mit Ephemeridenheftchen, entsteigt er einem Auto, das jeden Augenblick auseinanderzufallen droht.

»Mit technischen Dingen kann ich mich nicht befassen«, sagt er gleichmütig, als der Parkplatzwächter auf einen platten Reifen aufmerksam macht. Wir gehen in Carrolls Stammrestaurant, das mit seinen lederbezogenen Bänken und schwarzbeschirmten Lampen eher in eine windig verregnete Stadt zu passen scheint als in die subtropische Filmvorortskolonie. Der Oberkellner flattert um uns herum.

»Er ist Zwilling«, sagt Carroll. »Ja«, sagt der und hält im Flattern inne, »ist das gut?« »Wenn es einem gelingt, die Nervosität zu zügeln«, sagt Carroll wie ein gelangweilter Chefarzt, der im vorhinein weiß, daß seine Diätvorschriften nicht befolgt werden. Der Oberkellner guckt enttäuscht. Carrolls Räuspern drückt verhaltene Indignation aus. »Ich habe bei einem Kongreß zu sprechen«, sagt er, »ich fliege mit dir nach New York. Auf dem Flug kann ich das Theaterangebot in Ruhe berechnen.« – »Es kommt sowieso nicht zustande. Auf einer Bühne kann ich nicht singen.«

»Wir werden sehen«, sagt Carroll.

Abends, auf dem Flugplatz, treffen wir Marlene Dietrich. Sie steht zwischen Kofferbergen. »Wieso werde ich nicht informiert?« fragt sie strafend. »Mit welcher Linie fliegt ihr?« – »AA.«

»Dann werde ich umbuchen. Ich langweile mich bei Nachtflügen.«

»Warum schläfst du nicht?« fragt Carroll.

Sie sieht ihn an, als leide er unter Bewußtseinsspaltung »Weil ich so gut wie nie schlafe«, sagt sie und hebt die Brauen bis zum Hutrand.

Um fünf Uhr früh kichert Carroll wie ein Kind, das Mutter bei einer Lüge ertappt hat: »Sie schläft wie ein Murmeltier.«

»Vor zwei Stunden hat es geschaukelt, und wir haben zehn Minuten Verspätung. Deine Flugberechnungen werden unpräzise«, sagt sie, ohne die Lider zu heben.

»Tüt tüt«, sagt Carroll und schwenkt die Hand, als dirigiere er ein Adagio, »und Steinböcke sind nie zufrieden.«

*
* *

In New York trifft Hildegard Knef die Produzenten des geplanten Musicals. Sie erinnert sich:

* *
*

Ich sitze ihnen gegenüber.

Der eine heißt Cy Feuer, der andere Ernie Martin. Sie sind Anfang oder Mitte Dreißig und seit vier Jahren das erfolgreichste Produzentengespann des Broadway. Cy Feuer schurrt auf seinem Stuhl herum, als säße er auf einem unbequemen Fahrradsattel, er pafft an einer Zigarette wie ein Nichtraucher, wie ein Junge, der im Keller heimlich und eilig die erste ausprobiert. Der runde Kopf schnellt vor und zurück, der Zeigefinger hämmert Luftlöcher, die kurze breite Hand klopft den Oberschenkel, zerbricht die in Vergessenheit geratene Zigarette. Seine malträtierten Stimmbänder bringen heisere, wilde Töne zustande, die wie Schmetterbälle durch den Raum springen. Die kampflustigen braunen Augen über kurzer Nase und breitem Mund bleiben auf meinem Gesicht, weichen nicht ab, blinken nicht, nehmen Maß.

Ernie Martin hingegen, lang und schmal, scheint seinen Körper nur dann zu bewegen, wenn unbedingt erforderlich. Er sitzt in gleicher Stuhlreihe wie sein Partner, vermittelt dennoch den Eindruck, als warte er im Hintergrund. Das einzige, was Beteiligung und Interesse verrät, sind kluge dunkle Augen unter schwarzen Brauen, die fransig und wie Wollfäden herunterhängen. Selbst wenn er spricht, bleibt die lange Zigarre im rechten Mundwinkel feststehend, als würde sie von einem Bauchredner geraucht. Er spricht noch schneller als Cy Feuer. Fassungslos folge ich dem Tempo seiner Sätze, die aus unbewegtem Gesicht strömen, dann abbrechen, als wären sie nie gesprochen worden.

»Ich kann nicht singen«, sage ich zum drittenmal.

»Cole Porter sagt, du kannst.«

»Vielleicht im Film, aber nicht auf der Bühne, und ich habe noch nie in einer Fremdsprache Theater gespielt.«

»Ninotschka muß einen Akzent haben«, sagt Cy Feuer.

›Silk Stockings‹ ist die Geschichte der russischen Kommissarin Ninotschka, die, aus Moskau angereist, in Paris einem Kapitalisten in die Hände fällt und Lenin Lenin sein läßt. Bevor es ein Musical wurde, war es ein Theaterstück und später ein Garbo-Film.

»Wir werden dir einen Russen auf den Hals hetzen, damit du einen russischen Akzent kriegst. Du bist für heute nachmittag bei Herb angemeldet. Er ist Gesangslehrer und unser Dirigent. Übermorgen singst du auf der Bühne vom Imperial, dann wissen wir mehr«, sagt Cy Feuer.

»Ich habe drei Filme in Europa zu drehen.«

»Wie lange dauert das?«

»Bis Herbst nächsten Jahres.«

»Jesus Christ«, sagt Cy Feuer, »kann man dich auskaufen?« – »Ich glaube nicht.« – »Vielleicht sollten wir verschieben«, sagt Ernie Martin. – »Jesus«, brüllt Cy, »weißt du, was das heißt?«

Ernie Martin rupft die Zigarre aus dem Mundwinkel, hält sie wie einen Dolch in geballter Faust. »Sie ist Ninotschka. Vorausgesetzt, daß sie singen kann.«

Zutrauen und Einschränkung stacheln mich an. Mein Ehrgeiz geht ins Netz, verwirft Bedenken und Furcht vor zwei Möglichkeiten: Erfolg bedeutet zwei Jahre ununterbrochenen ferienlosen Spielens, – Mißerfolg zwei Tage.

Herb Greenes Wohnung ist im siebenten Stock eines von Autolärm umtosten Hauses an der Ecke 58th Street und Eightth Avenue. In seinem Arbeitszimmer, in dem nichts außer einem Sofa und einem Flügel steht, muß man die Fenster schließen, um sich unterhalten zu können. Herb ist Ende Zwanzig, er ist klein, und seine Fettleibigkeit läßt ihn älter wirken, als er ist.

»Cy und Ernie sagen, du hast Angst. Recht hast du. Ich würde mich auch nicht trauen.«

Er wendet Tricks an, die er seinem Psychiater abgelauscht.

Herb öffnet das Fenster, brüllt über den Lärm hinweg: »Sing den Ton, daß man ihn auf der anderen Straßenseite hören kann.« Er haut auf ein A, trommelt es, schreit: »Mach den Mund auf, Zunge runter. Laß den Ton raus. Du atmest falsch. Damit kommst du nicht über die Rampe. Zieh den Bauch nicht ein, dann quetschst du. Luft rein, Bauch rein, Luft raus, Bauch raus.«

Er knallt auf meinen Bauch. Ich brülle wie ein Stier.

»Schon besser«, brüllt er zurück.

»Ich hab' eine frische Blinddarmnarbe.«

Er wirft das Fenster zu, ruft: »Sarah, bring einen Schnaps, ich hab' die ›Kraut‹ umgebracht.«

Er grinst mich an. »Ich trimm' dich schon hin, daß man dich auf dem letzten Stehplatz hört.«

»Wieviel Plätze hat das Imperial?« – »So an die zweitausend.«

»Das schaffe ich nie.« – »Eben.«

Er lacht, ist mit sich zufrieden. »Morgen singst du dem Porter vor«, redet er in meine Schweigepause, »und dem Kaufmann. Denen werden die Ohren klingeln.« – »Oder abfallen«, sage ich.

»Ein paar Komplexe weniger würden dir auch nicht schaden, mein deutsches Mädel«, wiehert er.

»Ich habe Zahnschmerzen«, sage ich morgens vor dem Theatereingang. »Das ist gut, das befriedigt den Masochismus«, feixt Herb und klettert über eine Leiter in den Orchesterraum.

Auf der Bühne des Imperial pendelt eine Glühbirne. Der Bühnenboden ist grau und hart, löchrig wie alter Asphalt, ich wähne mich auf Flugzeugträger in sternloser Nacht, von feindlichen Gewässern umgeben.

»Ich bin der Inspizient«, sagt ein Grauhaariger und murmelt ein »Wird schon klappen« hintennach.

»Ich will gar nicht, daß es klappt«, sage ich.

»Sie kann nämlich nicht singen«, meckert Herb von unten und haut den Klavierdeckel auf.

Ich rufe mehr, als ich singe, und das von Herb einstudierte Lied scheint mir von der Länge eines Opernaktes zu sein.

Endlich komme ich zum Ende, bleibe mit dem Na-siehste-hab'-ja-gleich-gewußt-daß-es-nicht-geht-Geraune im Hinterkopf stehen.

»Okay«, ruft jemand aus der Finsternis. Ich höre Türen klappen, irgendwer geht über den obersten Rang. In vorderster Parkettreihe erkenne ich einen Mann, dessen spiegeleiergroße Iris in leicht vorgewölbten Augäpfeln auf mich gerichtet weder Freude noch Enttäuschung ausdrücken. Eine weiße Nelke im Knopfloch, einen Stock mit Silbergriff von zierlichen Händen gehalten, den Kopf leicht zur Seite geneigt, sieht er zu mir empor, sagt: »Willst du dich nicht zu uns setzen?«

»Ja, Mister Porter«, sage ich in der Hoffnung, daß er's auch ist.

Zwei Reihen hinter ihm sitzt jemand, den ich nicht kenne. Seine langen Beine sind ineinander verschlungen, verhakt und verwickelt wie ein Schiffsknoten. Langsam und doch ungeduldig faltet er seine Gliedmaßen auseinander, scheint immer wieder einen Fuß zu finden, der noch nicht gehbereit ist. Er zieht an einem Schal, der, mehrmals um den Hals gewunden, noch immer bis auf den Mantelsaum hinunterbaumelt, mit der einen Hand zerrt er an den Fingern der anderen, als müsse er ein eingerostetes

Gelenk befreien, dann bückt er sich umständlich, um einen Krümel aufzuheben, den er sorgfältig in der Manteltasche verwahrt. Er streicht das dichte graue Haar, reibt vorsichtig den Nacken, als teste er das Vorhandensein und die Lage der Wirbel, greift an die dicken Gläser seiner Brille, läßt sie auf eine fleischige Nase fallen, die sich in dem schmalen Gesicht wie ein Irrtum ausnimmt. Er geht staksig und gedankenverloren auf die Abgrenzung des Orchestergrabens zu, reibt den Rand mit einem Schalende, als wolle er ihn auf Hochglanz polieren. »Tja«, sagt er und bückt sich, um ein ordentlich gebundenes Schuhband nochmals zu binden.

Auf dem Weg in den Zuschauerraum sagt Herb: »Das ist George Kaufmann, falls du es nicht wissen solltest. Er führt die Regie und hat's geschrieben.«

*
* *

Mehr als ein Jahr wird vergehen, bis Hildegard Knef nach drei Filmen in Europa wieder nach New York kommt. Die Proben für *Silk Stockings* beginnen im Herbst 1954. Zuvor hatte Filmproduzent und Freund Erich Pommer gewarnt:

* *
*

7. September 1954. New York: Erich Pommer war wie immer pessimistisch: »Sie setzen alles auf eine Karte, ein Mißerfolg am Broadway ist nicht zu verheimlichen; von Honolulu bis Bitterfeld wird jeder wissen, wie es ausgeht. Müssen Sie ein Stück wählen, das Sie dem Garbo-Vergleich aussetzt? Und müssen Sie als erste Deutsche in New York spielen? Ich glaube, in Israel würden Sie weniger Ressentiments antreffen als in New York.« – »Feuer, Martin und Kaufmann sind jüdisch ...« Bei »jüdisch« stockte ich, als hätte ich

etwas Unbedachtes gesagt, etwas, das ihn verletzen könnte. Warum?

»Ich hoffe für Sie, daß die wissen, was sie tun.«

Else Bongers war unsicher. »Nach einer bestimmten Zeit wird man nicht mehr für seine Leistungen, sondern für seine Entscheidungen beurteilt. Ich kann dir nicht raten. Ich kenne den Broadway nicht.«

Heute mittag bin ich angekommen. Es ist fast ein Jahr her, seit ich im Imperial in die leeren Ränge schrie. Bis vor zwei Monaten glaubte-hoffte-fürchtete ich noch, daß sie eine andere Ninotschka finden und auf mich verzichten würden.

14. September: Heute morgen war ich bei Cole Porter im »Waldorf Astoria«. Hatte Angst, Kurt Hirschs Vater zu begegnen. Habe Don Ameche, meinen Partner, kennengelernt. Sehr höflich, sehr verbindlich. Kleines Bärtchen auf der Oberlippe. Er spielte mit einem Rosenkranz in der Hosentasche; als er sich bückte, rutschte er auf den Boden. Eine Stunde lang wurden wir fotografiert. Porter am Flügel sitzend, wir hinter oder neben ihm. Als er uns zur Tür brachte, sah ich, daß er hinkt. Vor über zehn Jahren soll er einen Autounfall gehabt haben. »Tut mir leid, daß es so ungemütlich war, aber wir werden uns während der kommenden Monate noch zur Genüge sehen«, sagte er. Dann, wie jeden Tag, von elf bis eins, von drei bis fünf bei Herb Green. Zwischendurch lerne ich Text. Ninotschkas Redefluß wird nur noch von dem Hamlets übertroffen. Tagtäglich kommen neue Szenen hinzu. Wenn das so weitergeht, wird das Stück fünf Stunden dauern.

26. September: Gestern abend in George Kaufmanns Wohnung: Herb Green spielte die Musik von der Ouvertüre bis zum Finale. Kaufmanns Frau, Leueen, die am Buch mitgearbeitet hat, Feuer, Martin, Porter, Ameche, Yvonne Adair, die einen hysterischen Filmstar spielt, und ich saßen auf weißem Teppich und fühlten ähnliches: tiefe Ratlosigkeit.

16. Oktober: Die Proben wurden um eine Woche verschoben. Die Premiere in Philadelphia nicht. Kaufmann schreibt einen neuen Anfang und ändert Szenen im zweiten Akt.

27. Oktober: Lieder und Dialoge werden getrennt probiert. »Lied«, brüllt der Inspizient, wenn wir zu der Stelle kommen, an der Gesprochenes in Gesungenes übergeht. Nach dem »Lied« spielen wir weiter, als sei es ein Theaterstück. Das Ballett bleibt unsichtbar, probt in einem Lagerhaus am Hafen.

Nachts stellen wir Duette und Chöre, unter rosa Lampions, in ausrangierten Tanzsälen, in denen man vor Dreck nicht treten kann. Zwischen Proben: Radioshows, Interviews, Fotos, Anproben. Habe eine Nacht lang mit Richard Avedon fotografiert. Er hat meinen Kopf unter eine Brause gehalten, und als ich durchgeweicht war, fing er an. Um sieben Uhr früh war ich entlassen, er ging ins Bett und ich zur Probe.

Herb Green hatte Grippe. Wir haben einen Korrepetitor, der spielt, als wolle er Bühne plus Klavier plus Porter zerhacken.

Täglich neue Textseiten. Alte Szenen fliegen, neue kommen hinzu. Lieder aus dem ersten Akt kommen in den zweiten und umgekehrt. Ich beginne einen Satz und jemand brüllt: »Das ist seit gestern gestrichen, verdammt noch mal.« Kaufmann flüstert seine Regieanweisungen, als biete er Renntips an. Porter war nicht mehr im Theater. Es heißt, er schreibe neue Lieder und warte, bis die Aktdurchläufe mit Ballett und Chor beginnen.

5. November: Nach meinem »J'accuse«-Monolog stützte Kaufmann seinen Arm auf meine Schulter und flüsterte: »Schade, daß es ein Musical ist. Du bist zu gut für Musicals.« Ich muß ihn angesehen haben wie eine Kuh. Es war der erste längere Satz, den er gesprochen hat. Der den »Oberkommissar« spielt, kann keinen Text behalten. Er würde bei »Persil« nicht auf »sil« kommen. Er gibt ständig falsche Stichworte. Wie will er das durchstehen ohne Souffleur? Warum die Amerikaner den Souffleur ableh-

nen, ist mir rätselhaft. Vielleicht hat sie noch niemand auf Möglichkeit und Vorzug aufmerksam gemacht. Daß sie sich den Dramaturgen ersparen, ist schon begreiflicher. Wenn ich einmal hängen sollte, muß der Vorhang fallen. In einer Fremdsprache kann man nicht extemporieren, schon gar nicht, wenn die Musik weiterschmettert.

Heute früh um drei, nach der Probe, fuhren Ameche und ich in eine italienische Pinte im Village. Zu seinen Fettucini trank er in aller Stille eine Flasche »Jack Daniels«-Bourbon aus und ging noch immer, als hätte er Kakao getrunken. Vor und während der Arbeit rührt er keinen Alkohol an. Er ist ruhig und diszipliniert. Hat Humor. Nur samstags tritt er in Streik, keine Nachtproben, keine Besprechungen. Samstags, um Mitternacht, geht er in die Kirche. An seinem Kirchgang orientiere ich mich, welchen Tag wir haben. Sonntage, Wochentage schwimmen durcheinander.

9. November: Heute hat Ameche die Nerven verloren. Porter war in der Probe. Erster Durchlauf mit Liedern und Ballett. Es war ein Massaker. Die Dekoration ist zum Teil mit Lassobändern, die auf dem Boden kleben, angedeutet. Weißes Band ist Schrank, rotes Band hintere Wand usw. Die Tür klemmte. Als ich gegentrat, fiel sie um und erschlug fast einen der »Kommissare«. Mein Koffer war nicht zu verschließen. Mitten im Auftrittssatz klappte der Deckel auf, und sämtliche Requisiten, die ich für die nächste Szene brauche, rollten über die Bühne. Dadurch verpaßten Ameche und ich den Einsatz für unser Duett. Die Pistole funktionierte nicht, die Kostüme sind nicht fertig, manche noch nicht einmal gezeichnet. Sie wollten Ameches bestes Lied streichen. Er vereiste. »Warum sucht ihr euch nicht einen anderen Knaben?« Pause. »Sieh mal, Don, du mußt doch einsehen, es schleppt an der Stelle.« Palaver Palaver. Vorläufig bleibt's, wo es war.

Das Ballett – es sind dreißig oder vierzig – fand sich auf der Bühne nicht zurecht. Sie ist breit, aber hat keine Tiefe. Ein Junge knallte beim »high kick« einem Mädchen ins Kreuz, daß sie ohnmächtig wurde. Ein andrer hat den Fuß verstaucht, weil er nicht ahnte, daß während seiner Pirouette der Chor auf die Bühne springen würde. Das Liebeslied, das ich Ameche zu Füßen liegend singe, mußte abgebrochen werden, weil Ameches Sessel zusammenfiel. Cy brüllte Henry an. Henry ging zur Bühnenmitte, stellte sich auf wie ein Zinnsoldat, sagte: »Ich hole die Klamotten aus Kellern zusammen. Wann wird die Dekoration geliefert? Wann die Prospekte?«

10. November: Heute platzte mir der Kragen. Dreimal haben sie meine Kopfmaße genommen, und die Pelzmütze ist noch immer so groß, daß sie mir über die Augen rutscht. Der Ledermantel ist zu weit, die Uniform zu eng. Wenn ich den Arm ausstrecke, reißt die Naht. Zwei Durchläufe je 3 $^1/_2$ Stunden. Nichts klappte.

»Weiter, weiter«, brüllte Cy, »wir wollen die Länge stoppen.«

Als es vorbei war, standen wir auf der Bühne. Von unten nichts. Cy Ernie Porter Kaufmann hockten in den hinteren Reihen und tuschelten. Ich trat mit dem Fuß gegen einen Stuhl, daß er über die Bühne karrte. »Man blökt sich die Seele aus, und die sagen nicht mal pieps.« Don hat mir eine Zigarette in den Mund gesteckt und »Kraut, du kriegst doch nicht das Bibbern« gesagt. Julie, die Tänzerin, brachte mir eine Apfelsine. »Du mußt Obst essen, sonst hältst du's nicht durch«, sagte sie.

Habe 10 Pfund abgenommen. Mein Hotelzimmer könnte ich langsam aufgeben, komme sowieso kaum noch aus dem Theater heraus. Jemand hat von einer Wohnung gesprochen, einem Penthouse, das zu vermieten sei. Fifth Avenue, Ecke 10th Street. Wer sagt mir, wie lange ich in New York bleiben werde.

13. November: Heute hat Kaufmann seine Stimme erhoben. »Iß ein Steak. Du bist lahm und zu leise.« – »Wer, ich?« – »Ja, du!«

Wollte ihn schon fragen, wann er glaubt, daß ich Zeit zum Essen hätte.

Workuta im Januar ist wärmer als das Theater, und die Probenfunzel baumelt noch immer wie am ersten Tag. Gefängnisbeleuchtung. Ninotschkas erstes Abendkleid, bei dem das Publikum in Ahhhs und Ohhhs ausbrechen soll, hängt wie ein Lappen. Wenn ich mich stolz vor Ameche drehe, schlabbert es wie ein altes Moskitonetz. Heute schlug ich lang hin, weil der Saum nur geheftet war. Dann riß beim schnellen Umzug, von Uniform in Abendkleid, der Reißverschluß. »Warum ist Hilde nicht auf der Bühne?« brüllte Cy. »Weil der Reißverschluß kaputt ist.« – »Komm wie du bist! Du hältst die Probe auf.«

Bei den besten Pointen sitzen Cy Ernie Porter Kaufmann, als wohnten sie ihrem Offenbarungseid bei. Nur der »arme« Arthur lacht verschämt. Das einsame Gemecker macht es noch schlimmer. Heute sollten die Dekorationen kommen. Nach dem zweiten Durchlauf sagt Ernie: »Ohne das Finale sind wir schon zu lang. Und wenn ich die Pause dazurechne, können wir gleich Wagners ›Ring‹ machen.«

Es würde sich lohnen, einen deutschen Studenten der Theaterwissenschaft einzuladen.

14. November: Mittags kamen die Dekorationen. Es sind so viele, daß sich niemand mehr zurechtfindet. Die durch Lassobänder angegebenen Maße stimmen nicht im entferntesten. Die Prospekte rauschten, kaum angebracht, wieder hinunter, die russische Küchendekoration ist zu klein, und Chor, zwanzig Tänzer und ich drängeln wie in einer Telefonzelle und treten uns gegenseitig tot. Die Telefonzelle hingegen, von der aus Ninotschka das Abschiedsgespräch mit ihrem Kapitalisten führen soll, ist geräumig wie ein Gewächshaus im Botanischen Garten. Tonbänder, die Flugplatzgeräusche und »Passagiere nach Moskau zum Ausgang 7«-Rufe vermitteln sollten, wurden verwechselt, und über meinem »Ich

liebe dich, ich liebe dich« leierte das Band eine gesungene Haarschuppenreklame. Das erste Bild, »Pariser Hotelhalle«, sieht aus, als hätte es ein Erdbeben durchlitten, das Kanapee, auf dem Ameche das Titellied »Silk Stockings« singt, hatte nur drei Beine und kippte während des Refrains nach hinten, so daß Don mit Füßen in der Luft liegen blieb. In der »Modesalon«-Dekoration paßten die Seitenteile nicht zusammen, und beim Finale rannten wir umher wie bei einer Straßenschlacht, schließlich verhedderte sich Yvonne in eine Schnur und lag umwickelt wie eine Jagdwurst auf der Bühne. Um 11 Uhr nachts sagte Kaufmann: »Laß uns wenigstens das Finale noch mal probieren.« – »Scheiß auf das Finale«, brüllte Cy, »beim Finale sind die Kritiker sowieso schon in der Redaktion. Um 12 Uhr nachts gehen die Verrisse in Druck.« Und Ernie sagte: »Wenn ich für die drei Stunden und 47 Minuten acht Dollar hätte zahlen müssen, würde ich mein Geld zurückverlangen.«

Morgen ist Beleuchtungsprobe. Das Orchester kommt erst am Premierentag. 32 Mann und kein Mikrofon. Und bis jetzt nur mit Klavier gearbeitet.

16. November: Morgens sollten wir mit Herb die neuen Lieder einstudieren und um zwei mit den Durchläufen beginnen. »Plan geändert«, rief Arthur, der »Arme«. »Erster Akt, erstes Bild. Vorhang.«

20. November: Marlene war in der Probe. Es machte uns alle nervös, jemanden im Zuschauerraum zu wissen, der nicht zum Stück gehört. Bis zur Pause kamen wir einigermaßen zu Rande; der zweite Teil war ein Debakel.

Die Scheinwerferkegel trafen beharrlich denjenigen, der weder sprach noch sang, die Umbauten dauerten endlos, die überleitende Musik verkleckerte, bevor die nächste Szene begann, ein Arbeiter vergaß die Bühne zu fegen, und singend lehnte ich mich mit dem Ellbogen in einen Reißnagel. Ameche und ich werden mit jeder Probe heiserer, wir sind kaum noch über die zehnte Reihe hinaus zu hören; der Arzt sagt, unsere Stimmbänder hätten die Farbe reifer Tomaten, das Öl, das er uns während der Pause in den Hals goß, lief mir in den leeren Magen, und zur Heiserkeit kam Brechreiz hinzu. Herb Green wird die Premiere mit nur zwei Orchesterproben dirigieren müssen. Drei Szenen, die gestern nacht umgeschrieben wurden, mußten wir ablesen; wann wir sie lernen sollen, bleibt Kaufmanns Geheimnis.

Eine Negerin namens Lela ist meine Garderobiere. Sie sagt, die Kleider seien derart miserabel genäht, daß sie mir nach drei Vorstellungen vom Leib fallen würden. Marlene fand die russische Uniform undiskutabel und das Abendkleid lachhaft – »Kötschenbroda«, sagte sie, »und auf der Bühne herrscht ein derartiges Chaos, daß man sich kein Urteil bilden kann. Einige Momente sind vielversprechend.« Übermorgen soll die Premiere in Philadelphia sein.

21. November. Philadelphia: Cy schwört, daß keiner der New Yorker Kritiker kommen würde, das sei ein »Gentlemen's Agreement«. Aber ein Reinfall in Philadelphia ist das Ende. Nachts, nach der letzten Probe in New York, fuhr ich mit dem Zug nach Philadelphia. Die Ostküste, von Boston bis Washington, hat Schneestürme, die Züge Verspätung, bis zum Probebeginn hatte ich gerade noch Zeit, den neuen Text zu lernen und eine Stunde zu schlafen. Wir leben von Kaffee, Tee und weißem Gummibrot mit Erdnußbutter. Ich fühle mich, als ginge ich meiner Hinrichtung entgegen. Unentwegt murmele ich Liedertexte, Stichworte, Auftrittssätze. Von den drei Stunden und 45 Minuten bin ich fast ununterbrochen auf der Bühne. Ich weiß nicht, wie ich das durchstehen soll.

22. November: Im Foyer des Shubert Theatre proben wir einzelne Szenen. Es zieht. Yvonne ist erkältet. Ein »Kommissar« hat Fieber, ein anderer Mittelohrentzündung. Nichts klappt. Auf der

Bühne werden die Dekorationen genagelt, im Orchesterraum der Flügel gestimmt, die Reinemachefrauen karjuckeln mit ihren Staubsaugern zwischen unseren Beinen herum. Man versteht sein eigenes Wort nicht mehr.

An jeder Ecke kleben Plakate mit meinem mir fremden Namen: »Hildegarde Neff and Don Ameche in Silk Stockings.«

Ich wünschte, ich wäre überall, nur nicht hier. Durch die Glastür seh' ich die breite Straße. Jeder, der vorüberläuft, sieht aus, als freue er sich auf unsere Niederlage, die ganze Stadt scheint sich auf unsere Vernichtung vorzubereiten.

Eine Familie möchte ich haben, ein Zuhause, Kinder; meinetwegen einen Mann, der trinkt, alles, nur keine Premiere. Marlene ist heute früh angekommen, mit Noel Coward. Carroll Righter ist da.

Um zwei beginnt die Orchesterprobe. Sie übertrifft alles, was an Verhängnis möglich war. 32 Mann trompeten gegen uns an wie eine rasende Elefantenherde in Feuersbrunst. Wie Karpfen reißen wir die Mäuler auf und hören weder den Partner noch uns selbst. Cy steht im Rang, sein Gesicht ist das eines Einödbauern nach der Mißernte. Um sieben nimmt er Ameche und mich in eine Kneipe. Ernie und Arthur folgen. Sie wollen uns ein Steak einreden und einen Whisky einflößen. Ich kann weder essen noch trinken, mein Hals hat die Weite eines Nadelöhrs.

Cy sagt mindestens zwanzigmal: »Es ist ja nicht New York.« Porter und Kaufmann setzen sich zu uns. Ernie ist still, Porter auch, Kaufmann sowieso. Nach einer halben Stunde stehen wir auf und wanken vorüber an den Menschenschlangen, die vor der Theaterkasse stehen und auf zurückgegebene Karten warten. »Wenigstens sind wir ausverkauft«, sagt Cy. Wir haben zwei Gemeinschaftsgarderoben, eine im Keller für Ballett und Chor, eine andere hinter der Bühne für die Schauspieler. Herren links, Damen rechts. Laken dazwischen. Im Gang stehen Wassereimer mit Blumensträußen: Friedhofsgärtnerei vor der Beisetzung einer hochgestellten Persönlichkeit. Henry testet die Lautsprecher: »Fünfzehn Minuten, fünfzehn Minuten«, quakt er. »Bis zur Ouvertüre fünfzehn Minuten! « Herb Green sieht hinter dem Laken hervor, gelbgrün wie eine unreife Zitrone. Er will sprechen, aber in Ermangelung von Speichel unterläßt er es, preßt nach mehrmaligen Versuchen »Scheißberuf« heraus, formt mit Mittel- und Zeigefinger ein V für Victory und geht. Porter drückt meine Schulter und blinkt wie ein Uhu, Kaufmanns Fliege steht längs unterm Kinn, er reckt sich, trommelt auf meinen Schminktisch und stelzt langsam ins Trennungslaken.

Cy steht in der Tür, ruft: »Kinder, tut so, als wär's eine Probe, was immer passiert, spielt weiter. Laßt euch nicht stören, wenn die nicht lachen, Philadelphia ist berühmt dafür. Und klatschen tun sie nie, sitzen auf den Flossen. New York ist anders.« Seine Bemühung, Aufmunterndes zu sagen, gerät bei »New York« ins Wanken, die Stimme verrutscht, die Silben werden unordentlich, sein rechtes Auge zuckt. Arthur steht hinter ihm und hat einen Nicktick, sein Kopf hüpft auf und ab, als ob er von einer Sprungfeder gehalten wird.

Ernie tritt hinter meinen Stuhl. Durch den Schminkspiegel sehen wir uns an. Er legt seine Hände in meinen Nacken, als wolle er ihn massieren, sein Mund ist breitgezogen, die Schneidezähne schieben die Unterlippe hin und her. »Ninotschka«, sagt er, »Ninotschka« – abrupt dreht er sich weg, als gälte es einen Abschied zu verkürzen.

Wir hören Summen und Raunen, Hüsteln und Gurren, dazwischen den Lautsprecher, der »Fünf Minuten« plärrt. »Die Meute ist da«, murmelt Ameche.

Meine Hände sind kalt steif erfroren. »Komm«, sagt er und zieht mich vom Stuhl. Ameche, Pferdenarr, Baseballbesessener, ehemaliger Filmstar, Italiener, Vater von sechs Kindern und Bourbontrinker, sagt: »Gute Pferde erkennt man daran, daß sie sich vor großen Rennen entspannen. Zeig's ihnen, Kraut.«

»Bühne frei, Saallicht aus, Ouvertüre!« brüllt Henry.

Sie spielen wie eine Feuerwehrkapelle. Wenn sie zu schnell bei meinem Lied vom Kommissar Kamichev sind – »When the electromagnetic of the hemale meets the electromagnetic of the female …« –, bin ich erledigt.

»Ich schaff's nicht«, sag' ich. Don gibt mir sein Taschentuch, meine Hände sind jetzt heiß, triefend.

Auftritt der drei Kommissare. Nach ihrem »Hail Bibinski«-Lied muß ich raus. Ich bin nicht ich, und ich, die nicht ich bin, höre Applaus, höre mich in den Applaus hineinsprechen, höre Lachen, hör' mich singen und wieder sprechen, sehe Ameche, erkenne Uniform des »Oberkommissars«, sehe Notlicht hoch oben im Rang, dann: Hinter der Dekoration, Lela: sie reißt Mantel herunter, zerrt Abendkleid hoch, ratsch, der Reißverschluß, kalter Lederlappen ins Gesicht, wieder raus. Kurz vor Aktschluß muß ein Sektkorken springen, muß »Pop« machen, ein von Henry hinter der Bühne produziertes »Pop«. Es mißlingt! »popt« zu spät, »popt« Minuten nachdem die Flasche geöffnet, ins Liebesduett hinein. Das Publikum kichert nachsichtig, ist wieder still. Im »J'accuse«-Monolog, an der Rampe stehend, vom Scheinwerferlicht geblendet, Horizont verlierend, glaube ich zu schwingen, zu pendeln zwischen Schnürboden und Bühne. Der Vorhang rauscht zwei Zentimeter vor meinem Gesicht vorüber.

Cy ist schon da. »Jesus Christ«, bellt er, »das Publikum ist eine Wucht, wenn der zweite Teil so läuft …« Er rennt hin, er rennt her. Ameche stößt mich an, sagt: »Na Kraut, was hab' ich gesagt.« Lela reibt mich ab wie einen Hund, der aus dem Regen kommt, gibt mir Tee, Marlenes Brausetabletten, Gurgelwasser, Halsbonbon. Zieht mich an, setzt Mütze auf. Die Klingeln scheppern im Saal, einmal zweimal dreimal.

Henry brüllt: »Bühne frei, Saallicht aus, Vorhang!« Geteilt die Bühne: rechts Hotelzimmerdekoration, links – Telefonzelle. Rechts Ameche, links ich. Der auf Telefonzelle gerichtete Scheinwerfer geht nach Beendigung meiner Szene aus. Ein anderer blendet auf, zeigt Ameche, der das »Silk Stockings«-Titellied singt. Nach erster Strophe zittert der Prospekt hinter ihm, schwebt hoch, bleibt hoch, gibt Bühnenarbeiter frei, der an eine Leiter gelehnt Bier trinkt. Das Publikum schreit, Ameche weiß nicht, warum, faßt an Hose, singt weiter, Prospekt knallt zurück, Henrys Stimme: »Wer war der Idiot?«

Zwei Stunden später klatschen sie durchs Finale, das noch immer wie ein Scharmützel abläuft, rufen »Bravo«, rufen »Hildegarde«, rufen »Don«, klatschen rhythmisch, klatschen wie beim Gospelsinging, pfeifen die Lieder, rufen »Kaufmann« und »Porter«.

Der Eiserne knirscht herunter. Wir stehen auf der Bühne, jeder schüttelt jeden, küßt, ruft, lacht, weint. Die Ballettmädchen hängen wie ein Knäuel, wie Fußballmannschaft nach Tor vor Halbzeit.

Cy strahlt, rennt auf mich zu, schreit: »Wenn man deine Lache nicht bis unters Dach gehört hätte, wäre keinem die Sache mit dem Prospekt aufgefallen.« Alles wiehert. Kaufmann kommt in die Garderobe. Er legt seine langen Arme um mich. Es dauert einige Zeit, bis ich begreife, daß er deutsch spricht. »Du warst ausgezeichnet, ganz ausgezeichnet«, sagt er. »Sie können Deutsch?« murmele ich hirnrissig.

Er blinzelt, grinst, als geniere er sich, setzt sich auf die Tischkante, faltet Beine über- und untereinander, wickelt sie wie Gardinenschnüre. »Wir haben ein paar Längen, zwei Ballettnummern müssen raus, den Schluß muß ich umschreiben, das Finale neu stellen, aber wenn du in New York so bist wie heute, bin ich zufrieden.«

Marlene kommt, flüstert: »Fabelhaft, fabelhaft.« Sie umarmt

Kaufmann, der noch immer auf seine Schuhe blickend auf der Tischkante sitzt.

Carroll Righter steht im Gang. »Ich freue mich, daß du in meiner Heimatstadt deinen ersten großen Theatererfolg haben konntest.« Ich versuche in seinem Gesicht Unsicherheit zu entdecken, aber es bleibt gelassen, freudig. Er hatte abgeraten: »Verzögerungen, Schwierigkeiten. Keine Katastrophe. Nur bin ich dagegen, daß du zu lange an einem Platz bleibst. Gerade während der nächsten Jahre. Auch aus gesundheitlichen Gründen. Wenn du es unbedingt spielen möchtest, dann mußt du mit Widerständen und Enttäuschungen rechnen, nicht so sehr beruflich als privat und finanziell.«

Noel Coward küßt meine Stirn, sagt: »Guter Gott, ich war aufgeregt, als wäre es meine eigene Premiere. Der Monolog vor der Pause ist prächtig, einfach prächtig. Ich höre, die Show kostet eine halbe Million Dollar, wieso hast du dann Kostüme, die meine Putzfrau nicht tragen würde?«

Die Kostümbildnerin lehnt an der Tür, sagt: »Es wird alles werden.« – »Das möchte ich auch hoffen«, schnippt Noel Coward. »Aber laß dir nichts einreden. Du warst bezaubernd. Dein erster Auftritt ist nicht genügend vorbereitet. Das muß geändert werden. Aber bevor du nach New York kommst, werden sie sowieso noch alles umschreiben. Guter Gott, wie ich das alles kenne.«

Um halb zwei sitzen wir in meinem Hotelzimmer. Marlene, Porter, Kaufmann, Ernie, Cy, Ameche und ich. Noel Coward ist mit dem letzten Zug nach New York zurückgefahren. Arthur, der »Arme«, kommt mit den ersten Zeitungen angerannt: »Seht euch das an«, schreit er. Cy liest vor: »Hildegarde Neff schlüpft in die Schuhe der Garbo und läuft mit ihnen davon«, beginnt die erste. »Großer Erfolg für Feuer und Martin, Kaufmann und Porter, Neff und Ameche«, endet die zweite.

»Die Arbeit kann beginnen«, sagt Cole Porter und lächelt wie jemand, dem sämtliche Höllenfahrten vertraut. Zierlich schmal sitzt er im Sessel, gerade und still, als erwarte er die Rüge einer Gouvernante, die Korrektur eines Haltungsfehlers. Cole Porter ist reich, ist erfolgreich. Er zeigt ihn nicht vor, er legt ihn nicht dar, weder den Reichtum noch den Erfolg. Er unterwirft sich den um vieles jüngeren Produzenten, ihren Forderungen, ihren Ansprüchen. Er arbeitet, als stünde täglich aufs neue seine Existenz auf dem Spiel, als müsse er sich beweisen als Komponist, als Textdichter, als zuverlässiger Mitarbeiter. Nichts deutet darauf hin, daß »Silk Stockings« seine fünfundzwanzigste Broadwayshow ist, daß fast jedes seiner Lieder ein Welterfolg.

Ameche nippt an seinem Bourbon, sagt: »Besser konnte es doch nicht laufen ... von einigen Unebenheiten abgesehen.«

»In New York warten sie auf unseren Skalp«, sagt Cy, »die Show braucht mehr Pep.« – »Es ist ein Theaterstück mit Musik, kein Musical«, sagt Marlene, »und gerade das ist der Reiz.«

Ernie, noch immer in die Kritiken vertieft, raunzt: »Wie dem auch sei, die viereinhalb Wochen bis New York brauchen wir dringendst.«

»Wann probieren wir eigentlich, wenn wir acht Vorstellungen in der Woche spielen? Ich meine, mittwochs und samstags haben wir Matineen – die fallen doch wahrscheinlich als Probetage aus«, sage ich.

Sie sehen auf; enttäuschte Lehrer, die ihren Musterschüler beim Abschreiben erwischt haben. »Kind«, sagt Porter, »du weißt offenbar nicht, daß der Tag ab jetzt achtundvierzig Stunden hat.« Ernie reckt sich, sagt: »Laßt uns noch einmal schlafen, bevor es abgeschafft wird. Wann ist Probe?« – »Um neun«, sagt Kaufmann.

Marlene, Ameche und ich bleiben allein. »Was um alles in der Welt wollen die noch ändern?« frage ich.

»Alles«, sagt Ameche und trinkt das letzte Drittel seiner Bourbonflasche, in kleinem Glas, Schlückchen für Schlückchen, Leitungswasser nachschüttend.

*
* *

Zurück in New York begann nun die aufreibendste Probenarbeit bis zur gefürchteten, gefeierten, glanzvollen Premiere, die den Erfolg von Philadelphia noch weit übertraf. Für alle war es höchst beschwerlich, jedoch ganz besonders für Hilde. Es stellte sich heraus, daß sie an Masern erkrankt war, doch mit hohem Fieber weiterspielen wollte, um die Produktion nicht zu gefährden, und der gesamten Theatertruppe den dadurch drohenden Honorarverlust zu ersparen. Überdies war es medizinisch gesehen riskant und gewiß nicht gesundheitsförderlich. Es scheint, daß diese Erfahrung insgesamt so schwerwiegend war, daß auch heute noch die Erinnerung der Knef an den Erfolg ihres Broadway-Debüts und die daraus resultierende zweijährige Dauerspielzeit vor ausverkauften Häusern, an den Jubel, den Applaus, die wachsende Berühmtheit, den Starstatus, die vielen Interviews, Einladungen, Titelfotos und all die Sonderartikel in renommierten Zeitungsmagazinen keineswegs gegen die Strapazen und Verwundungen der Probenmonate und der täglichen Vorstellung aufzuwiegen wären. Darin liegt die Tragik der grandiosen Eroberung eines der begehrtesten Theaterschauplätze der Welt und der bis heute einmaligen Leistung einer Deutschen auf einer eben dieser Broadway-Bühnen, die letztlich sogar ihren internationalen Durchbruch als *performing artist* darstellte und gleichsam die Vorbereitung war auf die spätere, sehr bedeutende Karriere als Chansonsängerin, aus der sich zwangsläufig und folgerichtig die der Lyrikerin, später Schriftstellerin entwickeln sollte. Dieser Zwiespalt in der objektiven Wahrnehmung einer gelungenen künstlerischen Arbeit und ihrer Meriten, wie auch der Mangel einer Empfindung von Freude und Zufriedenheit oder gar Stolz wegen dieser vollbrachten eigenen Leistung ist wohl ein Grundzug in der Psyche der Hildegard Knef.

Sie selbst beschrieb es immer so: »Ich hatte das Gefühl, mich freuen zu müssen, aber ich konnte nicht ...«

In den mehr als zwanzig Jahren, die wir uns kennen und nahe sind, haben wir oft und tiefgehend über dieses Charaktergrundmotiv gesprochen, haben versucht, es zu ergründen, vergebens – wie eben auch Hildes Tendenz, ein Glas Wasser eher halbleer zu empfinden als halbvoll; zugegeben ein fulminanter Unterschied zu meiner eigenen Neigung, das halbvolle Glas eher als beinah noch fast voll ansehen zu wollen. Ihr Argument, auf ihre Weise weniger Enttäuschungen zu begegnen, lasse ich nur bedingt gelten; es hieße zu differenzieren, inwieweit man Enttäuschungen ›verkraften‹ kann oder eher eine pessimistische Sicht aus Bequemlichkeit in Kauf nimmt, als Prophylaxe, – und wenn sie entsteht, wie gelassen man damit umzugehen in der Lage ist. Allerdings ist der Stachel einer Unzufriedenheit möglicherweise mehr Antrieb zu Kreativität als sattes Wohlbefinden.

Doch zurück zum Broadway 1955.

15. Januar: New York wurde wieder verschoben. Ende Januar gehen wir nach Detroit. »Da wirst du was erleben«, sagt Herb, »die sind stur wie die Stoßdämpfer, die sie bei ›General Motors‹ bauen, und statt zu lachen blinken sie mit Nebellampen.« Es ist die längste »Out of town«-vor-New-York-Spiel-und-Probezeit, die eine Broadwayproduktion erlebt hat.

20. Januar: Jetzt fangen sie an, die Lieder auszutauschen. Ich mußte Ameches »Silk Stockings«-Lied singen. Ich stehe in der

russischen Wohnküche und jaule meinen Seidenstrümpfen nach. Ab morgen singt Ameche sein Lied, wie gehabt. Cole Porter nimmt Austausch, Wechsel, Umstellung, nicht Wiederzuerkennendes mit der Reserve eines englischen Butlers hin.

5. Februar. Detroit: Nach der ersten Vorstellung in Detroit – von Premiere kann kaum noch die Rede sein – kam selbst der optimistische Ameche zu der Ansicht, daß wir New York nur mehr als Durchreisende wiedersehen werden. Aus Kaufmanns Soufflé wurde Volksküchenragout, stark versalzen. Cy hingegen schwört, daß, komme was da wolle, Erdbeben, Sintflut, Seuche ausgenommen, die New Yorker Premiere am 24. Februar um 8 Uhr 30 abends beginnen würde.

24. Februar: Um eins ist Generalprobe mit Stops, mit Wiederholungen. Es gibt keinen Krach. Schlechtes Zeichen. Lela hat mir ein Steak gebracht. In der Mitte ist es rot, blutig, das Blut läuft auf den Teller. »Du mußt es essen«, sagte Lela, weiß, daß ich es nicht essen werde, nimmt den Teller, geht auf den Gang. Das Licht ist aus. Ich versuche zu schlafen. »Entspanne linkes Bein, rechtes Bein, jeder Gedanke, der kommt, hat bis später Zeit ...« – bei »später« schnürt's den Magen zusammen, ein Nerv klopft im Oberkiefer, hinter den Augen wird's grell, groß und hohl der Bauch, drückt gegen das Herz, mit dem Daumennagel schabe ich auf Zeigefingernagel herum. Auf dem Schminktisch liegen Telegramme, haufenweise, Lela hat sie geöffnet. Das oberste ist·von Käthe Dorsch. Daß sie sich an mich erinnert ... Lichtjahre, seit damals, am Attersee. Lela sagt, alle, die am Broadway spielen, haben telegraphiert, sogar die Bankhead.

Don geht in seine Garderobe. Ich weiß, daß er Angst hat. Eine Zigarette werde ich noch rauchen, eine einzige. Man erstickt hier, nicht mal ein Fenster hat sie, die Garderobe. Ronnie kommt, kämmt meine Haare, fummelt mit dem Eisen. Wir sprechen nicht. Lela ist grau, sogar die Augen sind grau. Don singt sich ein: »O mia bella Napoli« – »Warum erwürgt ihn keiner?« murmelt Ronnie. »Halt die Klappe!« rufe ich. »Deutschland Deutschland über aahalles ...« perlt's durch zwei Türen, dann steht er hinter mir. Zigarettenspitze im Mund, sagt: »Was immer passiert, Kraut ...«

Auf der Toilette sehe ich ELBA, es steht in der Schüssel, die Fabrikanten haben ihr Klosettmodell ELBA genannt; Elba, da wo Napoleon ... es hat größere Pleiten gegeben als deine ...

Henry geht von Tür zu Tür, sagt: »Halbe Stunde.« Heute kein Lautsprecher. Cy ist da, im Smoking, Ernie auch. Cy sagt: »Das ist es also.« Ernie knöpft seine Jacke auf und zu. Sie gehen. Porter setzt sich auf Lelas Hocker, steht wieder auf, sagt: »ja«, schließt behutsam die Tür. Es ist vollkommen still. Es ist, als läge ich in einem Operationssaal, angeschnallt, zur Operation vorbereitet, Ärzte, Schwestern weg. Meine Uniform habe ich an. Es gibt nichts mehr zu tun. Jemand reißt die Tür auf: »Bin von LIFE Magazin, soll Titelfoto machen, Gesicht vor Premiere, Spannung.« – »Raus«, zischt Lela, »raus.« Einer ruft im Gang: »Die Trumans sind drin und Skouras. Im Foyer sieht's aus wie bei Tiffany.«

Ich fang an zu wackeln, von unten rauf, Füße, Knie, Wirbelsäule, Kopf, Kinn, wackele, kann nicht aufhören, Tränen wackeln mit. »Du schaffst es«, sagt Lela, nimmt ihre Taschenlampe, zieht mich hinter sich her. Wir stolpern zwischen Bühnen- und Dekorationswand entlang, zur linken Bühnenseite, da wo die Wendeltreppe zur Ballettgarderobe anfängt. Weit oben, zwischen den Prospekten: schwache Notlichter wie Sterne hinter dünner Wolkendecke. Der Vorhang summt hoch, rasch, zieht die Haut ab, »Hilfe«, will ich sagen, »Hilfe«. Stichwort. Der Weg ist lang, länger, nimmt kein Ende. Am Schreibtisch des »Oberkommissars« bleib' ich stehen, salutiere. Er stiert mich an – weiß nichts, hat vergessen Wort, Platz, Anfang, Ende. Sie klatschten, klatschten immer noch. Der »Oberkommissar« öffnet den Mund, ich höre nichts. Ich spreche, höre nichts. Ich hab' einen Satz vergessen –

welchen? Zu spät, der »Oberkommissar« gibt falsches Stichwort, ich überspringe zwei Sätze. Dann Ameche. Nach dem Duett Applaus. Umzug: Lederlappen, Reißverschluß, Lela reibt Handgelenke mit Eisstück. Drei Stunden später in russischer Wohnküchendekoration, ich auf Klavier sitzend, Tänzer Chor neben vor hinter mir – über ihre Köpfe hinweg sehe ich Ameche. Im Tumult, stumme Liebesszene: Ninotschka – Kapitalist, sie sinken sich in die Arme, Finale – Vorhang. Wir stehen in langer Reihe wie Olympiamannschaft, verneigen uns gruppenweise, einzeln. Haben es probiert, gestern nacht noch, für alle Fälle, Takt für Takt, Schritt für Schritt.

Don steckt mir eine angerauchte Zigarette in den Mund, der Feuerwehrmann geht vorbei, sagt nichts, Lela gibt mir ein Whiskyglas, wir stehen hinterm Vorhang; Fotografen stürmen die Bühne, blitzen in unsere schweißüberströmten Gesichter. Marlene umarmt mich, flüstert: »Lächle.«

Meine verschmierten Hände hinterlassen Abdruck auf Marlenes weißem Schillernden. Der Garderobengang ist vollgestopft, die Wassereimer mit Sträußen umgekippt, das Wandtelefon neben der Bühnentür klingelt pausenlos, Marlene sagt: »Ich erwarte dich bei ›Sardi's‹, erster Stock, hab' kleine Party vorbereitet.«

Otto Premingers Kahlkopf vor mir. Otto der Große, Filmregisseur, Wiener; »Bravo«, sagt er, »du hast es geschafft.« Cy turnt über Eimer, Ernie steht an Schrank gequetscht. Ich werde umarmt, geschüttelt, gedrückt. »Auf die Zeitungen kommt's an«, sagt Cy. »Aber daß es ein Erfolg war, müssen sie schreiben, und wenn sie platzen«, ruft Arthur über Abendfrisuren, Ohrringe, Pelzschultern, Smokingschultern hinweg.

Vor der Bühnentür stehen Autogrammjäger, sie klatschen und singen die Lieder aus der Show, Lela legt Blumenbündel ins Taxi, Hardy schiebt mich auf den Sitz, wir fahren zwei Blocks bis zur 44th Street. Vor »Sardi's« Restaurant stehen Autos in Dreier-

reihen, zwei Polizisten pusten wütig in Trillerpfeifen, Nerz Chin-
chilla drängt vor Eingang, der Portier steht mit verschränkten
Armen, läßt weder rein noch raus. »Miss Neff?« flüstert er fragend,
öffnet die Tür, hält Vorhang beiseite: Erfolgssignal. Im ersten
Stock sitzen sie und lesen. Sehen nur einmal hoch, lesen weiter.
Marlene sagt: »Atkinson schreibt gut.« Sie faltet die große
»Times« zusammen, bestellt Champagner.

Plötzlich ist es mir gleichgültig. Keine Freude, keine Aufregung. Stille, Leere, Müdigkeit. Marlene sagt: »In Philadelphia war
es besser. Es war ein Theaterstück mit Musik.« Preminger sagt:
»Genieße den Erfolg. Ich hab' Philadelphia nicht gesehen, mir
hat's gefallen und allen anderen auch.« Er hebt sein Glas: »Auf
zwei Jahre mindestens!« Der Champagner macht mich betrunken,
wuselig, traurig betrunken. Ein Agent sagt: »Freu dich doch. Du
bist jetzt die Größte.« Um vier bringt mich Hardy nach Haus. Der
Hotelportier gratuliert mir, die Telephonistin, Kopfhörer um den
Hals gelegt, sieht hinterm Schaltbrett hervor, sagt: »Great.«

Die Wohnung gleicht einer Blumenhalle drei Tage vor
Ostern. Auf dem Kaffeetisch liegt ein Päckchen. Cartieruhr, gol-
dene, eingraviert: »To Hildegard with love. Leueen and George
Kaufmann.« In der Premiere waren sie nicht.

Heute abend um 8 Uhr 30 geht der Vorhang hoch. Morgen
um 2 Uhr 30. Morgen ist Sonnabend. Zwei Vorstellungen. Um
zehn sagt die Überseevermittlung: »Gespräch aus Deutschland,
Miss Neff, und Gratulation zum Erfolg.« Die Zeitungen rufen an,
die Stimmen weit, krächzig wie alte Grammophonplatten: »Was
empfinden Sie? Was haben Sie im Augenblick an? Feiert ihr noch?
Wir sind stolz auf unsere Hilde.«

Erfolg. Broadwayerfolg. – New York verwöhnt mich, zeigt
mir, daß Erfolg willkommen, neidet nicht, mäkelt nicht. Broad-
waystar heißt: der immer parate Tisch im überfüllten Restaurant,
Zahnarzt am spielfreien Sonntag, Taxi im Platzregen, mit Präsi-

denten Arm in Arm in Fotolinsen lächeln, Interviews, Radioshows, Fernsehshows, Gesangstunden, Tanztraining, Gesund-
bleiben, Pünktlich sein, Stimme schonen. Nie »Hilde«, immer
»Miss Neff«, Einladungen schriftlich, gedruckt, vier Wochen
zuvor.

Acht Vorstellungen in der Woche, ausverkauft, monatelang.
Am Montag, Dienstag, Donnerstag, Freitag: 4 Uhr 30 Steak und
Salat. 4 Uhr 45 bis 6 Uhr 15 Schlaf. 6 Uhr 30 Tee mit Honig.
7 Uhr 10 Taxi. 7 Uhr 20 Theater. Einsingen Schminken Anziehen. Mittwoch, Sonnabend das gleiche, dreieinhalb Stunden vor-
verlegt. Erste Vorstellung um 6 Uhr beendet. Tee in Garderobe,
Schlaf auf Armeepritsche. Eine halbe Stunde vor Beginn hat jeder
im Theater zu sein, auch Tänzer, die 20 Minuten vor dem Finale
auftreten. Für Ameche und mich wurden »Understudies« engagiert. Sie haben unsere Rollen probiert, hoffen und fürchten, daß
wir ein Bein brechen. Sie sind pünktlich im Theater, warten bis
der Vorhang fällt. Cy oder Ernie sind zweimal wöchentlich in der
Vorstellung, verkriechen sich in hinteren Rängen, murmeln Kritik
auf Tonband, setzen Vormittagsproben an, wenn die Show länger
als bei der Premiere läuft. Mätzchen ausgeschlossen, Improvisatio-
nen undenkbar. Es gibt keinen Zank und keine Intrigen, keine
Haupt-Neben-Kleindarsteller. Jeder besucht jeden und keiner ist
pikiert, wenn Henry »Halts Maul, wenn der Lappen hoch ist«
brüllt.

Nervös bin ich noch immer. Wenn der Lautsprecher klickt
und »15 Minuten« quakt, sterben Fingerspitzen ab, winselt etwas
zwischen Rippen, wird Memme genannt, winselt weiter, bis der
Scheinwerfer mich trifft, ich dem »Oberkommissar« Meldung
mache. »Wenn du keine Angst mehr hast, wirst du schlecht«, sagt
Henry.

Nach unseren Vorstellungen laufen Ameche, er und ich
durch windige Straßen bis zur 51st, sitzen auf Holzbänken im ver-

räucherten »Basin Street«, hören Mulligan und Chet Baker, gehen weiter zu »Ruben's«, essen Blintzes oder fahren ins »Village Vanguard«. Auf lauten, leisen Straßen des nächtlichen New York schwingt Bakers Trompete nach, hallt wider, verschmilzt mit New York, mit Sirenen und Dreiklanghupen, gehört dazu wie S-Bahn-Gerumpel, Knarren der schweren Haustüren zum nächtlichen Berlin.

Brubecks »Take the ›A‹ train«, Paul Desmonds Tonfäden, Erroll Garner, Peterson, Max Roachs Schlagzeug sterben mit dem Morgengrauen, den knatternden Wasserspuckern, die Rinnsteine waschen. Vorbei Mulligan, sandfarben im weißgelben Licht auf flacher Bühne, verloren stehend, wenn der Chorus vorüber, desinteressiert an Beifall – take it or leave it, hört zu oder nicht. Irgendeiner fummelt immer an Kabeln und Verstärkern, an Mikrofonen und Notenpulten, trödelt, spielt unnahbar trancenah, trödelt weiter. Sie scheinen Zeit zu haben, wie die Alten, die im Sommer auf den Bänken des Washington Square Schach spielen. Zwischen Alerten und Zielbewußten die Säumigen, Erdfernen, im Wirrsal Muße.

Viele Besucher aus Deutschland kamen damals, um Hilde am Broadway zu sehen. Henri Nannen, der Herausgeber der Wochenzeitschrift *Stern*, auf dessen ersten Titelblatt vom 1. August 1948 ihr Konterfei prangte, kam mit dem ersten Lufthansa-Direktflug nach New York, sogar zusammen mit dem *Spiegel*-Herausgeber Rudolph Augstein, dessen Titelblatt Nr. 19 vom 10. Mai 1947 Hilde bereits geziert hatte. Und eines Tages kam auch ein sehr überraschender Besuch aus Berlin:

* *
*

»Wat sachste nu?« dröhnte es vor der Tür. Barlog stand unter seinen Antennen, Hertas Katzenaugen blinzelten im Hintergrund.

»Wir warn drinne, janz stieke, wollten ma sehn, wat du so treibst.«
Er zog an meinem Ohr, lächelte Lela zu, stumm-bedeutungsvoll,
als wolle er sagen: »Ein Jammer, daß Sie nicht deutsch können«,
dann umfaßte er meinen Unterarm mit Daumen und Zeigefinger,
brabbelte: »Bei mir wärste nich so dürre, da hättste nämlich ooch
ma Ferien.« – »Kommt ihr mit zu mir?« fragte ich.

»Wenn de ne Stulle für uns hast.«

Barlog sah aus dem Taxifenster. Als wir in den Times Square
einbogen, rief er: »Is das ein Jewuhre, und die Besoffenen ...« Er
rutschte tiefer in den Sitz, versuchte die Spitzen der Wolkenkratzer auszumachen. »Mensch, Mensch«, murmelte er, offenlassend
ob überwältigt oder enttäuscht.

»Na, Muttchen, wie jeht's mit m Englisch?« Fröhlich
meckernd umarmte er sie, rannte auf die Terrasse, nickte zum
Empire State, als begutachte er den ersten Entwurf zu einem Büh-
nenbild, sagte: »Nich übel«, setzte sich aufs Sofa, machte sein
Regiegesicht: »Also, die Kraft kommt rüber, ooch uff Englisch,
aber det Stück is n bißchen durch n Wind, als hätten zu viel Köche
rumjerührt, und wat war denn mit dem Ballett los? Die ham
jehüppt wie in Swinemünde.« – »Wie lange bleibt ihr in New
York?«

»Wir sehn uns noch n paar Stücke an, aber hier wird ooch
bloß mit Wasser jekocht.« Er sprang plötzlich auf: »Paß ma auf, in
der eenen Szene, wenn er det Lied singt und du stur dasitzt, also da
kiek nich jradeaus, kiek runter.«

Er hielt den Kopf schräg, sah angewidert auf den Boden, als
verfolge er den Weg einer Küchenschabe. »Und wenn de auf-
trittst, laß die Pause länger, bevor du redest. Dann, det Abendkleid, also wenn du det vorführst, sei noch unsicher, det darf nich
elejant sein, vastehste.« Er drehte sich hin und her wie eine Robbe, die einen Wasserball balanciert: »Det muß ihr richtig peinlich
sein – komm, steh ma uff ...«

Um zwei sagte Herta: »Bolli, ich glaube, wir müssen so langsam ...«

»Also denk daran«, rief er noch, als stünde er im Schloßparktheater, bevor der Vorhang aufgeht.

Einem sonderbaren Zyklus folgend, schwoll der Strom der Besucher an, nahm wieder ab, schwoll wieder an. Da kam der alte zierliche Herr, unvergeßlich die sanften blauen Augen, stellte sich als Otto Hahn vor, kramte in brauner Plastiktasche, förderte zwei Weinflaschen zutage, fragte, ob ich Zeit und auch Lust, sie mit ihm zu leeren.

Oder Charles Laughton: raumfüllend und seltsam scheu, Leibesfülle dem Verlangen nach Unentdecktbleiben im Wege. Oder Apfelbäckchen des Maurice Chevalier. Piaf: winzig, unterernährt, ihre Seemannslache wie Tarnkappe, »Sie-wird-den-kommenden-Tag-nicht-überleben-Furcht einflößend. Da kamen Berlins Bürgermeister Otto Suhr, UN-Vertreter, Minister, Austauschstudenten, Quizsieger. John Steinbeck: mächtig und aufgeräumt, in Gestik einem Mimen ähnlich, dann wieder still-zurück-gezogen. Lena Horne und Shirley Booth und viele aus Hollywood und endlich auch die Ehrengäste des ersten Lufthansa-Fluges. Wir trafen uns in meiner Wohnung nach der Vorstellung. Es war Anfang Juni 55, und es war heiß. Anfänglich standen sie wie Teilnehmer eines Betriebsausflugs, bevor die Bowle gereicht wird, Landpartieleutseligkeit. Da war Henri Nannen, Chefredakteur des »Stern«. Sein erstes Titelbild war ich gewesen – 48, im Heu liegendes Bauernmädchen aus »Film ohne Titel«. Nannen: aussehend wie Pilot, der Passagieren Vertrauen einflößt, wie Chefredakteur in Hollywoodfilm, wie jemand, der immer gewinnt, auch bei »Mensch ärgere dich nicht«; ich freute mich, ihn wiederzusehen.

Konstantin Prinz von Bayern, der mich sprachlos, verblüfft machte, da er ein selbstverfaßtes Drehbuch überreichte und mit wohlklingender, jedem Wort Nachdruck verleihender Stimme »Nur Sie dürfen das spielen« sagte.

Es wurde ein hübscher Abend, obwohl einige der just Angereisten langatmige Reorganisationsvorschläge betreffs New York machten.

Die Hitze nahm zu, nistete in Asphalt und Steinen, blies Täglich-Aufgespeichertes nachts zurück, rührte in alter Tropenkrankheit, entfachte sie, ließ mich fiebrig und schmerzgekrümmt ins Theater wanken. Die Taumeligen in New Yorks Straßen waren von der Farbe des Auberginefleisches, das kurzfristige Aufblühen in luftgekühlten Räumen wich wütenden Neuralgien und Schnupfenepidemien. Wir hatten es aufgegeben, uns zu schminken, und in Pelzmütze und russischer Militärgarderobe zerfloß ich unter Scheinwerfern wie Butter unter Lötlampe.

Cole Porter war in Europa. Auf meinem Schminktisch häuften sich Postkarten, die der Alpen schneebedeckte Gipfel zeigten und die mit auf der Rückseite hastig geschriebenem »Hier ist es kühl« oder »Mir geht es gut – und Euch?« aus dankbaren Anhängern gallige Neidhammel machte.

Nachdem wir über 200 Vorstellungen gespielt hatten und die Show weiterhin für Monate im voraus ausverkauft blieb, geschah zu ungefähr gleicher Zeit folgendes: Ich wurde von einer Gruppe junger amerikanischer Maler zum »ausdrucksvollsten Gesicht der New Yorker Theaterwelt« gewählt, das »American Journal« beschrieb mich als »Bereicherung der amerikanischen Bühne«; die »Silk Stockings«-Langspielplatte hatte einen erfolgreichen Start; die größte Berliner Tageszeitung widmete Deckblatt, Überschrift und zwei Innenseiten der unvorstellbaren Pleite der Hildegard Knef in New York.

Berlin war weit, und mit einem Anflug von Gönnerhaftigkeit und Altruismus wischte ich die Windmacherei beiseite. Als der Same

des Zeitungsunkrauts jedoch auf zahllose deutsche Gazetten über-
zuspringen begann, empfand ich den Unmut der Verleumdeten.
»Was nagt an dir?« fragte Ameche in mein humorloses Schweigen
hinein.

»Der deutsche Pressewurm«, maulte ich, gerade als Tyrone
mit einem ledergerahmten Bild, auf dem ein breitgedrucktes
»PLANE« und ein, in Ermangelung von Platz zusammenge-
quetschtes »im voraus« stand, um Hammer und Nagel ansuchend
durch die Tür trat.

»Pack's wieder ein und versuche es morgen noch mal, die
Kraut ist miesepetrig«, sagte Ameche.

»Erzähl Väterchen«, gurrte Tyrone.

Als ich einige Überschriften und Bildunterschriften übersetzt
hatte, sahen sie sich an. »Das verstehe ich nicht«, sagte Ameche,
»jeder andere Ausländer hätte sämtliche Segenswünsche seiner
Landsleute und nach dem Erfolg Hosiannageschrei.«

»Warum verklagst du sie nicht?« fragte Tyrone.

»Das deutsche Recht ist nicht so«, sagte ich, »das einzige, was
ich erreichen würde, ist ein Dementi auf letzter Seite in Briefmar-
kengröße, so zwischen ›Wellensittich entflogen‹ und ›Fahrrad zu
verkaufen‹.«

»Was macht's dir schon aus?« sagte Tyrone. »Willst du etwa
wieder da leben?« Er fragte es, als hätte ich den Wunsch kundge-
tan, in die äußere Mongolei zu übersiedeln.

»Weder hast du antideutsche Interviews gegeben noch hattest du irgendwelche Tratschereien hier, wieso sind sie gehässig?«
– »Keine Ahnung.«

»Provinzkram«, sagte Tyrone und bestellte zwei doppelte
Black Label.

»Schadenfreude«, sagte ich, »und wenn man keinen Schaden
hat, dann muß man ihn zufügen, um schadenfreudig sein zu können.«

Es war schwer, ›Schadenfreude‹ ins Englische zu übersetzen. Das Wort existiert nicht in der ansonst recht phantasievollen, präzisen, auch an Schimpfwörtern reichen Sprache.«

*
* *

Beinah zwei Jahre sang und spielte die Knef am Broadway, tagtäglich bis auf sonntags, dafür mit zusätzlichen Matineen am Mittwoch und am Samstag. Ein riesiger Erfolg für die Deutsche, bis heute von keinem ihrer Landsleute auf New Yorker Bühnen je erreicht. Doch es war auch eine ungeheure physische Anstrengung, besonders im Sommer, wenn auf der Bühne über 40 Grad Hitze herrschten – Air-Condition gab's nur für den Zuschauerraum – und die arme Ninotschka-Hildegard jedoch in Ledermantel und Pelzmütze spielen mußte. Für eine anschließende Tournee mit dem Erfolgsmusical durch die Vereinigten Staaten aber wollte sie sich dann nicht erwärmen. Sie war erschöpft, müde, abgemagert, auch heimwehkrank. Europa bestürmte sie mit verlockenden Angeboten, Hildegard Knef begann zu packen.

Sie wählte die SS *America* für den Seeweg nach Le Havre, denn sie wollte unbedingt ihr amerikanisches Auto, einen brandneuen Chevrolet, mitnehmen, wegen des weißen Äußeren kurzerhand *Schneegans* getauft.

Es war Mai 1956. Nach einem kurzen Aufenthalt in Paris ging es in die Schweiz nach St. Moritz, wo sich Hildegard Knef erst einmal von den Strapazen der Broadwayzeit erholen wollte, bevor sie wieder nach Berlin kam, wo sie bereits am Kontrollpunkt Dreilinden mit großem Aufwand von Repräsentanten der neugegründeten Ufa empfangen wurde und mit Motorradeskorte nach Westberlin geleitet.

War 1970 nach dem unerwartet großen Erfolg ihres ersten Buches *Der geschenkte Gaul* das sogleich vom Ehemann David

Cameron vorzüglich und kongenial übersetzte *The Gift Horse* auch in den Vereinigten Staaten ein Bestseller, blieb eine Einladung ihres New Yorker Verlagshauses McCraw-Hill nicht aus. Hildegard Knef unternahm 1971 eine ausgedehnte PR-Tour durch sämtliche amerikanischen TV- und Radiostationen, wobei sie das Publikum nachhaltigst beeindruckte, nicht nur mit der Offenheit ihrer Darstellung der Kontroverse ihrer Generation, die bei Hitlers Machtübernahme zu jung war, aber für das unsägliche Leid in den Endstadien des Krieges keinesfalls, und deren Schicksal es wurde, dennoch dafür quasi zur Rechenschaft gezogen zu werden.

In ihren Interviews rückte Hildegard Knef dieses Pauschalbild aus seiner Schräglage.

Der Interview- und Talkshow-Parcours für den Gaul, für *The Gift Horse*, war quer durch die USA gesteckt, vom Atlantik bis zum Pazifik. Und Amerika sah zu, hörte zu, lauschte gebannt einer Deutschen über Deutschland reden: das schmachvolle Nazi-Deutschland und das geläuterte Nachkriegs-Deutschland: unumwunden, offen, aufklärend, bekennend, verständnisfördernd.

Die FRANKFURTER ALLGEMEINE schrieb 1971:

»Seit Grass und Hochhuth ist kein deutscher Autor so erfolgreich in Amerika gewesen wie jetzt Hildegard Knef, und die Kritiken waren ausnahmslos begeistert, weil hier zum ersten Mal jemand berichtet, wie es damals war, jemand, der weder Dichter noch Gelehrter ist, also ohne Verfremdung und Distanz das eigene Leben in den Hitlerjahren und danach freimütig ausgebreitet hat. Dabei war es nicht der Show-Star, sondern die offenherzige Deutsche, die Eindruck in Amerika gemacht hat, ihr intensiver Ernst, die couragierte Offenheit, mit der sie auch Unpopuläres vorbringt, Risiken nicht ausweicht, eine Ehrlichkeit, die ihr Publikum so ergreift, daß die Leute von der AKADEMIE DER FERNSEH-KÜNSTLER, die ihr in New York ein Essen gaben, sich am Ende erhoben und ihr eine Ovation darbrachten.«

Und diesmal war New York Ausgangs- und Endstation einer besonderen Reise in Sachen Literatur, wie auch wenige Jahre später, nach dem Erfolg des zweiten Buches *Das Urteil*, das besonders in den Staaten unter dem Titel *The verdict* große Anerkennung fand wegen seiner uneitlen Auseinandersetzung mit dem Tabuthema Krebs, das in Amerika zwar offener diskutiert wird als in Deutschland, jedoch ebenso menschlich berührt, wenn es das eigene Befallensein – hier sogar mit Brustkrebs – beschreibt. Das war auch in den USA ungewöhnlich mutig.

Hildegard Knef hatte ihren Kampf gegen den Krebs zwar gewonnen, nicht aber den gegen Abhängigkeit von Medikamenten, insbesondere des Morphiumderivats Metadon. Ausgerechnet in einer Zeit der Ehekrise und nach der aufreibenden Arbeit an der Fallada-Verfilmung *Jeder stirbt für sich allein* in Berlin entschloß sie sich, einen *cold turkey* zu machen, eine gnadenlose Radikalentwöhnung, die ihr alles an seelischen und physischen Reserven abforderte. Hildegard Knef hielt tapfer durch.

Als sie sich dann anschickte, wiederum nach New York zu fliegen zu einer ausgedehnten Promotionstour für das Buch *The verdict*, diesmal zusammen mit der siebenjährigen Tochter Christina, mit Sekretärin und Bodyguard, befand sich ihre Ehe bereits in jener Zerrüttung, die wenig später in der Scheidung von ihrem zweiten Ehemann und Vater ihrer Tochter gipfeln sollte. Diese belastete, aber möglicherweise besonders für New Yorker Reize dankbar empfänglich machende Zeit schilderte Hildegard Knef 1982 in ihrem Buch *So nicht*:

* *

*

Wie stets bin ich aufgeregt wie ein behütetes Schulkind auf erster unbewachter Reise: New York, für Jahre mein Zuhause, löst mit bedingungsloser Sicherheit ekstatische Freude, auch kleinlaute

Bestürzung aus. Für meine Drei ist es ein mißtrauisch beäugtes Neuland, dem Werner verunsichert entgegensieht, spricht er doch keine Silbe Englisch. Während wir über die breite Brücke, die den East-River überquert, hinwegsurren, herrscht andächtige Stille.

Manhattans Silhouette im Halbdunkel des frühen Winterabends mit seinen eng beieinanderstehenden Wolkenkratzern, den grandiosen Türmen des World Trade Center, altmodisch anmutender Spitze des Empire State Building unter dem Himmel flämischer Maler, ungezählten Lichtern, glitzernd, herrschsüchtig, seiner Reize bewußt, läßt selbst Hartstirnige kleinlaut werden. Jener von Menschen erbaute Wahnwitz aus Glas, Beton, Grandiosität, Phantasie, Überheblichkeit und Schönheit erlaubt keinerlei Kritik. Wir nähern uns den Pyramiden des Neuen Westen. Aus der Ferne läßt die massive Unübersichtlichkeit fürchten, daß es schier unmöglich, inmitten der noch lautlosen Offenbarung leben lieben leiden arbeiten atmen zu können. Für mich brandet bereits das Konglomerat aus Nebelhörnern, Polizeisirenen, Jazzharmonien, dampfenden Gullies, dem Menschengewühl auf diagonal die Insel zerteilendem Broadway und Times Square, den schmalen Theaterstraßen, sündteuren Restaurants, elendiger Armut in pappbecherbestreuten Imbißstuben. Je näher wir kommen, um so verwirrender ist das Bild, Hälse recken sich erfolglos, um die Höhe der Häuser auszumachen; neben Häßlichkeit protzt die Hochnäsigkeit der Fifth Avenue mit ihren Tiffanys, Bergdorf-Goodmans, Antiquitäten, Luxus-Hotels. Weit unten liegt Greenwich Village mit seinen Malern, Schachspielern, Trinkern, Musikern. Hundert Blocks östlich liegt Harlem, unbetretbar, von Taxichauffeuren gemieden, drei Straßen zuvor einer der teuersten Wolkenkratzer der Welt mit seinen Penthäusern, samtbeschlagenen Fahrstühlen, livrierten Portiers. Dazwischen: kleiner Turm von St. Patrick, dreistöckige Brownstonehäuser mit messingbeschlagenen Türgriffen, unterspielter Reichtum auf pfeilgeraden

Avenues und ebensolchen Nebenstraßen. Es fällt mir nicht schwer, mir vorzustellen, daß ich zwei Jahre dort verbracht, ohne jemals die Insel Manhattan verlassen zu haben, nicht ein einziges Mal die Brücken über den Hudson oder East-River gesehen. Zwei Jahre Theater. Jeden Abend. Achtmal die Woche. Matineen. Verwöhnt von einem begeisterungsfähigen Publikum. Ein Höchstmaß an Disziplin voraussetzende Jahre, dennoch: nie das Gefühl, es gäbe etwas zu verpassen, das außerhalb dieser alles beinhaltenden Insel läge.

Mein verstorbener Freund Manfred George, Chefredakteur des »Aufbau« in New York, pflegte zu sagen: ›Für einen zivilisierten Menschen ist, soweit er in New York lebt, Reisen uninteressant ...«

Das Neben- und Übereinander von Museen, Galerien, jüdischen Delikatessen-Läden, Restaurants, die vierundzwanzig Stunden geöffnet, Speisen aus sämtlichen Himmelsrichtungen stapeln, Vielfalt der Sprachen, der Gebräuche, selbst zwischen Glas und Zement weitergeführt, beißender Luft des Atlantik, dröhnender Hitze New Yorker Sommer, in denen man im Asphalt zu kleben glaubt, erstem Frühlingsgrün im Central Park, Schneeballschlachten auf vereisten Seen, von Wolkenkratzern umgeben, Transportmöglichkeiten, die zumeist in der Senkrechten stattfinden, sekundenschnell achtzigste Stockwerke erreichend, hinter Käfiggittern verängstigten Taxichauffeuren, die erbarmungslos zwischen Greyhoundbussen, Rolls-Royces, Cadillacs und Mercedes einherrasen, waren meine Heimat. Seither als »Atlantikbewohner« ironisch tituliert, ergreife ich jede Möglichkeit, in das Gebirge menschlichen Hochmuts zurückzukehren.

New York ist die erste Lektion in Sachen Großstadt.

Werner brabbelt unaufhörlich: »Daß ick det ooch ma sehe ...«, während Christina aufmerksam die sich auf Weihnachten vorbereitenden Straßen betrachtet. Da glitzern und glimmern dreißig Meter hohe Bäume, stehen Weihnachtsmänner klingelnd an windumpeitschten Ecken, locken protzige Auslagen hinter vergitterten Fenstern.

Im dem Central Park gegenüberliegenden Plaza Hotel wartet ein prächtiges Apartment, weihnachtlich anmutende Bouquets, handgeschriebener Brief des Verlegers, der mir mitteilt, daß uns ein freier Tag eingeräumt. Da ich gewohnt vom Flughafen ins Hotel, vom Hotel zur TV-Station gekarrt zu werden, bin ich schier überwältigt: So kann ich Christina mein New York zeigen, das Theater, in dem ich lange spielte, das Penthouse, in dem ich mit ihrer Großmutter gelebt. Heißhungrig bestellen wir Sandwiches, stoßen auf absolute Begriffsstutzigkeit, besteht doch das gesamte Personal des Feudal-Hotels aus nicht englisch sprechenden Puertoricanern. Wir stehen hinter den großen Fenstern, sehen auf die versprenkelten Leuchten des Central Park, auf die tief unter uns liegende 59th Street, lautlos vorüberrauschende Wagen, ameisengroße Männchen und Weiblein mit hochgeschlagenen Kragen.

Für den zweiten New Yorker Tag wird mir der bedeutende und gefürchtete Kritiker Rex Reed angekündigt: er bäte um ein Interview. Obwohl er einige exzellente Kritiken über meine Bücher geschrieben, war ich zapplig, hatte man mich allseits gewarnt, er könne auch spitzfindig-aggressiv sein.

Auf die Minute pünktlich erscheint ein die Schönheit sämtlicher Filmstars vergangener Jahrzehnte übertreffender Mann Mitte Dreißig: lackschwarzes volles Haar, humorige Grübchen, mandelförmig grüne Augen. Die Affinität, die uns sogleich, von Äußerlichkeiten unabhängig, überrollt, das unanfechtbare Gefühl, sich seit Jahren zu kennen, macht sich breit, bevor er noch seinen teuren schwarzen Mantel ausgezogen ...

Beinahe geniert von der unausgesprochenen, ans Parapsychologische grenzenden Fusion, setzen wir uns in einen Nebenraum, bestellen einen Tee und sprechen, nur kurzfristig von einem Fotografen unterbrochen, drei bis vier Stunden lang. Er benötigt weder Block noch Taperecorder. Angespannt sitzt er und hört, Fragen rasch dazwischen werfend, mit jener Intensität zu, die einen zwingt, sich zu offenbaren, wenn nicht gar bloßzulegen.

Es kann dem blitzgescheit-aufmerksamen Rex Reed nicht entgangen sein, daß ich in eine tiefe private Krise verstrickt. Ohne die leiseste Andeutung zu machen, ahnte ich dennoch, daß er meinem Gesicht, fahrigen Gesten, nicht zu Ende gesprochenen Sätzen, hilflos umgangenen Fragen mehr abgelesen hatte, als mir lieb war.

Er bittet mich mit einem Aufblitzen seiner Grübchen, am selben Abend mit ihm zu essen. »Natürlich Abendgarderobe ...« flüstert er noch, eilt, mich auf beide Wangen küssend, auch aufmunternd meine Rechte drückend, davon.

Es ist 18 Uhr 30. Uns verbleiben eineinhalb Stunden, in denen es gilt, mich in eine atemberaubende Schönheit zu verwandeln. Jemand treibt umgehend einen der berühmtesten Friseure plus Maskenbildner auf, fordert, keinen Widerspruch duldend, ihr sofortiges Auftreten. Fünfzehn Minuten später fallen sie über mich her gleich zwei erregten Flamingos, hüpfend, flatternd, jeder Griff gleich einem seit Jahren einstudierten Ballett. Man entscheidet sich unter Mitwirkung der beiden für ein schwarzes Abendkleid mit auf einer Schulter getragener Pelzboa. Ein halslanger Ohrring versetzt letzten Schliff.

Die beiden betrachten mich wie ihr Kunstwerk, das ab sofort weder sprechen, laufen, sitzen oder gar den Kopf bewegen sollte. Erst erscheint ein Knabe mit Rosengebinde, von Rex Reed übersandt, dann er. Unser Gang durch die berühmte Halle des Plaza läßt das Dauergesumme ineinander laufender Gespräche verstummen. Wir blinzeln uns wie zwei Verschwörer zu, entschwinden erhobenen Hauptes.

Es sollte die Nacht der venezianischen Masquerade sein, in der wir nur der Heiterkeit und dem Amusement leben wollten. Schachzug kluger Freundschaft, für den ich ihm ewig dankbar sein werde, gab er zu verstehen, daß auch zu Zeiten des Unheils eine mit Bedacht verspielte Geste das stachlige Gestrüpp beängstigender Gedanken zerschneidet, dornröschenhaft befreit ... und sei es für wenige erholsame Stunden, die einer Transfusion gleichen.

Zuerst einmal fahren wir ins La cigne – bestes französisches Restaurant New Yorks –, schlurfen Austern, trinken Chablis, lassen uns anstarren, brechen über seinen florettgeführten zielsicheren Stichen, manche Broadwayshows betreffend, zusammen. Über Mousse au chocolat lädt er Christina und mich für die Zeit der Schulferien in sein New Hampshirelandhaus ein.

Wenige Minuten später befördert uns ein chauffeurgesteuerter Wagen zurück ins ›Plaza‹, wo Eartha Kitt nach langer Pause ihren Premieren-Abend im Ballsaal des Hotels haben wird.

Beifallumtost tritt sie auf, um sich während des ersten Liedes zu versingen, es abzubrechen, sofort ins neue springend. Das Dunkel ihres Gesichtes wird grau, Schweiß läuft über Augen, Wange, Dekolleté, einen Meter von ihr entfernt sitzt jemand, der nur allzugut nachfühlen kann, was es heißt, mit versagender Stimme, verschollenem Text, tauben Ohren, das Dunkel gleich einem Drachenschlund vor Augen nichts sehnlicher herbeiwünschend, als augenblicklich zu versinken. Eine langfingrige Hand tastet nach dem Flügel, unter hautengem Abendkleid zittern Knie, dann flüstert's kaum hörbar, das Lied abbrechend: »Ich habe Lampenfieber. Diesen Song schaffe ich einfach nicht.« Sie steht, als erwarte sie ihre Hinrichtung. Tosender Beifall, Leute erheben sich von ihren Sitzen: hier werden langjährige Leistungen bewertet, nicht minutenkurzes Versagen bemäkelt. Tränenüberströmt fährt sie, nunmehr befreit-entspannt auf der Woge unerwarteter Zuneigung, fort, ist von jener schnurrenden Keßheit, die identisch mit ihr und die sie nach kurzem Debakel perfekter zelebriert denn je zuvor. Ein hingerissenes Publikum zerrt Blumen aus Vasen und Töpfen, wirft sie ihr zu Füßen.

Es war mir entgangen, daß ich Rex Reeds Hand gepreßt hatte, so daß er mir zur Bestätigung rotangelaufene Finger vor Augen hält. »Wenn jemand gut ist, kann er sich beim New Yorker Publikum viel leisten. Es ist treu und allemal dankbar.«

Wir fahren die Fifth Avenue in Richtung Greenwich Village, halten vor einem rauchfarbig gläsernen Turm, besteigen einen gläsernen Fahrstuhl, der uns mit einem Satz ins oberste Stockwerk befördert. Brasilianisches Konsulat lädt zu mitternächtlichem Jazz-Konzert ein. Auf dick-weißen Teppichen sitzend, wandern Rumdrinks von Hand zu Hand, wird freudig wiedererkannt oder vorgestellt. Eine Schar der schönsten Frauen, die ich je gesehen, räkelt sich mit lasziver Nonchalance auf dem Boden, die nur jene zustande bringen, die ihrer absolut sicher und deshalb keinerlei mandelbitteres Konkurrenzspiel betreiben. Die Hausherrin, eine hauchzarte Blondine in wehendem flammenfarbigen Gewand, wird singen; zum Spaß. Da werden Lichter gelöscht, springt die Band aufs niedere Podium; gegen Manhattans berauschende Kulisse fegt betörend-ködernder Jazz mit brasilianischen Untertönen, lockenden Harmonien und einer Stimme, die Schmetterlinge über den Rücken flattern läßt, Lassos wirft, zerrt, reizt, fiebert, in Trance legt, empor reißt, durch Urwälder über Strände wirbelt. Wir liegen kreuz und quer, beseligt, berauscht, schreien uns die Hälse wund.

Rex und ich taumeln zum gläsernen Fahrstuhl, sagen nichts. Ich denke, die Nacht sei beendet, doch schon landen wir in den 90er Straßen, vor berühmtem ›Carlyle Hotel‹ mit seinen ineinander verschachtelten Bars. Treffen auf Bobby Short, einen begnadeten Pianisten und Sänger, der seine Arme um mich wirft, schamlos heult, mich vorwurfsvoll in sein New York zurückbeordert. Bei Curaçao mit Eis angekommen, hängen wir an seinen

Lippen, an den genial-scharfsinnigen Texten voll betörend-listiger Selbstironie, erliegen seinem Charme und Esprit. Bobby Short, der blendend aussehende, jeden gewinnende Schwarze, Liebling aller Nachteulen New Yorks, schließt Augen, singt einen Blues, gleichzeitig wird mir ein Zettel in die Hand gedrückt. Im Schein Rex' Feuerzeugs entziffern wir: ›Bin als Gast hier. Werde trotzdem singen – für Sie! Sylvia Syms.‹

Gleich Engelsflügeln werde ich eingekuschelt in Wärme Herzlichkeit Respekt Anmut. Sie setzt sich neben Bobby, beginnt flüsternd-heiser mit Garland-ähnlichem Vibrato einen Song über die bestürzende Verzweiflung einer endenden Liebe; trifft sogleich ins Schwarze, wirft unbewußt Pfeile. Bei einem schluchzenden Blues kollabiert meine Selbstbeherrschung; Tränen rollen in den Pelz, auf Rex' Schulter, der mir sein Taschentuch zuschiebt, mein Handgelenk hält, leise sagt: »Es gibt nur wenige, die das können: Mitweinen, meine ich ...«

Der Morgen graut, es nieselt, Gullies dampfen, Straßenwaschmaschinen preschen an Autos und Unentwegten vorüber, schon fahren einige Busse, rasante Sportwagen; halbwaches, doch nie schlafendes New York. Rex besteht darauf, mich bis zur Zimmertür zu begleiten, die Flure aller Hotels seien trotz Armeen von Detektiven unsicher-gefahrvoll. Noch einmal sehe ich in seine seltsam traurig-verschmitzt grünen Augen, sage: ›Danke‹, wissend hoffend ahnend, daß ich einen Freund gefunden.

Zwei Tage später steht ein Artikel in einer New Yorker Zeitung, der mit: ›Die Welt wäre ärmer ohne eine Knef‹ endet. Ich weiß nicht, wie auf das Übermaß an Respekt und Zuneigung zu reagieren ...

Die Freude war kurz, die Arbeit begann. Ein Dispositionsplan wird überbracht, mit nahtlos ineinander verlaufenden Zeitungs-Radio-TV-Interviews, Signierstunden in Büchereien, Party beim Verleger.

Am nächsten Morgen – sechs Uhr früh: Fernseh-Interview mit der sagenumwobenen Barbara Walters im meist gesehenen morgendlichen Nachrichten- und Talkshowprogramm der Vereinigten Staaten. Über dampfenden Toastern, schnurrenden Rasierapparaten, brodelnden Kaffeetöpfen sieht der größte Teil der Nation Nachrichten; läßt sich mit Neuigkeiten füttern: diesmal unter anderem mit dem Erscheinen meines zweiten Buches.

Anschließend warten dritte, vierte, fünfte Interviews, vierzehn Tage lang; dazwischen hastige Lunches, Abendessen mit Journalisten, Cocktailparties. Nach überschäumendem Abschied rutsche ich blumenbedeckt in die Sessel der Lufthansa Lounge am Kennedy Airport, falle umgehend in kurzfristigen Tiefschlaf. Die Maschine hat acht Stunden Verspätung. Nebel, Unwetter haben sämtliche Luftlinien lahmgelegt. Christina inspiziert den VIP-Raum, unterhält sich mit wartenden Stewards, sitzt vorm Fernseher, schlürft Unmengen von Obstsäften. Endlich hebt der doppelstöckige Jumbo ab, noch einmal sehen wir den lustvollen Teppich New Yorker Lichter, glauben sogar, im Turner-farbenen Halbdunkel die Freiheitsstatue auszumachen, steuern auf den Atlantik zu. Letzter wehmütig-dankbarer Gedanke an einen neuen Freund, doch schon sind wir weit entfernt – überm Ozean –, Europa und somit kaum zu bewältigenden Sorgen entgegenfliegend.

*
* *

Dieser Abschied von New York fiel besonders schwer, doch war – wie jeder Abschied von New York – schwer und erleichternd zugleich. Denn bei zunehmender Entfernung vom *wahren* Mittelpunkt der Welt – wo das kollektive Seelenpendel zwangsläufig durch all die senkrechten Kräfte im ortsgebundenen Lot erscheinen könnte –, erhält mit jeder abstandgewinnenden Meile das eigene innere Pendel, je nach Temperament und Bereitschaft, wieder seinen individuellen Drall zur gewohnten Schräglage, die notfalls auch mit der Neigung der Erdachse erklärt werden mag – oder mit kosmischen Kräften der allgegenwärtigen Sterne.

Hildegard Knef verließ New York 1976 für die Arbeit an neuen Chansons und andere Aufgaben; als schwerste gewiß die bevorstehende Scheidung vom Ehemann, vom Vater ihrer Tochter, und ihr Umzug nach Berlin.

(Schicksalhafte Begegnung: von Freunden dazu überredet, organisierte und überwachte Paul von Schell, in München ansässiger amerikanisierter Sohn eines ungarischen Barons, die Übersiedlung nach Berlin. Ein Jahr später heiratete er Hildegard Knef.)

Juni 2000. An unserem letzten New Yorker Abend hat das Filmteam Großes vor: Eine Fahrt in Star-angemessener Stretch-Limousine durch Manhattan soll gefilmt werden, vom Imperial Theatre, wo *Les Miserables* seit Monaten ausverkauft gespielt werden, zu anderen Sehenswürdigkeiten und ehemals Lieblingsorten der einstigen New Yorkerin *Hildegarde Neff* und natürlich zum nächtlichen Times Square, wo der Nabel der Welt mit Hilfe einer Stromrechnung zweier mittlerer Kleinstädte pulsierend zum nimmermüden Lichter-Herzen der Welt mutiert, nachdem er jahrelang tatsächlich eher zum Unterleib einer hoffnungslos kriminellen City zu verkommen drohte.

Die Filmaufnahmen ziehen sich ein wenig hin, der quirlende Menschenstrom am Times Square ist zu hektisch und voluminös für exakt geplante Abläufe. Fans erkennen Hilde, erbitten Autogramme, die deutschen Touristen können ihr Glück kaum fassen, fern der Heimat ausgerechnet hier die Knef zu treffen. Während der französische Maskenbildner Loïc Breard souverän wie immer hinter einer Absperrung das Make-up der Knef für die Nahaufnahmen sorgfältig auffrischt, arbeitet sich ein grauhaariger älterer Herr durch die Massen der Umstehenden, ruft mit unverkennba-

rem Südstaatendrawl: »Hi, Miss Neff, how're ye' tonight? Saw ye'
in Silk Stockings, way back then in the fifties on Broadway. And
still adore ye', really ... You look just great, for sure!« Hi, Miss Neff,
wie geht's Ihnen heut abend, sah Sie in Silk Stockings, damals in
den 50ern am Broadway. Ich bewundere Sie immer noch, wirklich.
Sie sehen großartig aus, ehrlich!

Ein überraschtes Lächeln erblüht auf dem Gesicht der Knef,
und sachte beginnt es zu glitzern in ihren Augen, in denen plötzlich sämtliche Lichter des Times Squares wundersam erleuchten,
wirklich funkeln und strahlen; das Licht wird weicher und wärmer,
scheint sich in ihren Augen spiegelnd zu verstärken, funkenblit-
zend, sterneleuchtend. Unser Kameramann ist überglücklich.

Der Abschied von New York am nächsten Morgen fällt uns
nicht leicht, auch mir nicht; doch Hildegard Knefs unbändige
Freude, in wenigen Stunden endlich ihre Tochter Christina in Los
Angeles wiedersehen zu können, verschiebt alle gespannten Emotionen, auch für uns andere, den Ehemann Paul, die Filmcrew und
mich, erheblich in Richtung Westen.

AUF IN DEN WESTEN

Nach New York, der Metropole des Senkrechten, erscheint die weite Masse von Los Angeles wie ein flaches, horizontal ausuferndes Becken, west-östlich nur begrenzt vom Pazifik und den San Fernando Mountains, ansonsten gleichsam überschwappend, vor allem in südlicher Richtung bis nach San Diego, durchgehend eigentlich bis zur mexikanischen Grenze vor Tijuana.

Vom Flugzeug aus nur kann man die atemberaubende Weite wirklich überschauen, die endlos staubigen, fast schnurgeraden Boulevards, das säumende Grün ihrer Bäume, die sattbunten Flekken der Gärten und Parks dazwischen, die wildbewachsenen Hügel oder kargen Hänge: alles nur mühsam, aber verschwenderisch bewässert, wie Oasen inmitten einer Wüste, leuchtend aus den blauen Opalen tausender Swimming-Pools.

Der Anschein des Paradieses, gepaart mit dem Hauch eines mildwarm-ewigen Sommers, überrascht und betört zugleich, erweckt ein trügerisches Sicherheitsgefühl, nimmt Ängste vor Schnee und Kälte, läßt Nordisch-Unverwöhnte innerlich frohlocken, auch wenn in deren angestammten Breiten solch Witterung im Sommer doch höchst selten vorgekommt. Das Klima, die Vegetation, dort wo sie dank künstlicher Bewässerung üppig, lassen Glückshormonen freien Lauf, gaukeln Leichtigkeit des Lebens vor, zaubern in fremde Gesichter offenbar freundliche Züge, erheben scheinbar den Alltag zu unverdient erlebtem Urlaub. Kurz: es ist eine Täuschung, eine Illusion; die ideale Umgebung für eine riesige kreative Industrie, verkürzt Hollywood genannt, die nichts als Illusionen herstellt und vermarktet. Und das zumeist ohne viel Lächeln oder kühlende Brise vom blauen Meer, ohne sanftes Wassergeplätscher aus artesischen Brunnen eines parkähnlichen Anwesens, sondern knallhart rücksichtslos auf den Dollar konzentriert. Profit kommt zuerst. Kunst machen wir später. Wenn überhaupt ...

In dieses Los Angeles am 9. Juni 2000 kommt Hildegard Knef mit unserem Filmteam aus New York. Empfangen werden wir am Flughafen von Tochter Christina und ihrem Ehemann Peter. Die Begegnung von Mutter und Tochter ist überschwenglich, emotional, berührend: viereinhalb Jahre haben sie sich nicht sehen können, seit dem 70. Geburtstag von Hildegard Knef. Wann immer es der Tochter möglich gewesen wäre, sie zu besuchen, war ihre Mutter entweder beruflich zu engagiert oder in Kliniken, zu krank für einen Besuch. Endlich findet ein Wiedersehen statt.

Erinnerungen werden wach, Erinnerungen auch an die Zeit, als Hildegard Knef mit Ehemann Paul und Tochter Christina 1983 nach Los Angeles übersiedelte und Christina sich mit 14 Jahren auf eine amerikanische Privatschule umstellen mußte, um in ungewohntem Englisch das Pensum zu bewältigen, was sie einige Jahre später blendend bewies, als sie den Schulabschluß glanzvoll *cum laude* absolvierte. 13 Jahre ist das nun schon her; inzwischen ist die junge Dame bereits 12 Jahre glücklich verheiratet ...

Mutter und Tochter haben sich soviel zu erzählen. Bei einem exzellenten mehrgängigen Abendessen zuhause kann Christina die Mutter überraschen, welch passionierte und offensichtlich auch sehr versierte Köchin sie geworden ist. Hildegard Knef staunt neidlos, witzelt über ihre eigene Unfähigkeit, noch nicht mal Wasser richtig kochen zu können; und alsbald schwirrt eine Unmenge von altbekannten Anekdoten hin und her im Speisezimmer über Mutter Hildes Koch-Unkünste und die feixende Freude diesbezüglich der damals noch kleinen Tochter, die in der klassischen Situation gipfelt, da Hilde vor der Küche Christina scherzend fragte, ob sie denn in die Küche reindürfe, und »Ja« zur Antwort bekam, allerdings mit dem kindlich-ernst warnenden Zusatz: »Aber bitte unternimm nichts!« Unser Gelächter ist immer noch tosend, obwohl wir alle diese Geschichte seit Jahren immer wieder erzählen. Es wird ein wunderbarer Abend.

Für den nächsten Tag ist ein Besuch auf *Shambala* geplant, das riesige Raubtiergehege in der kalifornischen Bergwüste, das die ehemalige Hitchcock-Filmsirene Tippi Hedren (*Die Vögel*) für etwa 60 Raubkatzen und zwei afrikanische Elefanten eingerichtet hat und seit Jahren aufopfernd betreut. Christina ist dort ebenfalls sehr engagiert, ist Patin einiger Großkatzen, die sie schon als Jung-tiere betreute, macht öffentliche Führungen durch das Gelände für interessierte Gruppen und setzt sich hauptsächlich bei Fundraising und Sponsorensuche ein. Stolz will sie ihr ›zweites Zuhause‹ der Mutter vorführen, stolz die ihr alle namentlich vertrauten Riesen-katzen zeigen. Wegen des unebenen Geländes, der weiten Entfer-nungen dort und ihres immer noch geschwächten Fußgelenks wird der Knef ein Rollstuhl angeboten, in dem sie fahrend bequem alle Gehege besichtigen kann. Allerdings warnt Christina, den Roll-stuhl zu dicht an die Gatter zu fahren, als die Raubkatzen, unruhig geworden, sich interessiert der Besuchergruppe mit diesem merk-würdigen Gefährt nähern. »Vorsicht! Für die bist du wie *Essen auf Rädern*, Mama. Sorry«, sagt sie, noch ziemlich ernst, bevor wir alle, Hilde inbegriffen, in lautes Prusten ausbrechen, uns schnell ent-fernen müssen, um die armen Tiere mit unserem Gelächter nicht völlig zu verschrecken.

Anschließend werden wir von Miss Hedren zum Tee gebeten, währenddessen sie uns viel Wissenswertes über Shambala und die Riesenkatzen erzählt. Das Filmteam hatte leider für diesen Tag Drehpause eingeplant – wie schade, es wären sicher tolle Aufnah-men für den Film geworden.

Wir wohnen im Beverly Hills Hotel am Sunset Boulevard, wohl eines der besten, elegantesten und unaufdringlich schönsten Hotels der westlichen Welt. Da ist die legendäre Polo Lounge, eine seiner exquisiten Restaurant-Bars, in der sich seit je alle Größen der Welt und besonders die des klassisch-goldenen Hollywoods regelmäßig eingefunden, von Fairbanks, Douglas, Bette Davis, Flynn zu Gary Cooper, von Aga Khan, auch Thomas Mann, Steinbeck und Hemingway, Faulkner natürlich, bis zu den Windsors; wo Marlene Dietrich 1938 schon – schockierend, doch souverän – lange Herrenhosen als Damengarderobe hoffähig machte, wo die Kennedys dinierten, und Madonna darauf bestand, auf Barbra Streisands Stammplatz zu sitzen, gegenüber Judy Garlands bevorzugter Nische, in der sie 1946 mit ihrem Ehemann, dem Musicalfilm-Regisseur Vincente Minnelli dinierte, noch eine Woche vor der Geburt ihrer Tochter Liza.

(Diese Weisheiten über die illustren Gäste des Hauses wurden allabendlich neu auf einer elegant gedruckten Karte neben den mit *sweet dreams*-Wünschen versehenen Gutenacht-Keksen auf dem Tischchen neben dem bereits aufgeschlagenen Bett offeriert.)

An diesem filmgeschichtsträchtigen Ort, der zunächst zum Flüstern gemahnt vor lauter Ehrfurcht ob der abendlich erfahrenen Histörchen, der sich dennoch als fast gewöhnliche gehobene Kneipe entpuppt, in der man dem Kellner schon mehrmals bedeuten muß, daß man eine Bestellung aufgeben möchte – hier also begann an einem dieser Abende im Juni 2000 in herrlich entspannter Runde Hildegard Knef zu erzählen, wie anders als heute es damals, im April 1948 war, als sie mit ihrem frisch angetrauten Ehemann Kurt Hirsch nach dem elterlichen Debakel in New York hier angekommen, mit einem Sieben-Jahre-Vertrag in Händen – und vielen Hoffnungen, aber wenig Aussichten, wie sich bald herausstellen sollte.

Sie fanden zwar ein kleines erschwingliches Häuschen am Coldwater Canyon, in dem sie zusammen mit Klapperschlangen im Gartengebüsch und sogar in der typisch amerikanischen Briefkastenröhre und einmal auch einem Puma auf dem Dach zu leben hatten. Ansonsten wartete die junge deutsche Schauspielerin, nach drei erfolgreichen Filmen im Heimatland bereits ein Star, auf Dinge, die geschehen sollten, auf Ergebnisse, die angekündet, aber nicht eingetreten waren. Zwar bekam sie wöchentlich den Scheck über einen bescheidenen, aber nicht unzureichenden Betrag, und wartete geduldig, bis sich das Studio bei ihr meldete.

Im *Geschenkten Gaul* beschreibt Hildegard Knef das Ende dieser lähmenden Wartezeit so:

* *
*

Der Pressechef saß über einen Kaffeetisch geneigt, kaute angestrengt an einem Dreideckersandwich, aus dem Tomatenecken, Eierscheiben und Speckstreifen hingen und Mayonnaise tropfte, das Gemansche war von zwei Zahnstochern zusammengehalten. Er versuchte seine fettglänzenden Finger an einer aufgeweichten Papierserviette abzuwischen, würgte unglücklich an einem Riesenbissen, der seine Backen auseinanderzog, schluckte erleichtert, sagte »Sorry« und »Sit down«. Ohne das Paket im Mund war sein Gesicht traurig und dünn. Vom Schreibtisch angelte er eine Pappmappe, aus der Zeitungsausschnitte glitschten und zu Boden schwebten, er sah ihnen bekümmert nach, wie jemand, der einen ständigen, aber hoffnungslosen Kampf gegen Unaufgeräumtheit führt. Er sammelte sie auf, nahm einen großen Block, rieb an dem Fettfleck herum, den sein Daumen auf der weißen Seite hinterlassen hatte.

»Willkommen in Hollywood«, sagte er leise. »Ich muß jetzt deine Lebensgeschichte aufschreiben für die Zeitungen und so.«

Entschuldigend sah er sich um. »Wie schreibt man Knef?«
Er sagte »Kaneff«. – »K – N – E – F.«

»Ich habe eine Anweisung von Mr. Selznick, daß der Name geändert werden soll.« – »Nein«, sagte ich.

Erstaunt sah er hoch, bewundernd, als hätte ich gesagt: Erschießen ja, Augenbinde nein.

»Aber hier ist doch schon die Liste mit den Vorschlägen«, sagte er endlich. Er gab mir einen Zettel mit vielen Namen, »Gilda Christian« war der erste.

Ich schüttelte den Kopf, sagte noch einmal »Nein«.

»Aber Kaneff kann hier niemand aussprechen.« Beschwörend lehnte er sich vor, als wollte er mich vor einer grauenvollen Zukunft bewahren.

»Bitte«, sagte ich, »ich möchte meinen Namen behalten.«

»Na ja«, sagte er lahm, »das hat ja auch noch Zeit.« Er sah wieder auf seinen Block, fragte: »Wo geboren und wo aufgewachsen?« Er fragte es, als sei niemals irgend jemand am selben Platz geboren und auch aufgewachsen, als sei es selbstverständlich, den Ort nach der Geburt zu wechseln.

»Geboren in Ulm.« – »Wie schreibt man das?« – »U – L – M. An der Donau.« – »Donau?« – »Der Fluß.« – »Fluß?« murmelte er beunruhigt. »Rhein? Danube? – Blue Danube!« rief er. »Vienna!«

»Vienna?« – »Vienna, Österreich!« – »Wien?« – »Ja.« Wir nickten uns zu wie zwei, die eine Erfindung gemacht hatten.

Er setzte sich auf, hielt die Bleistiftspitze auf mich gerichtet, sagte: »Moment mal, da ist doch noch jemand, der aus Ulm kommt, wer war das gleich ...? Einstein! Natürlich – Einstein!« Enttäuscht nahm er wahr, daß der Name mir nichts sagte. »Ja, aber das ist ein guter Aufhänger, Hildegarde und Einstein kamen beide aus dem romantischen kleinen Städtchen an der blauen Donau ...« Er rutschte wieder zusammen. »Nein, das geht nicht.«

Er nahm ein langes Streichholz, rieb es an der Schuhsohle, es brach ab. »Hast du Verwandte in Österreich?« fragte er. – »Nein.«

Wieder hatte er den ergebenen Man-soll-sich-nicht-zu-früh-freuen-Ausdruck. »Aber wir könnten doch sagen, daß deine Eltern aus Österreich kommen.« – »Warum?«

Er stützte sein Gesicht in die Hände, preßte es zusammen, daß es aussah, als sei es in eine Fahrstuhltür geraten. »Weil Deutschland nicht geht«, sagte er gequetscht. – »Aber ich bin doch Deutsche.« Er stieß einen Grunzer aus, einen kläglichen, tragischen; fast hätte ich ihm den Kopf gestreichelt. »Selznick weiß das doch«, sagte ich in sein Zusammengedrücktes hinein.

»Aber die Eltern, die könnten doch wenigstens aus Österreich sein«, sagte er bittend. Ich wurde aufgeregt, mein Englisch verließ mich vollends:

»Ich komm' doch aus Berlin!« brachte ich endlich heraus, lauter als beabsichtigt, als sei er schwerhörig und unsere Verständigungsmöglichkeit einem Wackelkontakt unterworfen.

Er stand auf, schloß das Fenster, setzte sich wieder. »Warum nicht Österreich?« fragte er gutmütig.

»Weil es nicht wahr ist.« Er lächelte.

»Und Österreich hatte doch auch Nazis, und Hitler kam aus Österreich«, sagte ich.

»Ich glaube es ja, aber das weiß hier keiner.« Er nahm ein neues Streichholz, rieb es unter der Tischplatte, sah erstaunt, daß es brannte, und blies es wieder aus. »Aber vielleicht warst du ein Naziopfer, oder deine Eltern – waren die wenigstens verfolgt oder in einem Lager?« – »Ich war in einem Lager.« – »Erzähl!«

Er rutschte an den Rand des Sessels. – »Bei den Russen.« Sein Mund zog sich zusammen, als hätte er Rizinusöl geschluckt. Langsam stand er auf, sah auf eine klobig-praktische Armbanduhr. »Ich bringe dich jetzt zum Maskenbildner, du mußt noch Fotos machen«, sagte er. Schweigend lief er neben mir her, nur einmal murmelte er ein schlaftrunkenes, kopfgeschütteltes »Hildi Hildi«.

Die Mittagssonne war kreidig weiß, gefiltert, schattenlos, wie das Licht in Krankenhauskorridoren, die Luft schwer und feucht. Wetter zum Dösen, zum Eisessen, zum Ins-Wasser-Starren und doch nicht baden; ein zu Ferien verpflichtendes, aufdringliches, eins, über das man spricht und Postkarten schreibt.

Die Friseuse legte ihre Zigarette auf den Rand des Waschbeckens, sagte »Hi« und »Wie gefällt dir Hollywood?« und steckte mich unter die Brause, bevor ich antworten konnte; sie wusch, kämmte, wickelte, brachte mich in einen anderen Raum, in dem ein Mann mit Bärtchen »Hi« und »Wie gefällt dir Hollywood?« sagte, mich auf einen Barbierstuhl zog, ihn nach hinten klappte und in meinem Gesicht herumfuhrwerkte. Als er fertig war, reichte er einen Spiegel. Was ich darin sah, war mir unbekannt. Die Nase war dünn und edel, mit Braunem abgedeckt, die Oberlippe herzförmig putzig, fiebrig gerötet die Backenknochen, dünnrasiert die Brauen. Nachdenklich betrachtete er mich, als hätte er alles getan, was nur menschenmöglich sei. Im Fotoatelier stand schon die fürs Haar Zuständige und lackte meine neuen Locken, die wie Ösen um mich standen. Eine zweite wuselte herum, bürstete Kragen und Rücken, unterzog mich einer Kontrolle wie ein Entlausungskomitee.

Miss Patterson holte mich ab, fuhr zum Sunset Boulevard. Gleich neben einem Beerdigungsinstitut, das eine würdevolle und unvergeßliche Beerdigung für 60 Dollar anbot, war das Arthur-Lacey-Büro. Mr. Lacey lag in einem liegestuhlähnlichen Sessel und telefonierte. Vor ihm stand ein Schreibtisch mit tischtennisgroßer, leergefegter Platte. Er strahlte, winkte, zeigte auf das Telefon, beendete das Gespräch mit »Great« und sprang auf, das heißt er versank hinter dem Schreibtisch – es war, als wäre er in die Knie gegangen oder in ein Loch geraten – klein und rund und aufgeregt trippelte er in Sicht, streckte seine kurzen Ärmchen aus und rief: »Sie ist eine neue Garbo, sie wird die Größte, die Allergrößte, sie wird die größte Karriere machen, die Hollywood je gesehen hat.« Er blinzelte zu Miss Patterson hinüber, die sich eine Zigarette anzündete und nicht reagierte. »Ich wette, daß sie die Größte wird«, sagte er noch einmal. zog ein Taschentuch und trompetete hinein. Als er wieder auf dem Sessel lag, sagte er: »Ich hab' mit Dave gesprochen, Dave Selznick, er läßt den letzten Film aus Deutschland kommen. Wir werden eine große Schau machen, in der Filmakademie; werden alle einladen, ganz Hollywood wird kommen, und du wirst vorher erklären, worum's geht.«

»Ich kann doch nicht genug Englisch.« – »Relax! Kein Problem. Lernst du spielend.«

Er rutschte wieder von seinem Stuhl, rannte um den Tisch herum, sagte: »Komm vorbei, wann immer du willst, kannst mich Tag und Nacht anrufen – du wirst die Größte in ganz Hollywood ...«

* * *

Ganz so – und ganz so schnell – sollten sich seine Prognosen allerdings nicht erfüllen. Hildegard Knef hatte im Jahre 1948 in Hollywood eigentlich nur den wöchentlichen Scheck vom Studio zu holen, dazwischen die Englisch-Stunden zu absolvieren und höchstens dann und wann für kurze Probeaufnahmen bei diesem oder jenem Studio zu erscheinen. Es gab keine Rollen, es gab keine Aufgaben, und es dauerte nicht lange, bis der jungen Deutschen der Zweck dieser Maßnahme deutlich wurde: sie sollte gar nicht Filme machen, weder in Hollywood noch in Europa. Auf diese Weise hielt man den aufstrebenden jungen deutschen Star unter absoluter Kontrolle, begrenzte erheblich die Karrieremöglichkeiten und hielt den europäischen Markt für amerikanische Filme mit amerikanischen Stars frei von unliebsamer Konkurrenz, während man die Europäer in Hollywood mit kleinen, aber zum Leben gerade ausreichenden Wochenschecks fütterte, nein: abspeiste, und lediglich auf Eis legte.

Es ist unschwer nachzuvollziehen, wie sehr diese Studiotaktik bereits Unmut erweckte und durchaus berechtigte Hoffnungen lähmte. Die Kaltstellung einer so Spielbesessenen, die schon fulminante Bühnenjahre in Berlin erleben durfte und mit nur drei Filmen bereits den unbestrittenen Status eines Stars in Deutschland erreicht hatte, mit all seinen öffentlich zelebrierten oder erduldeten Auswirkungen, mußte zwangsläufig Frustration, Langeweile und Unverständnis auslösen. Besonders bei jemandem wie Hildegard Knef, die im Grunde zu ehrgeizig war für untätiges Rumsitzen.

Warten und geduldig sein müssen waren ohnehin nicht ihre Stärke, sind es bis heute nicht geworden. »Ich konnte das nie und kann es bis jetzt nicht«, sagt sie heute, »dafür habe ich absolut kein Talent.«

»Du denkst zu schnell«, antworte ich, »hab doch Geduld mit *dir* ...«

Allerdings lernte Hilde damals sehr viele deutsche Emigranten kennen, die in Hollywood Exil gefunden hatten und besonders häufig in der Filmbranche tätig waren. Viele dieser Begegnungen waren menschlich von großer Wichtigkeit für die junge Deutsche, auch in Hinblick auf Bildung und Wissensstand in Literatur, Kunstgeschichte und Philosophie, alles Dinge, mit denen sie bislang im Kriegsdeutschland und in dieser Form nicht in Berührung gekommen war. Ihr unbändiges Interesse und ihr Wissensdurst ermöglichten einen grundlegenden Lern- und Reifeprozeß als Ergebnis dieser ›Nachhilfestunden‹, die sie von ihren zumeist älteren Freunden bekam – allen voran Ludwig Marcuse –, eine Schule des Lebens, die größten Einfluß hatte auf ihre Entwicklung.

Sicherlich eine der wichtigsten und nachhaltigsten Begegnungen damals war wohl die mit Marlene Dietrich, die zu einer lebenslangen Freundschaft führen sollte. In ihrem Buch *Der geschenkte Gaul* beschreibt Hildegard Knef ihr erstes Zusammentreffen mit der um 24 Jahre und genau einen Tag Älteren in unnachahmlicher Weise:

* *
*

»Marlene kommt morgen«, sagte Max [Colpet], voraussetzend, daß unter »Marlene« eben nur die Dietrich verstanden werden konnte, »sie möchte Sie kennenlernen.«

Aus dem Dunkel des teuersten und finstersten Restaurants in Hollywood, dem philippinischen »Beachcomber«, leuchtete ein weißes, hellumrandetes Dreieck. »Hallo«, hauchte es über das Gesäge der Hawaiigitarren hinweg. Das Gesicht schien vom Körper losgelöst, schien zu schweben, thronte über Tischen, verdrängte alles, machte jedes andere zur Entourage, zum Hofstaat. Geräumig weit war es, war eins, das sich zur Schau stellt, gelassen vorzeigt: »Seht mich nur an, wenn es euch Freude macht«, schien es zu sagen.

Erich Maria Remarque erzählte Jahre später und über den vierten Calvados hinweg: »Ich konnte das Gesicht nicht vergessen, ich ging spazieren, tage- und nächtelang. Durch das Fenster eines jüdischen Delikatessengeschäfts sah ich Sprotten, die ersten Sprotten in New York, und gerade als ich mich auf sie zu freuen begann und den Laden betreten wollte, sah ich wieder dieses Gesicht über den Sprotten; es lächelte, und ich vergaß, in den Laden zu gehen. – Und davor in Hollywood hatte mich die Garbo eingeladen; als ich wegging, stand sie am Zaun und winkte mir nach, überirdisch war sie. Und zu Hause wartete Marlene: sie hatte Buletten gebraten, und ihr Gesicht, im Küchendampf über

Buletten geneigt, wischte das Überirdische, das an den Zaun gelehnt war, einfach weg.«

Sie bestellte Rumdrinks und süßsaure Rippchen und entließ den beflissen dienernden Oberkellner, ohne ihn eines Lächelns oder Blickes gewürdigt zu haben. Reis wurde serviert und chinesische Eßstäbchen neben die Schalen gelegt.

Vor Aufregung und Befangenheit sagte ich: »Wenn ick damit essen muß, wer' ick vahungern.« Sie lehnte sich über den Tisch, als hätte sie nicht verstanden, dann fing sie an zu lachen, ein leises langes Lachen, das größer wurde, nach Luft rang, sich auffing und wieder begann. Sie nahm eine Zigarette, Max gab ihr Feuer, aber ihr Dunhill war schon geschlossen, bevor er ihre Zigarette erreichen konnte. Über das verlöschende Streichholz hinweg sagte sie: »Sie ist wie ich, als ich jung war.« Sie sagte es, als sei ich nicht anwesend; feststellend, keine Widerrede duldend – die preußische Offizierstochter Magdalena von Losch hatte ein Urteil gefällt, ein unwiderrufliches, undiskutierbares. Der Vergleich machte mich atemlos.

»Erzählen Sie von Berlin«, sagte sie.

Sie sprach sehr leise, so als berühre der Atem kaum die Stimmbänder, als forme er irgendwo unterm Brustbein einen weichen Ton. Sie konnte zuhören; sie gab mir das Gefühl, daß alles, was ich zu sagen wußte, von unglaublicher Bedeutung für sie wäre.

»Wann sind Sie geboren?« fragte sie und zündete sich eine neue Zigarette an. »Im Dezember.« »Wann im Dezember?« Sie lächelte, als kenne sie schon die Antwort. »Am achtundzwanzigsten.«

Sie drehte sich zu Max, als sei das Kennwort gefallen.

»Marlene ist am siebenundzwanzigsten geboren«, sagte er und ließ seinen Kopf pendeln.

»Ich muß Carroll ihre Daten geben«, sagte sie wieder, als sei ich schon weggegangen, als unterhielten sich Chefarzt und Assistent am Bett eines schwierigen Falles. Ich wagte nicht zu fragen, wer Carroll sei. »Carroll ist Marlenes Astrologe«, sagte Max mit nur mäßig unterdrückten Anzeichen von Widerwillen.

»Die Meere bewegen sich nach dem Rhythmus des Mondes, natürlich beeinflussen die Gestirne das Schicksal der Menschen«, sagte sie gelangweilt.

Ein Mann kam an den Tisch. Hinter ihm stand ein dickbusiges Mädchen, das geziert seinen Ausschnitt vorzeigte und dessen Wangen wie ein polierter, kalifornischer Apfel glänzten. Nur für Sekunden gelang es ihr, über Marlene hinwegzublicken, dann verrutschte der arrogant-tumbe Blick angestrengten Selbstbewußtseins und wich lammäugiger Bewunderung. Bedenkenlos hätte sie entscheidende Zentimeter ihres Brustumfanges geopfert, um nur einmal so auszusehen wie jenes blasse Dreieck. Der Mann redete auf Marlene ein. Er gab sich gelockert und selbstsicher, obwohl sie ihn nicht wahrzunehmen schien, als plaudere ein rüder Page in das königlich taube Ohr. Ein fast unmerkliches Nicken verabschiedete ihn.

Wieder lächelte sie dieses spöttische Lächeln, wie jemand, der sich gern hat und seine kleinen Fehler in Kauf nimmt; dann riß sie die Augen auf und gab dem Gesicht den Ausdruck mokanter Sprachlosigkeit: »Damals, nach Sternbergs letztem Film, sagten sie in Hollywood, ich sei Kassengift ...«

Max grinste ein »Wer zuletzt lacht« und sah umher, als hätte er die Armee Ungläubiger geschlagen, dann blieb sein Blick an dem winzigen Band hängen, das auf ihr dunkles Kleid geheftet war.

»Darf ich wissen, was das Band bedeutet?« fragte ich. »Legion d'honneur«, sagte Max prompt.

Sie zog drei der vielen kleinen mit Saucen gefüllten Näpfchen zu sich heran und begann den Inhalt zu vermischen. Aufgescheucht nahte der Oberkellner, klatschte zwei Knaben mit flaschen- und schalenbeladenen Tabletts herbei. Sie wählte rasch und zielsicher, tröpfelte und rührte und ließ durch eine schwache Bewegung der Hand wissen, daß die drei sich entfernen mögen. Sie verteilte die Sauce über unsere Teller, nahm ein Rippchen und tauchte es ein. Keiner von uns hatte gesprochen. Ihre Tätigkeit war von einer Entweder-oder-Konsequenz gewesen, konzentriert wie die Arbeit eines Kochs oder das Spiel eines Kindes. Nachdem sie ihre Fingerspitzen abgetupft hatte, zündete sie eine Zigarette an. Mir war heiß geworden vom Rum, von der scharfen Sauce, von allem.

Marlene saß kühl, und nichts deutete auf die leiseste Erhitzung hin. Außerdem wäre ich gern zur Toilette gegangen, aber auch da schien sie fern aller menschlichen Nöte.

»Ich möchte jetzt Badois trinken«, sagte sie. »Badois ist das Beste an Frankreich. Gabin wollte Kisten davon nach Hollywood mitnehmen – hier kennen sie ja kein Mineralwasser«, fügte sie geringschätzig hinzu.

Sie nahm ihre Eßstäbchen und legte sie neben eine Bambus-schatulle, auf der »Miss Dietrich« geschrieben stand, sog noch ein-mal an den Strohhalmen, die aus der ausgehöhlten Kokosnuß rag-ten, und stand auf. Sie verließ den Tisch, ohne daß jemand nach einer Rechnung gefragt hätte und ohne nach Feuerzeug, Zigaret-ten oder Döschen zu suchen; gleich einem Taschenspieler hatte sie alles an sich genommen und verschwinden lassen. Augen folgten ihr, fraßen sie, löcherten, neideten, wollten an sich reißen und ein-brechen in die majestätische Aura, in das Desinteresse an Umge-bung und Aufsehen. Sie federte auf Beinen, die zu lang schienen, um irgendeinen anderen Zweck zu erfüllen, als schön zu sein; bei jedem Schritt die Knie durchdrückend, weit ausholend – sie ging, wie sie aß oder Saucen rührte: mit vollkommener Konzentration. Gleich einer knochigen Dogge schurrte ich hinterdrein, die Füße fielen, als führten sie ein Eigenleben, und meine Hände schienen in Wadenhöhe zu baumeln.

Ohne sich umzusehen, fragte sie in die Nacht hinein: »Hast du Kaffee im Haus?« – »Ja«, sagte Max.

*
* *

Marlene nahm Hildegard unter ihre Fittiche, kümmerte sich um sie, bekochte sie, brachte sie mit Menschen zusammen, die wesentlich waren und hatte allgemein ein wachsames Auge auf ihren Schützling, den sie auch mit ihrem Leib-Astrologen Carroll Righter bekannt machte. Aus dieser Begegnung wurde ebenfalls eine lebenslange Freundschaft.

Die frühe, untätige Zeit in Hollywood fraß an Hildegard Knef, fraß an ihrem Ehrgeiz, mußte sogar an ihrem Stolz fressen. Als das Studio sie endlich an Fox ausleihen wollte für einen Berlin-Film an der Seite von Montgomery Clift, schöpfte sie Hoffnung, bald wieder spielen zu können. Und das mit dem bewunderten, einzigartigen Monty Clift! Und da die Außenaufnahmen in Berlin gedreht werden sollten, freute sie sich schon auf die Heimatstadt, auf ein Wiedersehen mit ihrer Familie, oder was von ihr geblieben. Doch bereits bei der Ankunft in Frankfurt im Juli 1949 wurde klar, daß aus diesem Filmprojekt nichts werden würde. Die Rolle war bis zur Unkenntlichkeit verändert und wurde dann von der Fox Cornell Borchers übertragen. Drei Wochen später war Hildegard Knef wieder zurück in Hollywood.

Als Hildegard Knef dort im Sommer 1950 ein Telegramm aus Deutschland erhielt, indem der Filmregisseur Willi Forst ihr in seinem ersten Nachkriegsfilm eine Hauptrolle anbot, riet Marlene Dietrich ihr, sie anzunehmen, selbst ohne das Drehbuch zu kennen.

Dieser freundschaftlich gemeinte Ratschlag und auch die unvermeidbare Konsultation des Astrologen waren Beginn eines der brisantesten Kapitel im Leben der Hildegard Knef, nicht unbedingt in erfreulicher Weise, dennoch mit dem größten PR-Effekt, den die Branche in Deutschland bis dahin – und gewiß auch seitdem – erleben konnte.

Einen ersten Nasenstüber bekam sie von einem Freund und väterlichen Gönner, ihrem Produzenten Erich Pommer, der auch ihr Trauzeuge und allgemeiner Berater war. Auf dem Weg von Hollywood nach Deutschland zu ihrem vierten Film machte Hildegard Knef in der britischen Hauptstadt Zwischenstation.

* *
*

Sie schrieb darüber:

In London wartet Erich Pommer: »Ich habe mit Ihnen zu reden.« Er bringt Windstille in Sturm, Drang und Freude.

»Sie sollen wissen, daß ich gegen diese Rolle bin.« –

»Ich kenne sie gar nicht«, will ich sagen, komm' nicht dazu.

»Sie sind kein Vamp und sollten keiner werden; man wird Sie abstempeln, und Sie werden in eine falsche Richtung gedrängt. Auf keinen Fall wird es leicht sein, die Presse ist gegen Sie. Man wird Sie angreifen.«

»Warum?«

»Weil man Ihre ersten Erfolge im Ausland bestätigt sehen wollte und weil man seinem eigenen Urteil nicht mehr traut, abgesehen davon, daß es zur Zeit ein Zeichen von Charakter, wenn man Deutsche angreift, Ausländer bewundert.«

Seine Bedenken nehme ich kaum auf. Ich werde arbeiten, alles andere wird sich finden. »Und hüten Sie sich vor den Beratern. Sie haben eine große Begabung, zerstören Sie sie nicht.«

Das Lob höre ich, die Warnung ist schon vergessen, bevor wir auf dem Rhein-Main-Flughafen in Frankfurt landen.

Die Fotografen und Reporter schubsen und boxen, scheuchen mich zurück auf die Flugzeugtreppe, verlangen nochmaliges Win-

kewinke, Lächeln, Lachen, Bein vor, Bein zurück – den Amerikanern angepaßt, ihnen ähnlicher geworden als manche Emigranten
in New York und Hollywood.

»Was ist das für ein Film, den der Forst dreht?« »Was ist das
Sujet?«

»Erzähl die Geschichte.« »Warum gerade dieser?« »Ist es,
weil's drüben nicht geklappt hat?«

Ich lächle herum, versuch es mit: »Herr Forst hat mich gebeten, nicht über das Thema zu sprechen ...«

*

* *

Dabei hätten die ersten journalistischen Reaktionen, selbst in
›seriösen‹ Blättern, auf die ›Heimkehr‹ der Knef aus Hollywood
bereits gewisse Sensoren vibrieren und ausschlagen lassen müssen. Denn die halbherzig burschikos bemühte Scheinironie zum
Beispiel, gedruckt sogar im *Spiegel* Nr. 32 von Anfang August
1950 – heute ganz einfach nachzulesen bei *spiegel*-online.de, kin-
derleicht per Computermouseclick – hinterläßt ungewollt nur
faden Nachgeschmack, verweist auf unrühmliche Parallelen von
heute, bzw. gestern, wenn mit unverhüllter Häme über die schief-
gelaufenen Hollywoodkarriere-Klimmzüge eines Til Schweiger
oder auch – ganz beklemmend! – der obendrein so unglücklich
blond und beratenen Susan Stahnke gehechelt wird, medienweit
und speicheltriefend, auch über andere vermeintliche ›Landes-
verräter‹, wie die im Ausland nun ganz und gar nicht unerfolg-
reiche, doch – waswillstemachen – genauso kalt-ungeliebte Ute
Lemper. Alles natürlich unter dem fadenscheinigen Mäntelchen
eilfertigst beflissener Berichterstattungspflicht – ungefragt, wohl-
gemerkt! – gegenüber einer offenbar schon längst als hirntot
vermuteten Öffentlichkeit, der auf ihrem dürren Siechbett dennoch täglich von unerbittlich flinken Geschäftemachern ein

geradezu unstillbarer Mordshunger nach schadenfreudetauglichen Geschichten unterschoben wird wie schlechtbelüftete Windelunterlagen.

Spiegel Nr. 32 / 1950:
»›Sie zerbrachen sich die Zunge‹. Die Kümmelflasche war leer, als die viermotorige SAS-Maschine aus Frankfurt auf dem Hamburg-Fuhlsbütteler Rollfeld aufsetzte. Der Kümmel muß ausgelaufen sein, wunderte sich Answald Krüger. Mit Köm, Pumpernickel und Katenschinken als Landesproduktion hatte Rolf Meyer von der Jungen Filmunion seinen Chefdramaturgen Krüger aus Bendestorf hergeschickt, zum Empfang von Hildegard Knef-Neff-Hirsch. Unter Willi Forsts Regie wird sie ihren vierten Film drehen, in der Heide, nicht in Hollywood.

Bevor Hamburgs Herzog-Film-Verleihchef Heinz Schwone seine Rosen ausgewickelt hatte und die Photoreporter in Halbkreis-Stellung gegangen waren, kam die neue Kümmelflasche. Rosen, niedersächsischen Gruß, Hildegard Knef mit immer noch schulterlangem Naturblondhaar und Mr. Hirsch als Filmprinzgemahl ließen sich die Reporter ein Dutzend Vakublitze kosten.

Modisch interessierte Interviewerinnen befühlten diskret Hildegard Knefs schlicht-elegantes schwarzes Pique-Kleid mit weißem Pique-Kragen. Letzter New Yorker Modeschrei, sagte Hildegard Knef mit ihrer weichen Altstimme. Die hat sie nach zweijährigem Warten auf den Start in New York noch immer nicht vor einem amerikanischen Film-Mikrophon einsetzen können. Trotz sieben Monate englischen Sprachunterrichts.

Vor Hamburg hatten schon die Frankfurter die vorübergehend heimgekehrte Hildegard gefeiert. Die Reporter warteten geduldig sieben Stunden. So lange saß Hildegard und Mr. Hirsch in Labrador mit defekter Transatlantikmaschine fest.

Als Hildegard Knef vor zwei Jahren in Fuhlsbüttel mit Tränen abflog, hatte sie einen Vertrag für David O. Selznick in der Tasche und Mr. Hirsch als Filmmanager und frisch angetrauten Gatten zur Seite. Damals kannte sie noch nicht Hollywoods gute Nerven, ungeduldige Europa-Anwärter auf die amerikanische Filmleinwand zappeln zu lassen. Bevor David O. Selznick dazu kam, seine Vertragsverpflichtungen zu erfüllen, schloß er sein Studio.

Als Fox in Berlin »Die viergeteilte Stadt« drehte, war Hildegard Anwärterin Nr. 1 für die Fräulein-Rolle. Sie flog auch zurück über den Atlantik, um auf Berliner Trümmern amerikanisch zu starten.

Sie habe die Rolle nicht wiedererkannt, meint Hildegard Knef. So habe man sie verändert. Es sei ihr einfach nicht möglich gewesen, solch ein Fräulein zu spielen. Nicht vor den Amerikanern und nicht vor ihren einstigen Landsleuten.

Am 14. April hat Hildegard Knef ihre Einbürgerungsurkunde bekommen. Aus »Knef« war Neff geworden. ›Die zerbrachen sich die Zunge bei meinem Namen.‹ Auch sonst habe sie eifrig Rollen abgelehnt. ›Bevor ich nicht eine habe, die mir wie ein Handschuh paßt, fange ich nicht an.‹

Nicht bei einer der großen Traumfabriken, sondern bei einem der wie Pilze aus dem kalifornischen Boden schießenden ›independant-studios‹ soll Hildegard Knef nun die Start-Chance bekommen. In diesen unabhängigen Studios finden sich Schauspieler und Regisseure zusammen, die kein gefügiges Schmieröl für die Hollywood-Maschine sind.

Gerade waren die Vertragsverhandlungen im Gange, als Willi Forsts Telegramm in Knef-Hirschens Bungalow eintraf. Für seinen ersten Nachkriegsfilm brauchte Forst die Knef als ›Sünderin‹. Dies ist der Titel des Drehbuchs, das Gerhard Menzel für Forst geschrieben hat, die Geschichte einer großen Liebe. Die

Dirne liebt den Maler Alexander aufopfernd weiter, als er erblindet.

Erich Pommer in München half Willi Forst, Hildegard Knef-Hirsch für einen Urlaub auf Ehrenwort aus Hollywood freizubekommen. Mr. Hirsch war Pommers Assistent, als der noch die US-Uniform des Filmoffiziers trug. Auch Erich Pommer will mit Hildegard Knef einen Film drehen, in München. Nach ihrem Amerika-Start.«

Das klingt noch gemäßigt, ist aber bereits gefährlich und läßt ahnen, mit welcher Haltung die damals hauptsächlich aus Radio und der Tagespresse rekrutierten Massenmedien – Fernsehen war zu der Zeit in Deutschland noch weitgehend unbekannt – reagieren können.

Hildegard Knef ahnt noch nichts von dem sich anbahnenden Debakel, und ihre damalige Naivität oder auch vorgebliche Unwissenheit über Zusammenhänge oder Konterabhängigkeiten in einer von der Tageslaune, aber auch der Tageskasse bestimmten Öffentlichkeitsbranche mit ihren selbsternannten Tugendwächtern, kann deutlich abgelesen werden in der fast unschuldig anmutenden Schilderung ihrer ersten Begegnung mit dem Regisseur Willi Forst im *Geschenkten Gaul:*

* *
*

Südlich von Hamburg, über die von Panzerketten verknitterte Autobahn bis Hittfeld, dann Landstraße, Dorfstraße, schläft Bendestorf, Luftkurort am Klecker Wald, Lüneburger-Heide-Rand; Hünengräber sonntags zu besuchen. »Meinsbur« heißt die Pension, ist ein altes Bauernhaus, niedersächsisch, mit Zinn und Kamin, Schlenkerschlössern, Bauernbetten, Kopfsteinpflaster im Flur.

Eine etwas nasalheiserhohe Stimme sagt:

»Na so was von pünktlich, um die halbe Welt gereist und kommen fast gleichzeitig hier an.«

Seine Filme hatte ich gesehen; als »Bel Ami« hatte er den einen Arm so nebenbei um die Taille der Schönen gelegt, verrucht hatte ich das gefunden, als ich dreizehn oder vierzehn war.

Willi Forst streckt die Hände aus, geht mir entgegen, lächelt.

Sein Gang ist rhythmisch musikalisch, als folge er einem etwas altmodischen Swing, laufe vor dem Beat. Sein Sommerfrischlergesicht scheint nichts zu wissen von Krieg und Hunger, Besatzung und Flucht, unzuständig für Tragisches, nicht aufnahmebereit für Chaos und Untergang. Ein heiterer Monarch, aus dem Exil heimgekehrt, selbstsicher, energiegeladen und bereit zu regieren. Er stülpt sein Lächeln über andere wie einen Kaffeewärmer, wie Scheuklappen: Wenn's was zu sehen gibt, bin ich es befiehlt das Lächeln.

Ich werde ruhig, die Warnantennen rutschen zusammen, Igliges wird samten, Krakeeliges schnurrig, hier gibt's keine Absagen, Nachfragen, Umbesetzungen, Irrtümer. Blindlings werde ich folgen und verteidigen und keine Fragen stellen. Allmählich finden sie sich ein: Kameramann Venda Vich, Maskenbildner Jupp Paschke, der jede Tätigkeit mit einem berlinerisch langgezogenen mißbilligenden »Das war wohl nichts« krönt, Regieassistent Schurli Marischka, Gustav Fröhlich, der mein Partner in dem Film sein soll, dessen Titel ich gerade erfahren habe. Kostümschneider; Tonmeister; Beleuchter; Filmcutter; Aufnahmeleiter: ich kenne sie alle, selbst das hundert Meter weit entfernt liegende Studio; – nur das Buch kenne ich nicht. Es bleibt das Forstsche Mysterium, die nur ihm zur Verfügung stehende Partitur.

Zwei Wochen nach meiner Ankunft und nur wenige Tage vor dem Drehbeginn nahm er mich in »Meinsburs« gute Stube, legte einen Wälzer auf seine Knie, entzündete eine Zigarette, klappte den Deckel auf, las: »Die Sünderin.«

Die öden Anmerkungen eines Drehbuchs wie Einblenden, Kamera erfaßt, überblenden, Totale, Halbtotale, nah, übergehend, las er ohne Unterbrechung und nur selten dem Schauspieler Forst die Zügel überlassend bis zum breitgetippten »Ende«. Nach kurzer Pause, in der ich bewegungslos gesessen und nichts anderes als das schwerfällige Ticken einer wurmstichigen Standuhr wahrgenommen hatte, erhob er sich, entkorkte eine Steinhägerflasche, trank zwei fingerhutgroße Gläschen, sagte: »Ist das eine Rolle oder nicht?« Überwältigt konnte ich mein Ja nur nickend bestätigen.

Erich Pommers Mahnung schien übereilt, Carroll Righters Hinweis auf Skandalaspekte übertrieben, handelte es doch von einer durch Krieg, Flucht und Familie auf schiefe Bahn Geratenen, die durch die Liebe zu einem todkranken Maler vom Lotterleben geheilt, schließlich mittels Gift dem Sterbenden in den Tod folgt. Daß sie dem Geliebten während eines glückseligen Jahres unter anderem Modell steht und daß dieses mit dem Ablegen sämtlicher Garderobe verbunden, schien mir dank meiner kurzfristigen Tätigkeit als Zeichenschülerin unter Klemkes strenger Anleitung weder verwunderlich noch erwähnenswert. Mit letztem Anflug von Widerstand und schüchternem Spott nannte ich ihn den »Meister«.

Im Atelier gab es nichts Familiäres, gesittet blieb der Ton, verstummt waren die kaffeeschlürfenden »Auf die Plätze«-Brüller, verbannt die Presse. Zeitraubende Diskussionen, wie eine Szene zu spielen sei, fanden nicht statt, der Meister beherrschte die Halle von der Beleuchterbrücke bis zum Feuerwehrmann, vom Schauspieler bis zum Kamerateam; er dirigierte, führte, zwang, ohne daß die Bezwungenen auf die Idee kamen, mit ihrem Bezwinger zu hadern. Selbstsicherheit und Charme des leisen Diktators ließen an keiner seiner detaillierten Anweisungen zweifeln. Makellos, fehlerlos blieb er für mich, sein Zorn gerecht, seine Absicht erhaben. Ein Ersatzvater, der Verantwortung ab- und übernahm und dem ich die undargelegte Anbetung einer hormongestörten Fünfzehnjährigen auflud. Die wortkarg spröde Verherrlichung blieb nicht unbeachtet, der um vieles Ältere nahm sie auf, lenkte Spannungen, ließ sie in der Arbeit jungfräulich fristen.

Im Spätherbst rief ein schnöseliger Wichtigtuer aus München an, behauptete von der Fox zu sein, forderte mich auf, für einen amerikanischen Film mit dem Titel »Entscheidung vor Morgengrauen« Probeaufnahmen zu machen. »Nein«, sagte ich und war überrascht, daß das Nein so selbstverständlich und ohne Zögern gesagt worden war. Ein späteres Telefongespräch mit dem Regisseur Anatole Litvak beunruhigte mich nur mäßig und nur insoweit, als mein porös gewordener Ehrgeiz die amerikanische Niederlage nicht ertragen konnte und ich den boshaften Anspielungen der deutschen Presse nicht gewachsen war. Als der Meister sich bereit erklärte, Herrn Litvak einige Filmmuster der bis dahin streng gehüteten und selbst vom Verleiher noch nicht begutachteten »Sünderin« vorzuführen, sagte ich Dankbares, fühlte mich verstoßen und weitergereicht.

Von einem unübersehbaren Schnupfen befallen, der meine Ms zu Bs und mein Gesicht quelläugig und rotnasig gestaltete, begrüßte ich den aus München angereisten Regisseur. Noch immer besaß ich nichts anderes als Marlenes Sommermantel, und bei etlichen Graden unter Null folgte ich niesend dem pelzverbrämten und für Tundrafahrten eingekleideten Litvak in die ungeheizte Filmvorführung, um zum ersten Mal einige Szenen des Films zu sehen, an dem ich seit Wochen arbeitete.

Die Begrüßung zwischen europäischem und amerikanischem Starregisseur war von jener ausgesuchten Herzlichkeit, die an das Aufeinanderprallen zweier Botschafter verfeindeter Nationen gemahnte. Die Muster, die stockend und ungeschnitten über die kleine Leinwand liefen, sagten mir wenig, eine eigene Meinung hatte ich nicht, die Freude auf des Meisters Gesicht nahm mir eine Stellungnahme, nach der mich sowieso niemand gefragt hätte, ab. Eine melodramatische Szene, während der ich in einer Bar schrei- end zusammenzubrechen hatte, im Schauspielerjargon »großer Ausbruch« genannt, schien Herrn Litvak von meinen schauspie- lerischen Fähigkeiten zu überzeugen; wie markerschütterndes Schluchzen, selbstmitleidige Tränenbäche, Ausgeweidetes und exzessiv Gefühlsverquastes manche Regisseure mehr beeindruckt als Verhaltenes.

Nur am Rande hatte ich das kühle, etwas humorlos arrogan- te Gesicht bemerkt, das weiße Haar, die hellen Augen, die knar- rig angestrengte Stimme. Bevor er ins englisch beschlagnahmte Hamburger Hotel »Vier Jahreszeiten« zurückfuhr, schenkte er mir ein freundliches Lächeln, das mich mit einer neuerlichen Heim- tücke der Fox rechnen ließ. Der kurz darauf eintreffende Vertrag beschwichtigte meine Ängste nicht im mindesten. Verwirrung, Zweifel, Mißtrauen und der Wunsch, bedingungslos und kritiklos vertrauen zu können, waren Restbestand meiner Fehlentschei- dung, meines Starrsinns, meiner Voreiligkeit, die mich nach Amerika getrieben hatte. Ohne Selbstbewußtsein und Selbstsi- cherheit wähnte ich hinter jeder glücklichen Wendung und beruflichen Anerkennung ungeahnte Schicksalsschläge, als müs- se ich für jeden freundlich gesonnenen Tag mit Wochen und Monaten der Ratlosigkeit und Verzweiflung zahlen. Die einzige Therapie gegen Panik und Lebensangst waren die Arbeitstage im Studio, das versöhnlich Wärmende eines Regisseurs, der an mich glaubte.

Bis auf wenige Drehtage in Italien und die Aufnahme eines Monologs, der die fast stumme Handlung begleiten sollte, war die Arbeit mit Willi Forst beendet. Von einem weiteren gemeinsamen Film war gesprochen worden, aber es gab kein Buch, nur vage Vor- stellungen, mehr eine lose Verabredung zu einem Treffen irgendwann irgendwo. Die bevorstehende Italienreise war ein Aufschub, auf den ich mich konzentrierte und über den ich nicht hinwegzudenken wagte.

*
* *

Die Reaktion auf den ersten deutschen Nachkriegsfilm des vormals sehr erfolgreichen österreichischen Regisseurs Willi Forst mit dem suggestiv irreführenden Titel *Die Sünderin*, in der Hauptrolle die hochbegabte, durch nur drei Filme zum ersten deutschen Nachkriegsstar katapultierte Hildegard Knef, sonst eher unschuldsvoll-patent, mal herb, mal zarter, aber niemals gefallsüchtig, kam einem Erdrutsch gleich, nein eher einer gewaltigen Explosion, nicht nur wegen der tatsächlich in oder wenigstens vor Kinopalästen detonierten Stinkbomben und anderer Sprengkörper.

Eine derartig heftige Gegenwehr hatte niemand erwartet. Das war bis dato unerhört und ist auch aus heutiger Sicht kaum noch nachvollziehbar: es handelte sich ja schließlich nur um einen Film.

Allerdings keinen gewöhnlichen, obwohl Story, Drehbuch, Machart und auch das eigentliche Ergebnis der filmischen Bemühungen eher dürftig ausgefallen waren: eine vom älteren Stiefbruder schon früh mehrfach Mißbrauchte, danach konsequenterweise (?) zur Dirne Herabgesunkene, versucht nach tristen Jahren des Edeldamendaseins den sozialen und moralischen Aufstieg als Gratis-Geliebte eines langsam erblindenden Kunstmalers. Als der sein fatales Schicksal nicht länger zu tragen willens oder imstande, ringt er der durch wahrhafte Liebe Geläuterten das Versprechen ab, ihm bei in letzter Verzweiflung geplanter Selbsttötung zu helfen, was sie widerwillig, aber gründlichst tut, sogar mit eigenem Selbstmord als Finale. Filmende.

Daß die Schöne im Rahmen ihrer Minnedienste dem geliebten Maler natürlich auch hin und wieder Modell gesessen, oder eher gelegen, fiel zunächst nicht sonderlich auf. Erst als sich dem kritischen Auge kirchlicher und anderer männlicher Begutachter das ›natürlich‹ als zu offensichtlich *natürlich* erwies, nämlich völlig unbekleidet – bei Künstlern normalerweise unproblematisch seit Jahrhunderten –, schwappten die Wogen einer offenbar bewußt fehlgeleiteten Entrüstung hoch.

Zwei nur jeweils wenige Sekunden andauernde Sequenzen des unbekleideten Malermodells, einmal in züchtiger Entfernung auf der Sonnenwiese lagernd, das andere Mal aus den noch starken Armen des Malers scherzenderweise nackig in den Bach plumpsen gelassen, schienen damals von unglaublicher Frivolität, erregten nicht nur die Vorpubertären der jungen Bundesrepublik, sondern auch alle Spätzünder und andere Zukurzgekommene gleichermaßen, vereinte sie im stimmbrüchig-prüden Chor der heimlich geifernden Laut-Empörten; die Katholische Kirche vorne weg, sogar mit Kanzelpredigten wider diesen Satan, die Luther-reif gewesen wären oder zumindest Savonarola-gemäß.

Und als letzte Plage des zürnenden Himmels mußte gar mit Exkommunikation gedroht werden, sollte auch nur eins der (männlichen) Schäfchen sich dieses unzüchtige Machwerk ansehen: nur um zu verhindern, daß erwachsene Menschen, brave Steuerzahler, mündige Bürger eines gerade dem Kriegsgreuel entwichenen Landes ein lapidares Melodram im Kintopp ansehen, das Vergangenheit banalisiert, Staatspraktiken zur Massenvernichtung verniedlicht, weil hier im Individualgebrauch überproportional dramatisiert.

Fünf Jahre nach den Greueln des Krieges, den Millionen von Toten, nach Konzentrationslagern, Massenmord, sogar staatlich betriebener Euthanasie, waren nunmehr Sterben, Sterbehilfe und Selbstmord vergleichsweise anstößig, ja sündig.

Das war die wahre Sünde der Sünderin. Nicht ihre unbedeckte, zuvor horizontalgewerblich genutzte Haut. Der Film wurde trotz, nein wegen der kirchlichen Proteste, Verbote, Kanzeltiraden und vor allem wegen der stattgefundenen Umschichtung der Anstößigkeit allein auf die Nacktszenen zum Kassenmagneten, ließ seine Produzenten reich werden.

Der Film *Die Sünderin* war und ist im Grunde ein eher schlechter Film, ein gefährlicher Film allemal: schlecht gemacht und gefährlich konzipiert. Daß er eine solche populistische Durchschlagskraft hatte, ist nur der Unreife seiner Macher und Konsumenten zuzuschreiben, in einer Zeit, da der Anblick des natürlichen, unbedeckten Busens einer schönen, keineswegs lasziven jungen Frau zu einer Schlüpfrigkeit hochgepeitscht wurde und als alleiniger Köder zu der erwünschten geldbringenden Resonanz mißbraucht wurde, während das wirklich Obszöne und auch der innere Protest dahinter verborgen und tunlichst verschwiegen wurde.

* *
*

In ihrem Buch *Der geschenkte Gaul* schreibt Hildegard Knef:

Anfänglich freuten mich die Riesenplakate auf Kinowänden, Litfaßsäulen und Trümmerhaufen – langmähnig, naiv vampige, die den Titel »Sünderin« unterstreichen sollten –, beeindruckten mich die Premierenreisen von Hamburg bis Wien, erstaunten mich die Pressekonferenzen, das Gestottere der sich voreinander genierenden Journalisten, die zaudernd Fragen stellten.

Und ich bewunderte die flammenden Ansprachen des Willi Forst, der seinen gut gemachten, aber artig melodramatischen Film verteidigte, und war überwältigt von den Jubelchören der Autogrammjäger.

Als ich mit Anatole Litvak München verließ, war aus dem Erfolg Verfolgung geworden, hatte ich Namen verloren, war er mit »Sünderin« ersetzt, waren Drohbriefe, Morddrohungen, im

Detail aufgeführte Anliegen zahlloser Sexualverrückter tägliche Lektüre. Von Kanzeln angegriffen und von Pfarrern zerpflückt, von Tränengas und Stinkbomben verfolgt, von Protestkundgebungen und Umzügen begleitet, war der Film dennoch oder deswegen in seinen ersten drei Wochen von zwei Millionen Deutschen gesehen worden. Demonstrierende Geistliche wurden mit »Scheißpriester« und »schwarze Hunde« bedacht, andere in den Chor des Protests Einstimmende hatten Kinos verbarrikadiert, Absetzung gefordert, Vernichtung des Negativs beantragt.

Ohnmächtige und Halbzertrampelte waren an jeder zweiten Theaterkasse vorzufinden. Wo immer ich hinkam, brüllte es: »Die Sünderin.« Rannte ich, hieß es: »Jetzt macht se auf Kind.« Ging ich langsam: »Da schleicht sie vampig.« Lachte ich: »Die hat Nerven.« Lachte ich nicht: »Die Reue kommt zu spät.« Sie pöbelten und spuckten, und der Film wanderte von Richtertisch zu Richtertisch; der Bischof von Luxembourg hatte, wie so viele seines Glaubens, die Bevölkerung aufgefordert, dem Film auf jeden Fall fernzubleiben. Da wurden Blätter ausgeteilt, die »Dieser Film spottet nicht nur der christlichen Moral, sondern auch des elementarsten menschlichen Anstandes, verhöhnt die Ehre unserer Frauen und Mädchen, gefährdet das gesunde Ehrbarkeitsgefühl unseres Volkes« wetterten.

Und Kardinal Frings, entfernt verwandt mit jenem behenden Exboxer und Agenten in Hollywood, trat als Zeuge gegen einen Ruhrkaplan an; der der Einmischung widersprochen. Landtagspräsident Gockeln sagte: »Ich warte auf weitere Demonstrationen gegen ›Die Sünderin‹«; blutig geschlagen fand sich der Bundestagsabgeordnete Heike in neuer Demonstrationswelle, und endlich ließ auch Dr. Hundhammer seine Ansicht hören.

Hinauskatapultiert und zur Rechenschaft gezogen, schien ich mitverantwortlich für alles, was das plötzliche Ärgernis »Sünderin« darstellte.

Ich begriff nichts, hatte die Jahre der sittlichen Aufrichtung, der ersten wetterleuchtenden Zeichen eines Wirtschaftswunders und seiner nach Instandsetzung von Ordnung und Moral strebenden Gesellschaft verpaßt, verstand nicht, daß mit Währungsreform, regelmäßiger Nahrung, geheiztem Schlafzimmer eine auf Keuschheit bedachte Betulichkeit Einzug gehalten und das Unfaßliche des Vorhergegangenen ignoriert, abgeschrieben und verdrängt hatte. Die Reaktion auf ein nacktes Mädchen, auf der Leinwand kurzfristig gezeigt, ließ mich glauben, daß an einem Großteil der Empörten eine Lobotomie vorgenommen worden sei, die sie von der Erinnerung an eine diabolische Vergangenheit befreit hätte. »Sünderin lacht über Krieg«, war das Bild unterschrieben, das mich in Wehrmachtshelferinuniform zeigte und das während der Dreharbeiten zu Litvaks Film aufgenommen war. Und der Düsseldorfer »Mittag« zu einem Foto, auf dem Anatole Litvak von hinten, ich von der Seite zu sehen waren: Dieser breite Rücken gehört Anatole Litvak, der die bescheiden neben ihm stehende Hildegard Knef nach Amerika entführen will.

Erich Pommer: »Bei einem Film starten sie Revolutionen, bei Gaskammern nicht. Im Herbst werde ich meinen Film anfangen, die Reklame kommt mir als Produzenten zugute, Ihnen nicht. Übrigens, Hirsch war bei mir, will Sie fertigmachen.« – »Wie und mit was?« – »Nach diesem Skandal hat jeder recht, nur Sie nicht. Eine Scheidung gießt Öl ins Feuer.« Entgegen seiner Angewohnheit, distanziert und zurechtweisend zu sein, klopfte er meine Schulter wie einem alten Kriegskameraden, der einem Strafbataillon zugeteilt wurde. »Sie unterschätzen die Scheidung, sie wird Ihnen zusetzen, nicht nur finanziell.« – »Litvak wird mir helfen«, sagte ich im glücklichen Bewußtsein, einen ungeduldigen Professor Higgins gefunden zu haben, der die Liebenswürdigkeiten seines ansonst eher borstigen Wesens für mich aufgespart zu haben schien.

Erich Pommer rutschte in seinen Sessel, war mürrischer Steinadler, sagte: »Seien Sie kein Kind. Mit dem, was auf Sie zukommt, können Sie sich das nicht mehr leisten. Bis zu unserem Film haben Sie viel Zeit. Fahren Sie irgendwohin, aber allein.«

Ebensogut hätte er mir empfehlen können, mich umzubringen. »Allein« war nicht auszudenken, »allein« war totales Ausgeliefertsein, war Angst vor Drohbriefen, vor Irrem im Kleiderschrank, vor Pfiffen, kreischenden Kindern, zwinkernden Knaben im Stimmbruch begriffen, zweideutigen Anspielungen rundlicher Herren mit Luftschutzwartgesichtern, vor dem »Komm Fritz, wir gehen« säuerlicher Ehefrauen in Restaurants, vor Geschlechtsteilwedlern und »Nu ziern Se sich mal nicht, haben Sie doch alle nackt gesehn«.

Willi Forst, der einen neuen Film vorbereitete, nahm Erfolg, Aufruhr und Widersprüchliches gelassen hin, war erfreut über Protest und Besucherschlangen, schien glücklich, mich berühmt gemacht zu haben, ahnte wohl selbst nicht die Auswirkungen des Ruhms, der jahrelang bei allem, was ich tat oder unterließ zu tun, einen Großteil der Boulevardzeitungen zu »Die Sünderin sündigt« ... »wieder« ... »weiter« ... »immer noch« ... »hört nicht auf« ... »kann's nicht lassen« animierte. Mit dem Ruhm kamen die Vorwärts- und Rückwärtsverneiger, jene, die nur zu Munde redeten, und jene, die's immer besser wußten; die Anhimmelnden und die Maßregelnden, die Jajaja-Sager und die Neinneinnein-Zischer. In Deutschland »Die Sünderin«, im Ausland »die Deutsche«, wähnte ich mich auf wackliger Wippe, wurde zum Jojo, zur Zitterpappel, flog von euphorischem Optimismus und Geltungstrieb zu selbstzerstörerischer Depression und Tränensusigkeit.

*
* *

Der erste Hollywoodfilm (1951) in Deutschland gedreht, mit Oskar Werner als Partner in wenigen, aber bemerkenswert intensiven Szenen, *Entscheidung vor Morgengrauen (Decision before dawn* im Original), gehört heute wohl zu den Klassikern der frühen Nachkriegsfilme, die sich seriös mit dem Thema Zweiter Weltkrieg auseinandergesetzt haben. Und die spröde Innigkeit ihrer Darstellung bescherte Hildegard Knef auch in Hollywood bedeutendes Lob; ja, es gab Stimmen, die für ihre Nominierung als beste weibliche Darstellerin in einer Nebenrolle bei den *Academy Awards*, landläufig Oscar genannt, votierten. Die Gründe, warum es letztlich doch nicht zu dieser Nominierung gekommen war, sind bis heute nicht schlüssig nachvollzogen, jedoch genügt wohl der Einwand, daß es höchst unratsam und wenig opportun gewesen wäre, im überwiegend jüdisch regierten Hollywood so kurz nach dem Ende des Krieges ausgerechnet eine Deutsche in dieser Form zu ehren. Der Filmproduzent Daryl F. Zanuck jedoch empfand diese Argumentation seinerseits nun gar nicht koscher und setzte immerhin durch, das Hildegarde Neff und auch Oskar Werner im Dezember 1951 ihre Hand- und Schuhabdrücke (es waren nicht die Füße!) mit Namenszug im Zement vor Graumann's Chinese Theater am Hollywood Boulevard verewigen konnten, eine besondere Ehre, die gewöhnlich nur den ganz Großen Hollywoods vorbehalten ist. Und dort prangen die Tafeln noch immer, hinten links, ganz in der Nachbarschaft der Zementplatten von James Stewart und Judy Garland, von Sophia Loren und Marilyn Monroe nebst Jane Russel. Obwohl über Jahrzehnte immer wieder bei Umgestaltungen im Vorhof des berühmten Filmpalastes viele Platten mit ehrfurchtgebietenden Namen des Kino-Olymps aus Platzmangel entfernt worden sind: ihre blieben, sind jedoch nach fast einem halben Jahrhundert seit ihrer Entstehung heute gewiß so manchen japanischen Teenagern auf Hollywood-Tour nicht unbedingt geläufig.

Eine der berührendsten Begegnungen für Hildegard Knef im Hollywood der frühen 50er Jahre war sicherlich die mit Marilyn Monroe. Die Schilderung der Wesensart der Monroe und die subtile Beobachtung und Wiedergabe der außerordentlichen Aura dieser Persönlichkeit hat Hildegard Knef in ihrem Buch *Der geschenkte Gaul* so hinreißend und stimmig dargelegt, daß sie hier nicht fehlen darf:

* *
*

Das Hollywood 1951, das von einem Senator McCarthy der Kommunistenbeihilfe verdächtigt worden war und das nun seine politische Vergangenheit vorweisen sollte, dessen linksgerichtete Autoren, Regisseure und Schauspieler vor einem Komitee die Namen Gleichgesinnter preiszugeben hatten, war ein anderes als das Hochgemute, das ich 14 Monate zuvor verlassen. Die Deutsche war weniger suspekt, weil die Kommunisten suspekter, und die Fragen der herbeieilenden Reporter konzentrierten sich auf die jammervolle Behandlung der demokratischen Berliner durch die kommunistischen Horden und auf die »Sünderin«.

Das verschlafene Mädchen mit durchsichtiger Duschhaube auf weißblondem Haar und dicker Ölschicht auf blassem Gesicht setzt sich neben mich. Der schuldbewußte Blick sucht den strafenden der Friseuse.

»Ich hab' mich wieder verspätet«, flüstert sie und rutscht unter die Brause. Aus einem verwaschenen Frotteebeutel angelt sie ein Brötchen, eine Pillendose, ein Buch. Im Spiegel lächelt sie mir zu: »Hi, ich heiße Marilyn Monroe. Und du?« – »Hildegarde Neff.« Über das ›Neff‹ stolperte ich immer noch, es ist mir fremd, hat nichts mit mir zu tun, ist jedesmal Konfrontation mit einer Niederlage; einen Namen kann man berühmt machen, nicht zwei.

»Du bist die Neue aus Deutschland, nicht wahr?« Die großen blauen Augen sehen mich lange an, blanke verwunderte bewundernde neidlose, andere überschätzende. Kindergesicht. Bei Quäkern aufgewachsen oder bei Gärtnerehepaar im Schloß, nur manchmal die Karossen der Herrschaft gesehen.

»Ich lese Rilke«, sagt sie und zeigt auf das Buch. »Kannst du mir von Rilke erzählen, es ist mein erstes. Weißt du, wann er geboren wurde?«

Dankbar für Nachhilfeunterricht, sag' ich: »Im gleichen Jahr wie Thomas Mann, 1875.«

»Wer ist Thomas Mann? Kann ich ihn lesen? Kannst du mir Bücher mitbringen? Wie lange drehst du noch?«

»Vier Wochen ungefähr.«

»Dann sehen wir uns morgen, ja?« Sie steht auf, schlurrt mit alten Strandlatschen in den Schminkraum. Kind mit kurzen Beinen und dickem Popo.

Eineinhalb Stunden später rempele ich im Korridor ein Mädchen an, nur an den Augen erkenne ich sie wieder. Mit der Schminke scheint sie gewachsen, scheinen die Beine länger, der Körper schmaler, ist das Gesicht schimmernd und scheint von Kerzenlicht beleuchtet. »Bis morgen und Dank auch«, flüstert die kleine Stimme.

Am gleichen Abend, ein Ball; Preise werden verliehen, Nachwuchs vorgestellt. Am gleichen Tisch sitzt Marilyn Monroe. Sie trägt ein zu enges rotes Kleid, eins, das ich im Fox-Fundus hängen sah. Es steht ihr nicht, und obwohl zu eng, sieht es aus, als wär's Mutters altes, aus der Mottenkiste geholt, und Rouge und Lippenstift dazu. Die Augen halbgeschlossen, der Mund halbgeöffnet, die Hände zittern ein bißchen. Ein Glas zuviel; Kind, das Bowlenreste probiert. Die Fotografen halten die Kameras über ihre Köpfe, fotografieren in den Ausschnitt hinein. Sie reckt und streckt sich, dreht und lächelt, ist gefällig, bietet an. Jemand beugt sich hinunter, flüstert in ihr Ohr. »Bitte nicht«, sagt sie, »ich kann nicht.« Die Hand stößt ein Glas um, endlich steht sie auf, die Leute kichern, der enge Rock preßt die Knie zusammen, sie trippelt zum Mikrofon, der Weg endlos, der Gang lächerlich. Sie starren auf das Kleid, warten, daß es platzt, den Busen frei legt, den Bauch, den Hintern. Der Ansager brüllt: »Marilyn Monroe!« Ein großer Scherz, ein toller Gag, glauben sie und lachen, als sie sich am Mikrofon festhält, die Augen schließt, Pause läßt, in der man nur den Atem hört, lautsprecherverstärkt, obszön, kurz, stöhnend: »Hi«, flüstert sie und trippelt weg.

Einer neben mir sagt: »Die ist plemplem, döfer als doof.«

»Sie hat Angst«, sag' ich.

»Du hast Theater gespielt, nicht wahr?« fragt sie mich morgens.

»Ja.« – »Ich würde so gern Theater spielen, aber ich hab' Angst, ich hab' Angst vor den Leuten, verstehst du?«

»Wir warten, Marilyn«, sagt der Aufnahmeleiter.

»Bitte, mein Haar ist noch nicht fertig, die Schminke, das Kleid ... nur einen Augenblick noch.«

»Komm schon.«

Sie dreht sich um, sagt: »Morgen, ja?«

Die Kamera liebte sie. Die Kamera registrierte ihre Wahrheit, Arglosigkeit und Naivität, mit der sie die Menschen berührte, und machte sie mit wenigen Filmen, von denen die meisten dürftig waren, zum Star. Sie registrierte die gleiche Naivität, die sie später zerstörte. Das Absurde an dem Beruf ist, daß ein jeder, der sich für einen guten Lügner hält, auch glaubt, ein guter Schauspieler zu sein. Die großen Filmschauspieler nahmen bewußt oder unbewußt ihre Rollen zum Vorwand, zur Vorlage, um ihre eigene Wahrheit ausdrücken zu können. Sie vergewaltigten die Rollen, machten sie zu ihrem Eigentum und waren, ob »Kameliendame«

oder »Anna Karenina«: »Die Garbo«, oder ob Bandsängerin, Tänzerin, Sekretärin: »Die Monroe«. Sie berührten die Menschen mit ihrer Kraft oder Verletzbarkeit, mit dem Außergewöhnlichen ihrer Wahrheit. Sie waren die »Monstres sacrés«, die heiligen Kühe, die Unantastbaren, die keine Verkleidung, kein Kostüm, keine Rolle ändern konnte und deren Mysterium auf der Wahrheit beruhte, auf der Unbestechlichkeit, die nur die Kamera vollkommen erfaßte und die auf einer Bühne verlorengegangen wäre. Mehr als jeder andere Schauspieler waren sie abhängig vom Regisseur, von dem, der sie führte und sich dennoch, ihren Persönlichkeiten dienend, unterordnete. Wie Greta Garbos Maurice Stiller oder Marlene Dietrichs Josef von Sternberg; sie starben aus, weil es den dienenden Regisseur nicht mehr gibt, weil er selbst zum Star geworden, dessen Stil eklatant und dessen Stars auswechselbar, oft anonym.

Ob es anstrebenswert ist, ein Star im fast schon musealen Sinne zu sein, weiß ich nicht. Else Bongers' »Begabung ist Voraussetzung, die Frage muß lauten: Was kann er?« bekommt hier andere Dimensionen, als ursprünglich angenommen.

Nach dem Wechselbad von Skandalen und Triumphen, von ungeahnter Popularität und entsprechender Behandlung durch die deutsche Öffentlichkeit, durch Journalisten und andere Pressevertreter, durch Fans, Verehrer, Schauspielerkollegen und einflußreiche Filmleute und mit den hereinprasselnden internationalen Angeboten stürzte sich Hildegard Knef vehement in die Filmarbeit. Bis zum Probenbeginn für *Silk Stockings* am Broadway im Herbst 1954 drehte sie hintereinander, einmal sogar parallel, insgesamt 12 Filme in Deutschland, Frankreich, England und in Hollywood, darunter *Nachts auf den Straßen* mit Hans Albers, *Schnee am Kilimandscharo* mit Gregory Peck und Ava Gardner, *Alraune* mit Erich v. Stroheim und Karlheinz Böhm, *Illusion in Moll* mit Hardy Krüger, Carol Reeds *Gefährlicher Urlaub* mit James Mason und Claire Bloom, Henry Hathaways *Kurier nach Triest* mit Tyrone Power, *La Fête à Henriette* von Julien Duvivier, Noel Langleys *Svengali* und *Geständnis unter vier Augen* mit Ivan Desny und Carl Raddatz.

Hildegard Knef stürmte von Studio zu Studio, von Land zu Land, von Kontinent zu Kontinent und zurück, arbeitete wie besessen. In allen Kinos liefen ihre Filme, manchmal drei, vier zur gleichen Zeit. Der internationale Durchbruch als Filmschauspielerin war geschafft, man kannte sie beiderseits des Atlantiks, die Angebote überschlugen sich. Die Arbeit war ohne Pause.

Viel Privatleben schien es nicht gegeben zu haben in dieser Zeit, mit Ausnahme des wirklich Privaten und der Tatsache, daß die Scheidung vom Ehemann Kurt Hirsch schon zu Beginn des Jahres 1952 vollzogen war. Die ›Kinderehe‹, wie Hildegard Knef sie einmal nannte, war vorüber; sie selbst mit Mitte Zwanzig auf einem (zweiten) Zenit ihrer Popularität und Attraktivität. Die Männer lagen ihr überall scharenweise zu Füßen, rissen sich förmlich um sie. Hildegard Knef wählte stets sehr bedachtsam, mit wem sie sich umgab, wem sie sich verband. Heute spricht sie mit leichtem Augenzwinkern über diese sehr emanzipierte Zeit ihres Lebens, nennt sie schmunzelnd ihre ›Matrosenzeit‹.

Daß sie bei dem filmischen Arbeitspensum seelisch wie körperlich Federn lassen mußte, war unausweichlich und hat gewiß bereits damals den Grundzustand geschaffen, der die häufigen späteren Krankheiten bedingen sollte.

Im *Geschenkten Gaul* schreibt Hildegard Knef über diese Zeit:

* *
*

»Alraune« und der französische Film »La Fête à Henriette« beginnen gleichzeitig. Von Montag bis Donnerstag drehe ich in München, von Freitag bis Sonntag in Paris. Der Regisseur Julien Duvivier stellt mich der Presse vor. »Erste Deutsche nach dem Krieg in französischen Studios.« Eine Schauspielerin macht einen Hofknicks vor mir, kichert etwas, das ich nur halb verstehe, etwas von »Vedette allemande« und wie glücklich alle seien, daß die Deutschen wieder da. Man trinkt Champagner, Duvivier übersetzt nur das, was höflich und belanglos. Fragen liegen in der Luft, ich glaube ein »boche« gehört zu haben. Schließlich kapitulieren sie vor Duvivier, dem Noblen, der Tee trinkt und seine »crise de foie« bedauert, und gehen nach Hause.

Wir arbeiten im Cirque Medrano. Duvivier und ich stehen an ein Gitter gelehnt, rauchen, warten, bis das Licht für die nächste Szene eingerichtet. Ich im goldenen Leopard und Stiefeln, Zirkusreiterinnenaufzug, er im grauen Anzug mit bravem Schlips, Sparkassenbeamten ähnlicher als Filmregisseur. Der Schimmel kommt angetrampelt, beäugt, scharrt, kratzt, entleert sich. Heißer Dampf bläst leidenschaftlich auf meine nackte Schulter. Duvivier murmelt: »Bleiben Sie gelassen, wir lehnen am Tigerkäfig.«

Aus linkem Augenwinkel sehe ich Jadefarbenes funkeln, von Gestreiftem umgeben, etwas wie Drahtlappen, mit dem man Töpfe scheuert, wischt über Rücken, Holzstangen zwischen uns, die er zermanschen könnte wie Spaghetti. Ich mache einen Satz, liege zwischen Pferdeäpfeln, der Schimmel schreit und scheint eine Leiter empor zu steigen. Duvivier zieht Zigarettenrest aus Zigarettenspitze, nimmt eine neue, wechselt den Filter, zündet an, geht, ohne den Tiger beachtet zu haben, auf mich zu, sagt: »Sie sind zu jung, um nervös zu sein.«

Wenn ich französisch spreche, zieht sich sein Gesicht zusammen, als hätte er eine Trigeminusneuralgie, aber er ist sanft und geduldig, und am letzten Drehtag umarmt er mich und spricht Lobendes.

Als beide Filme fertig sind, beginnt ein neuer. Ich lese die

von Agenten befürworteten Drehbücher während der Mittags-
pausen, in Zügen oder Flugzeugen. Ich laß mich beraten, beeinflussen, lausche den Eingebungen der mich Umwieselnden. Ich
bin leichtsinnig, leichtfertig, ständig in Zeitnot. Ich drehe mit
bedeutenden Regisseuren unbedeutende Filme, die oft bedeutendes Geld einspielen, an dem ich nicht beteiligt bin. Die Gagen
kommen auf Sperrkonten, später werden sie transferiert an Dr.
Brom, einen Anwalt in Los Angeles. Verwalten tun andere, die
»Laß mich nur machen, du hast nichts als deine Rollen im Kopf
zu haben« sagen.

Vor jeder Hoteltür lungern Filmfanatische und kreischen,
wenn meiner angesichtig. Sie stürmen mit gezückten Füllfederhal-
tern die Hallen, zertrümmern Scheiben, reißen mir Haarbüschel
aus, Knöpfe ab. Ich komme in Städte, die ich nicht kenne und in
denen mich ein jeder zu kennen scheint. Ich bekomme Preise und
werde wie siegreicher General auf heruntergelassenem Verdeck
thronend durch Straßen gefahren. Ich besinge erste Schallplatten,
synchronisiere meine deutschen Filme ins Englische und umgekehrt, Knef-Doppelgänger-Preisausschreiben werden veranstaltet,
Mädchen tragen meine Frisur, Fetischisten klauen meine Wäsche
aus Garderoben und Hotelzimmern. Eine New Yorker Modell-
agentur wählt mich zur Frau, die in den USA Europa am besten
vertritt, und Zeitungen hängen mir eine Familienglück zerstören-
de Liebesaffäre mit Gregory Peck an, den ich seit »Kilimanjaro«
nicht mehr gesehen, und selbst zu jener Zeit nur dann, wenn es der
Drehplan befahl.

An drehfreien Tagen fahre ich von Premiere zu Premiere,
von Karl Klär, dem Pressechef einer Filmfirma, begleitet. Karl hat
Asthma, ist kurzsichtig und zu gescheit für sein Amt. Wenn der
Film abgelaufen, klettern wir auf die Bühne. Karl bleibt hinter
dem Vorhang, und wenn ich ihn frage: »Wo sind wir eigentlich?«,
antwortet er: »Sag ›in Ihrer schönen Stadt‹, det reicht.«

»Ich freue mich, in Ihrer schönen Stadt zu sein …« beginne ich; einer Stadt, von der ich zumeist nur den Bahnhof und ein Hotelzimmer kenne. Anschließend gibt's Handkuß und Sekt beim Kinobesitzer, der »Was glauben Sie wohl, wie alt ich bin« fragt und selbstgefällig über Beleibtes streicht.

»Sag imma zehn Jahre wenjer, als er aussieht, denn läßt er den Film länger loofen«, sagt Karl.

Dann werden die Kinotüren verriegelt, und wir bleiben dem Ansturm überlassen, Karl und ich. Eines Abends fliegt er von den Galoppierenden hochgeschmissen wie ein Sektkorken aus der Flasche, findet Halt an Balkongitter, hängt da ohne Brille, mit abgerissenem Hosenbein, sein »Hilfe« bleibt ungehört. Drei Stämmige der Ortschaft schützen mich vor Füllhalterdolchen, unter ihren verschränkten Armen taucht ein Männlein auf, öffnet Sommermäntelchen im Winter, ist nackt, greint: »Bitte bitte, fassen Sie einmal an, ich hab' heut Geburtstag.«

Karl fällt vom Balkon, bricht den Fuß, beendet die Reise in Gips, sagt: »Und in Ulm empfängt dich der Bürjermeista nich, weil de die ›Sünderin‹ jedreht hast. Aber wat verlangste von eenem Land, das heute noch vom Westfälischen Frieden faselt.«

*

* *

Unser Sommer 1982 wurde anders als geplant. Vorgesehen waren etwa sechs Wochen Erholung und Entspannung in einem hübschen Ferienhaus mit Garten und Swimming-Pool hoch in den Hollywood Hills oberhalb vom Sunset Boulevard, mit einem herrlichen Blick über West-Hollywood und südlich angrenzende Bezirke, mit der Wolkenkratzerinsel von Downtown Los Angeles malerisch halblinks am Horizont. Zur Rechten stahlglasglitzernd die babylonischen Bürotürme von Century City, errichtet auf dem stadtteilgroßen ehemaligen Filmgelände der 20th Century-Fox, hinter denen man bei guter Sicht Santa Monica und den Pazifik ausmachen konnte, in dem allabendlich die Sonne in spektakulärem Farbenrausch versank und sogleich abrupte Dunkelheit auslöste, als sei ein Lichtschalter betätigt worden. Auch die gleichzeitig einsetzende Frische und Feuchtigkeit vom Meer, die sich augenblicklich überallhin verbreitete, war sommerungewohnt für uns Mitteleuropäer auf Urlaub: Hildegard Knef war mit Ehemann Paul und ihrer Tochter Christina nach Los Angeles geflogen und hatte mich ebenfalls dazu eingeladen, quasi als Dankeschön für meine Lektorentätigkeit an ihrem soeben im Mai fertiggestellten neuen Buch *So nicht*, das zum Herbst auf der Frankfurter Buchmesse erstmals erscheinen sollte.

Sechs herrliche Sommerwochen in kalifornischer Sonne lagen vor uns. Christina, vierzehnjährig, doch bereits lässig Los-Angeles-erfahren vom Sommerbesuch im Jahr zuvor, stellt unser Ferienprogramm zusammen: Autorouten, Besichtigungstermine, Sehenswürdigkeiten. Einladungen zuhauf, Cocktailempfänge, Dinnerparties, Premierenfeiern. Hollywood, wie man sich's vorstellt. Besuchen von Fernseh-Sets und Lunch-Verabredungen mit bekannten Serien-Darstellern in Studiokantinen, Stippvisiten auf Film-Sets, Abendessen zuhause bei Stars, Hausparty mit Prominenten. Christina schwelgt. Christina fiebert. Das nennt man Ferien!

Doch es sollte bald anders werden. Begonnen hatte es mit einem kleinen Unbehagen, dann verspürte Hildegard Knef plötzlich heftige Zahnschmerzen, eine eilige Notbehandlung enthüllte Grauenvolles: eine langwierig-schmerzhafte Kieferoperation mit anschließender Nachbehandlung war unumgänglich. Kein Problem: sechs Wochen reichen allemal. Allerdings wäre es wünschenswert, hätte man noch mehr Zeit zur Verfügung; eine recht umfangreiche Therapie schlug der Zahnarzt vor: Prophylaxe, Parodontosebehandlung, zwei Wurzelspitzenresektionen etc. etc.

Telephongespräche bezüglich Romy hatte es schon mehrfach gegeben, nunmehr wurde mit größerem Kaliber gefeuert: Die BUNTE ließ nicht locker. Man schickte einen knefvertrauten Chefredakteur nach Los Angeles, der sollte nun endgültig Hildegard Knef als Autorin für eine 10-teilige Serie in dem Wochenmagazin gewinnen, Thema: die im Frühjahr zuvor verstorbene Romy Schneider. Ganz gezielt wollte man eine prominente Frau als Autorin, möglichst eine, die über Film- und auch Theatererfahrungen verfügte, eine, die sogar Romy Schneider gekannt hatte und obendrein noch schreiben konnte.

In meinem Buch von 1995, *Hildegard Knef O-Töne – Für mich soll's rote Rosen regnen*, berichtete ich über diesen Moment in ihrem Leben:

* *
*

Man hatte einen Autor gesucht nach diesen Kriterien: vorzugsweise eine Frau, möglichst prominent, die erstens Romy kannte, aus eigener Erfahrung mit Filmarbeit und Theater vertraut ist und die obendrein schreiben konnte. Einzig logische Kandidatin: Hildegard Knef. Und die wollte gar nicht.

Ein Spitzenvertreter des Illustrierten-Verlags kommt eigens nach Los Angeles, versucht sein Bestes, ködert mit stattlicher Summe und großzügigen Freiheiten und Privilegien für die Autorin. Hilde schaut mich fragend an, unsere Telepathie bedarf keiner Worte, ich nicke. »Ich würd's machen, aber ohne Axels Hilfe kann ich das nicht. Da ist zuviel zu recherchieren, dokumentarisch zu belegen, Archivmaterial durchzusieben. Die Zeit hab ich nicht. Außerdem weiß ich zu wenig von Romy, privat und beruflich. Ich habe sie nur wenige Male gesehen. Und deshalb ist euer geplanter Titel falsch, absolut blödsinnig: *Meine Freundin Romy*. Das ist Quatsch. Das muß weg.«

»Alles, was Sie wünschen, Frau Knef«, verspricht der Illustriertenmensch etwas zu schnell, »selbstverständlich.« Ich traue ihm nicht. Warne Hilde. »Wieso? Wir kriegen hieb- und stichfesten Vertrag, da können die gar nichts machen.«

Wenige Tage später werden zwei riesige Postsäcke voll mit Pressematerial ins Hollywoodhaus geliefert: 27 Jahre des Lebens der Romy Schneider in ausgeschnittenen, engbedruckten Zeitungsschnipseln, kunterbunt und hoffnungslos durcheinander. Meine Aufgabe erscheint bergehoch, wird nur mäßig von dem für mich beigefügten, recht beachtlichen Honorarscheck gemildert.

Hilde und ich beginnen unsere Arbeit. In getrennten Räumen: Ich sortiere das Leben und die Karriere der unglücklichen Romy, so gut ich kann, stelle Material zusammen, chronologische Tabellen etc., reiche es dann rein zu Hilde, die darauf fußend ihren Text entwirft. Abends gehen wir durch fertiggestellte Seiten, redigieren, lesen, schreiben um – übliches Verfahren, wochenlange Fron; mühsam besonders für Hilde, die jeden zweiten Tag noch mehrstündige Zahnbehandlungen zu ertragen hat.

Zahnarztfreie Stunden: Schreiben. Schmerzen sind kein Hinderungsgrund. Bei brüllender Hitze, auch wochenlangen Regenstürmen. Von der Welt haben wir nichts mitbekommen, damals; unsere Welt hieß Romy und Arbeit, und Schmerzen für Hilde. Ich litt mit. Endlich ist das Manuskript fertig. Es ist gut. Sehr gut sogar. Hilde läßt sich noch einmal von der Illustrierten schriftlich bestätigen, daß der Titel der Artikelserie nur lauten darf: *Romy. Betrachtung eines Lebensweges.* Nichts da von ›Freundin‹. Und Textänderungen nur nach vorheriger Absprache und nur mit Genehmigung der Autorin, selbst bei äußerst engen Druckterminen. »Kein Problem, Frau Knef ... bestimmt nicht.«

Wir nahmen Abschied von Los Angeles, ließen arbeitswütige Zeit, auch die Zeit der Schmerzen, hinter uns, hatten keine blasse Ahnung, welch neuerlichen Unbillen wir entgegensegeln sollten. Landung in Frankfurt am 2. Oktober 1982. Mittags. Ich weiß das so genau, weil wir in der Lufthansa VIP Lounge auf unseren Anschlußflug nach Berlin warteten. Sämtliche Fernseher liefen: Kohl wurde zum Kanzler gewählt. Ich persönlich wollte umgehendst zurück nach L.A. ...

Noch heute erstaunt mich mein bauchgesteuerter Instinkt von damals ... Auch in Hinsicht auf die Schlitzohrigkeiten der Illustriertenvertreter, von der wir zur Zeit des Geschehens natürlich noch keine Ahnung hatten. Doch lieber Schritt für Schritt:

Am 5. Oktober (1982) begann, ebenfalls in Frankfurt, die Buchmesse. Hildegard Knefs neuestes Buch *So nicht* wurde vorgestellt, erhielt beinah ungeteiltes Lob, hauptsächlich positive, ja überschwengliche, gar ernstzunehmende Beachtung, nebst den üblich auftretenden Nörgeleien der professionellen Besserwisser. Die Resonanz war gut, Kritiken wurden nachdenklicher, milder, verständiger, Verkaufszahlen: siegverheißend positiv.

Den ›Klappentext‹ zu *So nicht* hatte ich verfaßt. Hilde wünschte es von mir, argumentierte zutreffend: »Niemand kennt mein Buch so genau wie du, nicht einmal ich selbst. Schreib.«

Ich war geschmeichelt, also schrieb ich:

›Elf Jahre nach dem sensationellen Erfolg ihres Lebensberichts *Der geschenkte Gaul* beweist Hildegard Knef mit diesem Buch von neuem ihr außergewöhnliches Sprach- und Erzählvermögen, dazu ihre Kunst, Menschen und Situationen mit der Prägnanz ihrer eigenwilligen Handschrift lebendig werden zu lassen.

Hildegard Knef verknüpft in diesem Buch zum ersten Mal Begebenheiten ihres turbulenten Lebens mit fiktiven Geschehnissen zu einer spannungsreichen Mischung von Autobiographie und Roman. Dabei entwickelt sie eine kraftvolle Dramaturgie wirbelnder Zeitabläufe und vielfach versetzter Handlungsebenen. Die Parallelität voneinander unabhängiger Lebenswege stellt sie der Schuld oder Schuldlosigkeit am eigenen Schicksal gegenüber.

Wann je zuvor sind ein nicht-fiktiver Mordanschlag und dessen Folgen so minuziös aufgezeichnet, so hart und maskulin von einer Frau erzählt worden, wie von Hildegard Knef in ihrer Darstellung des Schicksals ihres Bruders, seines erbitterten Kampfs ums Weiterleben, seines ungebrochenen Durchhalte-Willens nach der Parole »So nicht«!

Die schonungslose Schilderung der Qualen eines Morphium-Entzugs, die Verblendung durch Liebe, das Hohelied der Freundschaft setzen weitere Akzente einer Komposition, in der Tempo, Spannung, Dramatik mit Passagen lyrischer Besinnlichkeit, epischer Leuchtkraft wechseln.

Sie machen dieses Buch, getragen von sensibler Beobachtungsgabe, mutig-kreativer Sprachfindigkeit und dem trotzig-standhaften Humor dieser Überlebens-Künstlerin zu einem Erlebnis.‹

Friedrich Luft, der wie kein zweiter Kritiker die Bedeutung des *Geschenkten Gauls* erkannte, urteilt als einer der ersten Leser über die neue Knef: »Ein Buch aus tapferer Notwehr, Bitternis, voller Lebenslust und schriftstellerischer Intensität. Die Knef hat's wiedermal geschafft, lauter Lebenssprengstoff lächelnd hochgehen zu lassen. Das macht ihr so heute keiner nach.«

Diese meinem Text angefügte Kurzwürdigung des Buches durch Friedrich Luft führte dazu, daß mein gesamter Text als der des sehr renommierten Berliner Kritikerpapstes angesehen wurde, mit seiner Namensnennung unter allem.

Da knallt die erste Ausgabe der Romy-Illustrierten-Serie in die Positiv-Bilanz der Buchbesprechungen.

Um 5 Uhr morgens ruft Hilde mich an. Sie ist außer sich: »Hast du gesehen, was diese Ratten gemacht haben?«

Ich hatte nicht, ich schlief ja noch.

»Wach gefälligst auf!« ist deutlich ein Befehl; Freundschaft braucht keine umständliche Höflichkeit. »Die Schweine nennen es *doch* ›Meine Freundin Romy‹. Außerdem haben sie handgeschriebene Zwischentitel eingefügt, nicht meine Handschrift natürlich. Miese, schlüpfrige, sensationsgeile, richtig widerliche Zwischentitel. Jeder muß glauben, ich hab den Quatsch geschrieben. Und die haben sogar in meinem Text rumgefummelt, um ihn aufzupeppen, ohne mich zu fragen. Lies' es!«

Ich las, und Hilde hatte nicht übertrieben: es war grauenvoll. Ihr einstmals fließender Text, nun dümmlichst zerstückelt von reißerischen Zwischenschlagzeilen – nicht von ihrer Hand –, verfiel der gemeinen Gier einer offenbar die Leserschaft nur als lüstern-hirntot einschätzenden Redaktion.

Nur wenige Tage später prangt ein ›offener Brief‹ der ebenfalls zu Recht empörten Mama Schneider auf der ersten Seite der BILD-Zeitung. Sämtliche, von der Illustrierten-Redaktion vertragswidrig und ekelhaft skandalsüchtig in den Knef-Text eingefügten Passagen widerlegend. Punkt für Punkt.

Doch ihre meterhoch lodernde BILD-Zeitungs-Überschrift: ›Warum lügen Sie, Frau Knef?‹ gerät zum Fanal für Hilde. Vorwurf der ›Lüge‹ stoppt augenblicklich die positive Beachtung des neuen Buches *So nicht*; macht unglaubwürdig, was glaubhaft geschrieben. sät Zweifel nun an jeglichem Wort der Schriftstellerin Knef erhebt jeden Leser zum beckmesserischen Spürhund für verdächtig erscheinende ›Unstimmigkeiten‹ im Buch, wie im Leben. Gibt Hirnlosen Recht, doch Rechtlosen noch lange kein Hirn. Das anfänglich begeistert gefeierte Neu-Werk einer bewiesenermaßen großartigen Autorin von Weltrang ist urplötzlich miese Ware, ist Ladenhüter, Klotz am Bein.

Weder Buchverlag noch Illustrierte-Täter stellen sich schützend vor die zu Unrecht beschuldigte Autorin. Niemand verteidigt sie, stellt richtig, übernimmt Verantwortung für blamable Verhunzung ihres Textes, ganz entgegen der Zusicherungen im Vertrag.

Meine flammenden Briefe an Illustrierte-Verleger und literarische Agenten bleiben gänzlich ohne Wirkung. Das Buch ist gestorben, totgemacht, niedergemetzelt, schmachvoll nächtens verscharrt. Dennoch liest jeder wöchentlich geifernd weiterhin die ›Romy-Geschichte‹ in der BUNTEN.

Ein völlig frei erfundenes ›Knef-Zitat‹ – drei Tage später, selbe Zeitung, noch größere Schlagzeile: »KNEF: Ich hasse alle Deutschen« – läßt die bereits schmierig-parat geölte Guillotine funktionsgerecht ausrasten. Nationales Fallbeil saust nieder mit Donnergetöse, zermalmt nun die restliche Hoffnung auf Rehabilitierung der völlig schuldlos Verfemten. Die Knef, wiederum als Schlachtopfer ausersehen, wird von der Presse festgenagelt und gekreuzigt, gnadenlos tranchiert wie Gänsebraten zu Weihnachten, zerschnippelt Stück um Stück, Bein um Bein. Sensationsknusprige Hautfetzen werden lefzend noch verschlungen, die schäbigen Reste landen abgenagt im bundesdeutschen Klatschpresse-Müll.

In ihrem Buch *So nicht* hatte Hildegard Knef eine imaginäre Reaktion auf eine sehr ähnliche Situation bereits vorweggenommen, ohne zu ahnen, wie real dieser innere Monolog einmal sein würde:

* *
*

Keineswegs damenhaft: Himmel, Arsch und Zwirn – denke ich, du hast den Krieg überlebt, Bomben, Hunger, Typhus, russische Kriegsgefangenschaft, Flucht. Hast den Nachkriegsfilm aus der Taufe gehoben, Barlogs Berliner Schloßpark-Theater eingeweiht, wurdest mit grandiosen Kritiken überschüttet, warst Idol und Schauspielerin zugleich. Hast Hollywood paß- und geldlos drei-einhalb Jahre abgesessen, als Deutsche etikettiert. Warst den Deutschen – kaum zurückgekehrt – im Melodrama-Film »Die Sünderin« betitelt, genehme Beute, die nach »Sieg heil«, Mutter-kreuz, »Wollt ihr den totalen Krieg?« das Reinheitsgefühl der deutschen Frau beschmutzt. Hast danach als einzige Deutsche den Broadway erobert, dort zwei Jahre lang allabendlich drei Stunden umjubelt englischsprechend gelitten. Warst, als du deinen noch verehelichten zweiten Mann kennengelernt, mit ihm zusammen-gelebt, auf heimlich schwarzer Liste der deutschen Filmindustrie gelandet. Konntest bierbäuchige Puritaner-Schmäh in sogenann-ten »Offenen Briefen« in zahllosen Zeitungen lesen, wiederum als »Sünderin« abgestempelt. Hast dich aufgerappelt, Preise einge-heimst. Neues Metier des Chansons aufgetan, als Erste eigene Lyrik gesungen, hast Millionen von Platten verkauft, Tourneen gemacht, die kaum ein Mann überstanden hätte. Hast einen welt-weiten Bestseller geschrieben, ihm ein zweites – wiederum ange-griffenes, doch gelobtes – Buch folgen lassen. Hattest oder hast eine Krankheit, vor der Hunderttausende bibbern; kennst Kran-kenhäuser wie Reisevertreter Hotels, hattest an die sechzig Opera-tionen.

Hast eine Tochter, die du liebst, die dich liebt und um die du nach durchlittener Scheidung gekämpft, mit Geld, Anwälten, Pfeil und Bogen, Tellerminen, Handgranaten. Selbst das Jugend-amt hatten sie dir auf den Hals gehetzt: zwei mickrige Vögel – ein weiblicher Geier, ein männlicher Wellensittich – saßen da, im Hotel Kempinski – saßen und fragten zweieinhalb Stunden lang, ob das Kind genug Schlaf, genug Essen, genug Schule, Kleidung. Waren abgezogen, ohne sie jemals gesehen zu haben. Anschlie-ßend warst du der Länge nach hingefallen. Bundesverdienst-kreuzträgerin Erster Klasse im Kreuzfeuer des Jugendamtes.

Ich hasse die Zahnstocher der Menschheit, die Neidvollen, die nicht einmal wissen, auf was sie neidisch, jene Besserwisser ohne Wissen; hasse ihre giftigen Blicke, brägenklötrigen Fragen.

Nein: geändert habe ich mich nicht. Ich kann noch hassen. Und ich hasse, daß ich es kann.

Noch einmal lüpft der Scheidungsgedanke sein Haupt: Schicksalsschläge – oder was man dafür hält – machen keinesfalls weise: nunmehr banal, trantütig-einsichtig, wo's nichts einzusehen gibt. Haß wird zu mickrigem Rinnsal in der Jauchegrube voll des Selbstmitleids.

Wie immer stehe ich fassungslos vor der emsigen Betriebsamkeit, die Menschen seit Urzeit entwickeln, um die ohnehin kurze Spanne ihres Lebens zu vergrällen.

*

* *

Der Pressewirbel war enorm, die Auswirkungen schädlich in jedem Falle. Als Hildegard Knef jedoch bemerken mußte, daß ihre Tochter Christina unter unsäglichen Quälereien ihrer Mitschüler zu leiden hatte, aufgehetzt durch die bunte Presse und gewiß entsprechend abfällige Kommentare der Erwachsenen zuhause, denen die Prominenz der weltberühmten Mutter der spröden Einzelgängerin Christina offenbar ohnehin neidvoll ein Dorn im Auge, beschloß sie mit Ehemann Paul spontan, Abhilfe zu schaffen.

Und unser gemeinsamer Ferienaufenthalt zu Weihnachten 1982, wieder in Los Angeles, heißersehnt von Christina, schon wegen der wundervollen Aussicht, am Heiligabend in blühendem Garten am Swimming-Pool in der Sonne zu schmoren, während in Berlin Schnee und Frost das Zepter führten, wurde Zeitpunkt und Plattform einer höchstwichtigen Entscheidung, deren Zünglein an der Waage ausschließlich Christina war. Nur mit ihrer Zustimmung wurde beschlossen, daß die Familie zukünftig in Los Angeles bleiben würde, erleichtert durch den geradezu schicksalhaften Glücksfall, daß an einer der begehrtesten Privatschulen der Stadt über Nacht einer der strikt begrenzten Studienplätze frei wurde, weil der Vater eines der gerade eingeschriebenen Schüler zum Botschafter in fernem Lande ernannt wurde.

Sogleich wurde alles Notwendige arrangiert und ging – wie in wirklichen Notfällen – auch reibungslos vonstatten. Ich kehrte im Januar 1983 allein nach Berlin zurück, übernahm Auflösung, teilweise Verkauf und dann Verschiffung des verbliebenen Berliner Knef-Haushaltes nach Los Angeles, wo ich zur Ankunftszeit des riesigen Containers ebenfalls erschien, um bei der Einrichtung des gemieteten neuen Hauses behilflich zu sein, nicht ahnend, daß ich – nunmehr auch Übersee-umzugserprobt – selbiges sieben Jahre später auch in umgekehrter Richtung beaufsichtigen sollte, als Hilde mit Ehemann Paul 1989 nach Deutschland zurückkehrte.

Diese sieben Jahre waren gewiß die wichtigsten für Christina. Sie ging zur Schule, presseungeschoren, und auch frei von Prominentenkind-Statusquerelen, denn irgendwie war jeder der Mitschüler Kind von wichtiger Prominenz, sei es in wirtschaftlich, politisch oder kulturell exponierter Stellung. Man trug unscheinbare Schuluniform und war lediglich an einer erstklassigen umfassenden Ausbildung interessiert, was sich für Christina am graduation day, der amerikanischen Abiturfeier, mit vorzüglichen Noten und einem *cum laude*, also großem Erfolg und Jubel auszahlen sollte.

In dieser Zeit beschränkte sich Hildegard Knef darauf, ausschließlich für Christina dazusein; nur wenige Auftritte im amerikanischen Fernsehen und nur einige Verpflichtungen in Europa entzogen der Tochter die Mutter: Zwei Konzerttourneen, ein deutsch-französischer Film von Helma Sanders-Brahms, *Flügel und Fesseln*, gedreht in der Normandie, und ein TV-Porträt zu ihrem

60sten Geburtstag, gestaltet von Ottokar Runze. Später noch im Berliner *Theater des Westens* der gefeierte Musical-Auftritt in Cabaret als Pensionswirtin *Fräulein Schneider,* einst am Broadway Lotte Lenyas letzte Paraderolle.

Bei den meisten dieser Reisen hatte ich Hildegard Knef begleitet, und wenn Ehemann Paul mit ihr reiste, blieb ich bei Christina in Los Angeles. Im März 1988 heiratete Christina den Filmkaufmann Peter Gardiner, Sohn des britischen Filmschauspielers Reginald Gardiner und seiner russischen Frau Nadia, einst eine berühmte Schönheit und Mannequin bei Dior.

Zwölf Jahre sind beide nun schon glücklich verheiratet; Christina eine bildschöne junge Frau, und an diesem Juni-Abend besonders strahlend, als sie im herrlich gelegenen Patio-Restaurant des Beverly Hills Hotel in Los Angeles der Mutter mit ihrer beider Lieblings-Champagner glücklich zuprosten kann.

Für den nächsten Nachmittag sind wieder Filmaufnahmen angesetzt: ein offizieller Empfang für Hildegard Knef mit vielen illustren Gästen ist geplant, im Feuchtwangerhaus in Pacific Palisades, im Rahmen dessen sie auch Gedichte lesen soll aus ihrem Lyrikband *Texte – Ich brauch' Tapetenwechsel.*

12. Juni 2000

Die *Villa Aurora* kuschelt sich an das steile Hügelplateau von *Pacific Palisades* wie ein Schwalbennest, genau oberhalb der magischen Stelle am *Pacific Coast Highway,* wo nach 41 Meilen mäandernd durch die unterschiedlichsten Bezirke von Los Angeles der berühmte *Sunset Boulevard* in den Pazifischen Ozean mündet. Die *Santa Monica Bay* überblickend, kann man von dort bei guter Sicht quer über die weite Bucht südlich bis *Redondo Beach,* sogar *Palos Verdes* sehen und *Long Beach* erahnen, das südlichste Gesta-

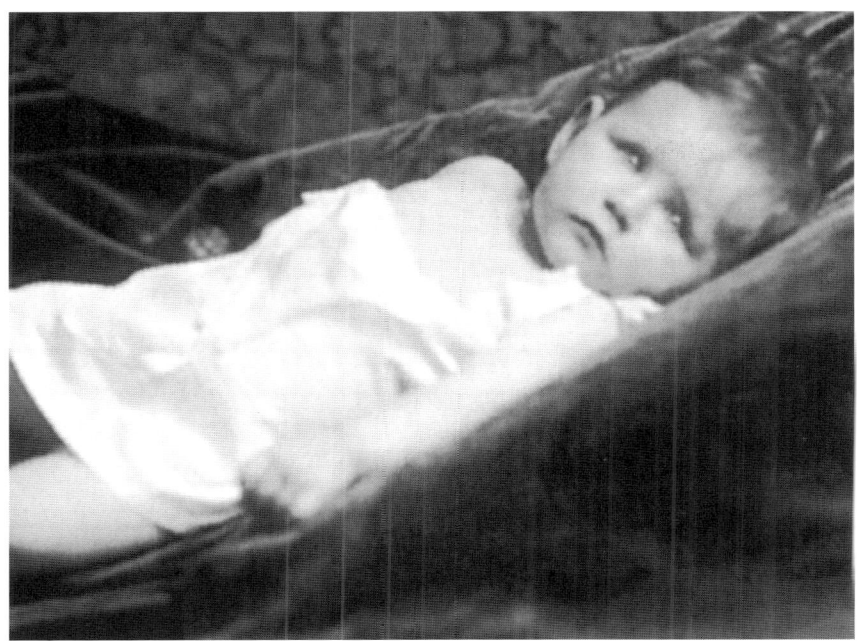

10 Als Baby mit 6 Monaten, 1926

11/12 Der Vater Hans-Theodor, 1922; und mit ihrer Mutter Frieda in Berlin, 1931

13 Im Alter von
16 Jahren, 1942

14 Im Gespräch mit
Heidemarie Hatheyer
und Intendant Boleslaw
Barlog

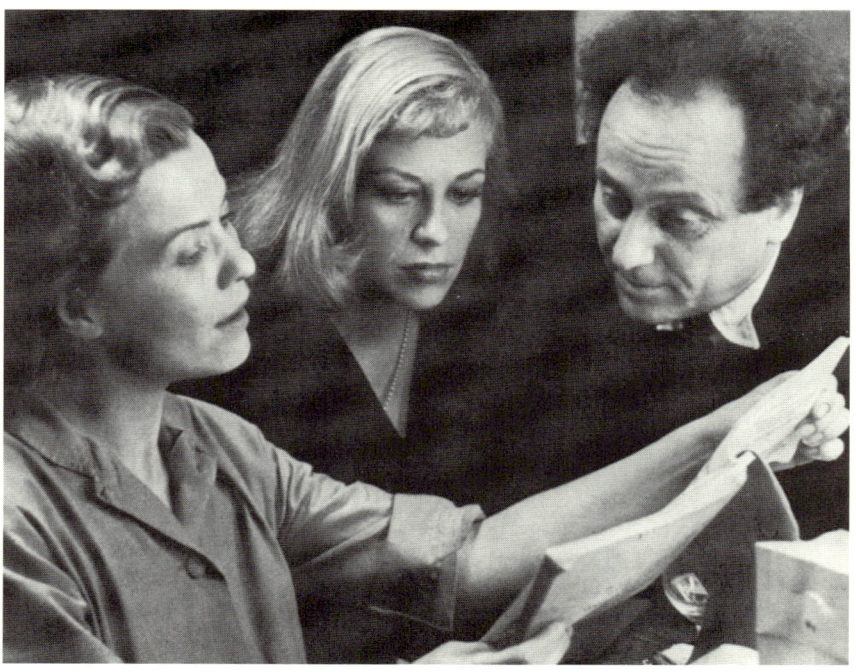

15 Mit den Schauspielern (v. l.)
Walter Bluhm, Erwin Biegel, Axel
Montjé, Otto Mathies in dem
Theaterstück »Drei Mann auf einem
Pferd« von J. C. Holms und G.
Abbott im Schloßparktheater Berlin,
1946

16 Als »Belle« im Stück
»O Wildnis« von Eugen O'Neill
im Schloßparktheater Berlin,
1947

18 Oben: Mit Regisseur Wolfgang Staudte bei Dreharbeiten zu »Die Mörder sind
unter uns«, 1946

Linke Seite: 17   Bei Dreharbeiten zu ›Die Mörder sind unter uns«, 1946

19 »Film ohne Titel«, 1947

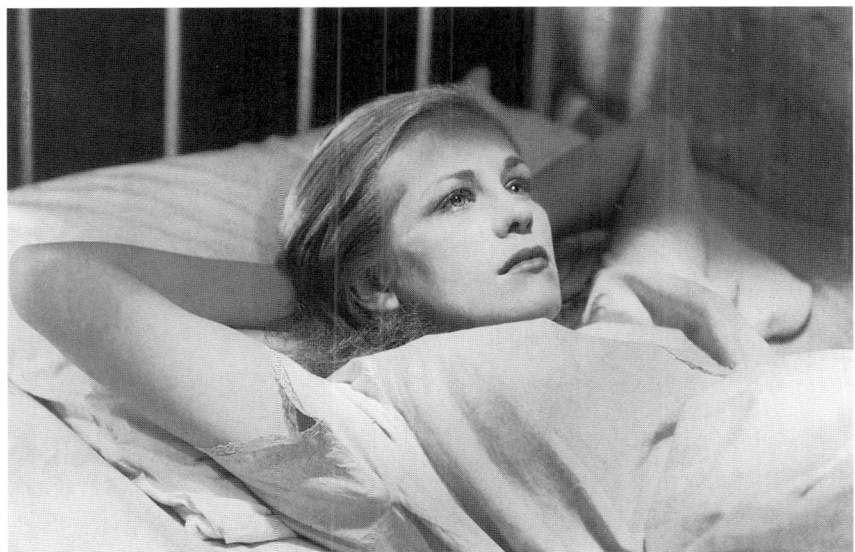

21 Oben: Mit Hans Söhnker in »Film ohne Titel«, 1948

Linke Seite: 20 Mit Viktor de Kowa in »Zwischen gestern und morgen«, 1947

22 Unten: Mit Gustav Fröhlich in »Die Sünderin«, 1950

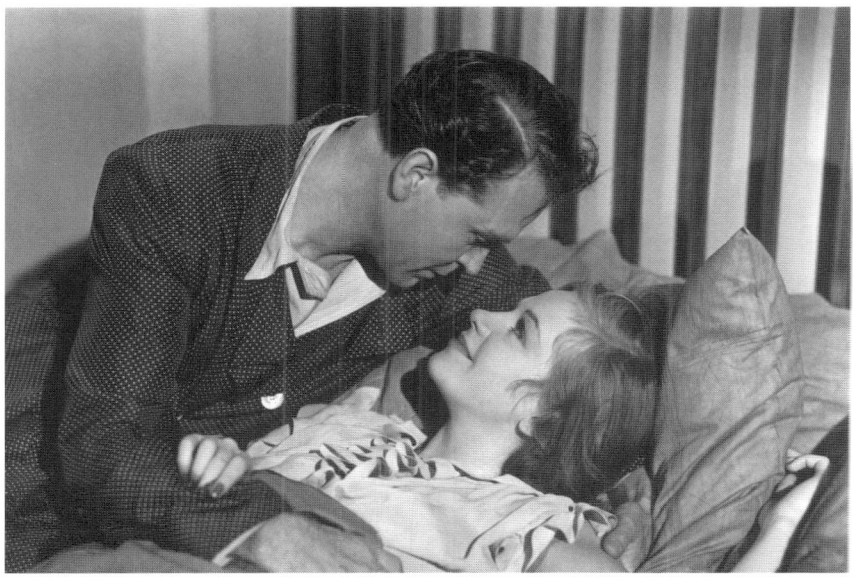

23 Erstes Stern-Titelbild, 1948

Rechte Seite: 24 Oben: In »Die Sünderin«, 1950;
25 Unten: Mit Tyrone Power in »Diplomatic Courier«, 1952

26 Mit Hans Albers und Regisseur Rudolf Jungert (Mitte) bei Dreharbeiten zu
»Nachts auf den Straßen«, 1951

Rechte Seite: 28 Mit Oskar Werner in »Decision Before Dawn«, 1951

27 Unten: Mit Erich von Stroheim in »Alraune«, 1952

29 Mit Gregory Peck in »Schnee am Kilimandscharo«, 1951

Illustrierte film-Bühne

Nr. 2841

Svengali

EIN FARBFILM IN EASTMANCOLOR

30 Mit Terence Morgan und Donald Wolfit (rechts) auf dem Filmprogramm von
»Svengali«, 1954

32 Das erste Auto »Die Schneegans«

Linke Seite: 31 Mit Curd Jürgens in Hollywood, 1951

33 Vorhof des »Chinese Theatre« Filmpalast, Hollywood

36 Mit James Mason,
Trevor Howard, Claire
Bloom, 1953

Linke Seite: 34/35
Oben: Mit Tyrone Power,
1954
Darunter: Mit Marlene
Dietrich in New York,
1955

37 Mit ihrem Halbbruder
Heinz in St. Moritz, 1957

39 Mit Don Ameche in der Karikatur der New York Times, 1955

Linke Seite: 38 Im Musical »Silk Stockings« am Broadway, 1955 bis 1957

41 Mit Otto Suhr, dem damaligen regierenden Bürgermeister von Berlin, auf einem Empfang, 1957

Linke Seite: 40 Mit O. W. Fischer in »Eine Liebesgeschichte«, 1953

42 Mit Laurence Harvey in »The Violent Years« von Hans Fallada, BBC 1959

43 *Mit Partnern in »Catarina Di Russia«, 1962*

44 *Mit Paul Hubschmid in »Mozambique«, 1964*

45 Mit June Ritchie (links), Gerd Fröbe und Hilde Hildebrand in
»Die Dreigroschenoper«, 1962

46 Mit O.E. Hasse und Nadja Tiller in »Lulu«, 1962

48 Mit Curd Jürgens in »Die Dreigroschenoper«, 1962

Linke Seite: 47 Als Gräfin Geschwitz in »Lulu«, 1962

49 Mit Götz George in »Wartezimmer zum Jenseits«, 1964

Rechte Seite:
51 Oben: Mit Hellmut Lange in
»Laura«, 1962

52 Unten: Mit Volker Lechten-
brinck in dem Theaterstück
»Mrs. Dally«, 1966

50 In »Wartezimmer zum Jenseits«,
1964

53 Bei einer Fernsehshow, 1975

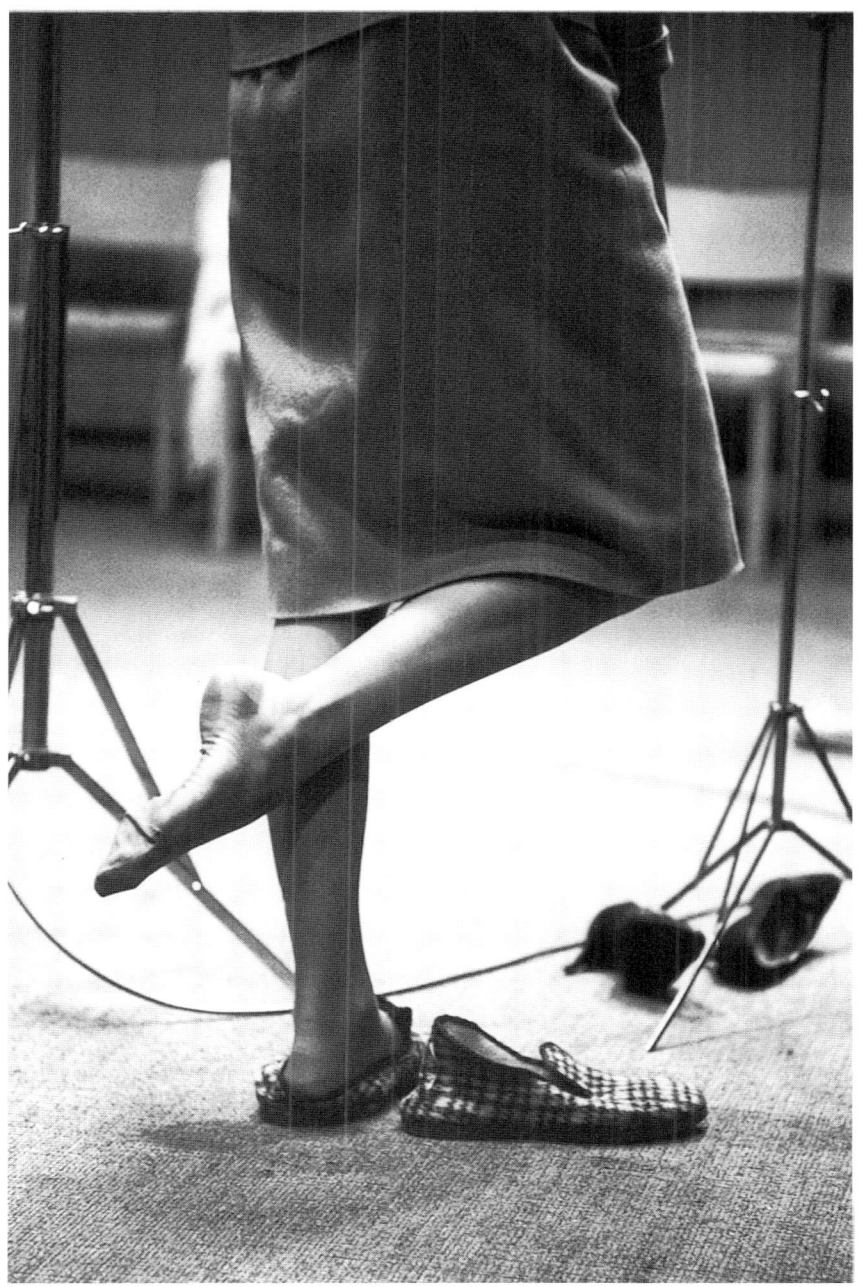

54 Vier Uhr morgens im Plattenstudic

55 Bei einem Konzert,
1968

Rechte Seite:
57 Mit Tochter Christina,
1968

56 Bei einer Fernsehshow,
1973

58 Mit Christina als sie 3 Jahre alt war

Rechte Seite:
60 Oben: Mit der 5jährigen Christina

61 Unten:
Mit David Cameron und Christina, 1971

59 Mit David Cameron, ihrem 2. Ehemann, 1965

62 Mit Christina und Paul von Schell, ihrem 3. Ehemann, 1978

Rechte Seite:
63 Zu Hause in Hollywood, 1982

64 Christinas »Graduationday« (Abitur), 1986

65 Die Schriftstellerin
überarbeitet ihr Manu-
skript, 1972

66 Das 2. Buch »Das
Urteil«, 1975

67 Mit Carl Raddatz in »Jeder
stirbt für sich allein«, 1975

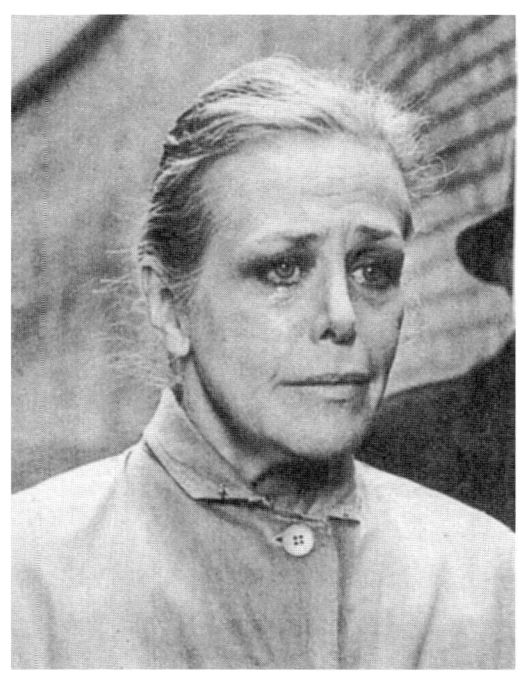

68 In »Jeder stirbt für sich
allein«, 1975

69 Christinas 18. Geburtstag: Mit (v. l.) Paul von Schell, Carroll Righter, Peter Gardiner, der spätere Ehemann von Christina

Rechte Seite: 71 Autogrammfoto von 1980

70 Mit Axel Andree in Berlin, 1980

72 *Hildegard Knef 1995*

de, dahinter rückversetzt. Der Blick nach West-Nordwest allerdings, nach Malibu, ist versperrt von sanft zum Meer abfallenden Ausläufern der *Santa Monica Mountains.*

Eingenestelt in diese fast verwunschene Klippenlandschaft, gesäumt von Büffelgras und Ginster hoch über dem Meer, palmenbestanden inmitten flammenfarbener Bougainvillea-Büschen, ist das hispanische Anwesen – die letzte Heimstatt des deutschen Schriftstellers Lion Feuchtwanger im kalifornischen Exil – seit einigen Jahren hauptsächlich Stätte für kulturelle Veranstaltungen deutscher Künstler in Los Angeles.

Heute sind im Vorhof der Anlage Gruppen leger-festlich gekleideter Menschen verschiedener Altersstufen versammelt, eine bunt gewürfelte Menge angeregt sich unterhaltender Besucher. Im angrenzenden großen Innenraum mit seinen offenen weiten Glastüren vor einer geräumigen Terrasse, die das gesamte prachtvolle Panorama freigibt, haben andere bereits Platz genommen in freudiger Erwartung: Hildegard Knef ist heute zu Gast; der Empfang zu ihren Ehren ist wohlorganisiert und bestens besucht, etwa 230 geladene Gäste haben sich eingefunden.

Und die Knef wird auch einige ihrer Gedichte lesen, charmant präsentiert mit einer launigen Ansprache von niemand geringerem als Oscarpreisträger Maximilian Schell. Er gibt eine Anekdote über Romy Schneiders Großmutter zum besten, Rosa Albach-Retty, Wiener Urgestein und Burgschauspielerin, die länger pensioniert war als je aktiv auf der Bühne. Seine dunklen Augen, von denen eins stets höchst belustigt wirkt, während das andere ernsthaft besorgt erscheint, signalisieren das Amüsement des gerade jenseits der Siebzig Gelandeten über das nonchalante Umgehen mit Altersfragen einer mehr als Hundertjährigen. Aber das gäbe immerhin Hoffnung, sagt er lächelnd in die Richtung der Knef, nicht wahr?, weiterhin auf Deutsch, denn fast alle Anwesenden verstehen es: die deutsche Kulturkolonie von Los

Angeles ist gekommen, das *Deutsche Filmbüro* hatte eingeladen, und die meisten der anwesenden Amerikaner verstehen Deutsch oder lassen es sich übersetzen. Doch gekommen sind sie alle, weil sie Hildegard Knef begegnen wollen, sie sehen, mit ihr reden, ihre Gedichte und Texte aus ihrem Munde hören.

Und da ist André Eisermann, unorthodoxes Darstellgenie, nebst vielfach anderen Meriten mit *Kaspar Hauser*-Filmruhm und *Schlafes Bruder*-Lorbeer, nun mitten in Hollywood-Dreharbeiten: glühend, leuchtend, voller Leidenschaft. Einem Wirbelwind gleich, vor Begeisterung irrlichtern, ein Kobold voll praller Energie mit Augen aus Vulkanseen und Umarmungen wie Schraubzwingen, dabei Hände sanft wie Samt. Übersprudelnd in seiner jugendlich-jubelnden Freude, endlich Hildegard Knef begegnen zu können, die er schon so lange so sehr, so innig, so tief, so maßlos verehrt. Sein Enthusiasmus lodert raumgreifend, ist entwaffnend, ist ansteckend, läßt keinerlei Alternative. Man muß ihn einfach lieben! Ich sage es ihm unumwunden. André Eisermann strahlt bedingungslos, umarmt die ganze Welt, umarmt die Knef, umarmt auch mich. Umarmt sich selbst.

Die Atmosphäre ist gelöst, ist prickelnd, ist beschwingt, es wird ein schöner, ein bedeutender Abend. Für alle. Die Zuhörer lauschen entspannt gebannt und auch überrascht den melancholischen Gedichten der Lyrikerin Hildegard Knef – den meisten noch unbekannt, denn sie kennen nur die Lieder. Stecknadeln hätte man fallen hören können, sprichwörtlich.

Um so mehr schallt Lachen auf bei den Gedankenspielen vertrauter skurril-lakonischer Knef-Texte. Und unter den selbstironischen Wortblitzen des unübertroffenen *Von nun an ging's bergab* hallen die Hügel von Pacific Palisades wider von angeregter Heiterkeit.

Alles drängt sich um die Knef, ein jeder will sie sprechen, ein jeder sie berühren, sie umarmen, mit ihr reden. Ihr nahe sein.

Sie strahlt, sie schimmert, sie glänzt. Umgeben von soviel Zustimmung, Bewunderung und größtem Respekt, aus Zuneigung und dargebrachter Liebe entsteht der Magnetismus, den ich oft verspüre bei ihr, der um sie ist, der ihre Aura ist – und Menschen ganz unterschiedlicher Gattung und Prägung, Alter, Bildung und Geschmack machtvoll anzieht, als Gruppe eint mit positiver Energie, aus der jenes Magische aufkeimt, das in Hildegard Knef ein inneres Licht zu entzünden scheint, ein Lächeln, ein Leuchten.

Emsig arbeitet das Filmteam; es gibt genug aufzunehmen, die Kamera hat viel zu tun, ist unersättlich. Maximilian Schell spricht lange mit der Knef, löst sich dann von ihr und der sie umgebenden Gruppe, steuert auf mich zu. Das kleine Buch *Texte* in der Hand, aus dem sie gelesen und das mir gehört, eine der wenigen Originalausgaben, die noch existieren, stürmt er auf mich ein: »Das *muß* ich unbedingt haben! Koste es, was es wolle! Bitte!«

Nach anfänglichem Zögern – ich muß wirklich überlegen, ob ich zuhause wenigstens selber noch *ein* Exemplar für mich habe – überlasse ich es ihm dann gerne, allerdings nicht ohne darauf hinzuweisen, daß dieser Gedichtband aus dem Jahre 1972 leider nicht mehr im Handel sei, ich aber mit großem Elan daran arbeite, es neu herauszugeben, sogar ergänzt durch etliche jüngere Knef-Texte aus den vergangenen zehn bis fünfzehn Jahren. Einen interessierten Verlag wüßte ich bereits ...

Maximilian Schell ist hellauf begeistert und wünscht mir Glück für mein Vorhaben. »Und Dank nochmals für dieses Schatzkästlein ...« gurrt er und wedelt triumphierend mit dem Büchlein wie mit schwer errungener Beute, bringt es zum Signieren noch der Autorin Hildegard Knef und strahlt mit Kohlenaugen.

Am nächsten Abend, unserem letzten in Los Angeles, findet eine als Wiedersehensfeier improvisierte Gartenparty mit vielen meiner kalifornischen Freunde statt, von meiner ungarisch-britischen Freundin Helen hinreißend-nonchalant wie immer aus dem Handgelenk für mich zusammengezaubert, zu der sie auch Hilde und Familie eingeladen hatte, plus die Filmcrew und viele vom Vorabend. Es wird ein beschwingtes, frohes, teilweise herzbewegendes Wiedersehen, auch zwischen Hilde und einigen ihrer alten Freunde aus Los Angeles. Zunehmend aber bemerke ich einen verhalten traurigen Ausdruck in Hildes Gesicht, sehe sie dort in diesem verwunschenen alten Garten mit Palmen, Kakteen und anderen tropischen Gewächsen, unter einer wuchernden Pergola von flammend rot-violetten Bougainvillea-Blütenkaskaden, neben Christina, deren Hand sie umklammert hält und von der sie ihre lächelnd traurigen Augen nicht abwenden will.

BERLIN BLEIBT BERLIN BLEIBT BERLIN

Berlin ist *Schicksal*«, sagt die Knef bei unserer Ankunft im Airport Tegel, »man kann ihm nicht entgehen, auch wenn man sich vorstellt, daß man viel öfter von Berlin abgereist ist, als angekommen ...« Der Gedanke gefällt ihr. »Doch schließlich ist man *immer* dort, auch wenn man ganz woanders ist. Mir jedenfalls erscheint es so – auch fern von Berlin ist meine Mitte stets in Berlin, egal wo ich bin. All die Jahre, die ich nicht in Berlin gelebt habe, und das waren ja 'ne ganze Menge, habe ich seltener eine Art Heimweh verspürt, als die unterbewußte Zugehörigkeit zu Berlin. Und das war weniger die Stadt an sich, die Gebäude, die Straßen, auch die Wälder nicht und die vielen Seen, als eher ein Zustand, ein inneres Gefühl der Verbundenheit, so als sei Berlin ein Teil von mir, nicht ich ein Teil von Berlin. Manchmal war das sehr irritierend. Aber das hat möglicherweise mit meiner Kindheit zu tun, und natürlich ganz besonders mit den fürchterlichen letzten Kriegstagen 1945 in Berlin, die ich ja als Soldat verkleidet kämpfend verbracht habe, und dann später im Kriegsgefangenenlager in Polen, als einzige Frau unter 4000 Männern, bis ich mit der Hilfe eines polnischen Arztes fliehen konnte und mich mühsam nach Berlin durchgeschlagen habe, wo ich dann bei Viktor de Kowa und seiner japanischen Frau untergekommen bin.«

Hildegard Knef hält inne, schweigt, blickt sinnend nach vorn. »Habt ihr das etwa mitgedreht?« fragt sie wie überrascht. »Du meine Güte, muß das sein? Man fühlt sich ja ständig beobachtet.«

Der Kameramann grinst verschwörerisch. »Dies ist schließlich ein Dokumentarfilm. Aber ich hab' schöne Bilder ...« freut er sich und beendet die Aufnahme. »Über die letzten Kriegstage habe ich gelesen«, sagt er ernst, »im *Geschenkten Gaul*, damals, das hat mich sehr berührt. Da hab' ich eigentlich zum ersten Mal richtig begriffen, was es heißt, im Kampf zu liegen, als Soldat oder so, also, was Krieg bedeutet – und die Angst, wenn um einen herum nur noch die Fetzen fliegen. In so vielen Filmen hab' ich das ja schon gesehen, mein Gott, ja, hundertmal. Aber so richtig deutlich, daß man's körperlich fast spüren kann, ist es mir erst beim Lesen geworden, wirklich. Sie schreiben so plastisch. Toll! So richtig, daß man's fühlt – und sieht. Ja, *das* ist es: Sie schreiben, wie eine Kamera *sieht*.«

Hildegard Knef lächelt, diesmal nach innen. Ich mag es sehr, wenn sie das tut. Über all die Jahre habe ich sie angesehen, wenn sie lächelte, Menschen anlächelte, habe erlebt, was sich dabei auf ihrem Gesicht abspielte, welche Wärme, welches Leuchten über dieses Gesicht kam, mit welchem Strahlen die Augen sprühten, welch positive Energie sie nach außen verströmte.

Doch dieses kleine stille Lächeln, dieses Lächeln nach innen, das vielleicht nur ihr allein gehört, nur sie erwärmt und liebkost, nur ihr im Innern Trost verleiht oder Zuflucht – das habe ich bei ihr am liebsten. Denn es sind die ganz wenigen Augenblicke, in denen Hildegard Knef unwissentlich sich selbst belohnt, sich ehrlich freut – und sogar freuen kann. ›Ich hatte das Gefühl, mich freuen zu müssen und konnte es nicht ...‹, dieser autobiographische, stets hinderliche Satz, der ein Leben lang hundertfach als Stolperknüppel drohte, der jede Freude säuerlich gefrieren ließ, der selbst vehement erkämpfte Siege bedenkenlos als nur unverdient erlangte Zufallsgaben geschmäht hatte – hier endlich trifft er nicht zu, hat keine Macht mehr, muß verstummen. Und sogar Lob kann sie annehmen, kann es akzeptieren und nur hier wirklich genießen, als Autorin, als eine Schreibende, die wie schlafwandlerisch sicher die Worte zu setzen weiß, die offenbar von innen kommen, wenn immer sie schreibt.

Der Kritiker Karl-Heinz Kramberg urteilte 1970 nach dem überraschenden Sensationserfolg des ersten Buches von Hildegard Knef, *Der geschenkte Gaul*, im Bayerischer Rundfunk:

»Authentisch, unverwechselbar bis in die Formen des sprachlichen Ausdrucks sind die Bilder und Stimmungen, in denen die Schreibende die Zonen eines historischen Zusammenbruchs, das Berlin des Frühjahrs 1945, in den Film des Gedächtnisses aufnahm. Diese nüchternen, aber bei aller Nüchternheit vom Pathos einer tiefen Verstörung zeugenden Momentaufnahmen aus der Landschaft der Katastrophe schreibt dieser Frau – die sich als neunzehnjährige Schauspielerin in eine Hosenrolle gedrängt fand, wie sie kein Bühnendichter ersinnt – schwerlich ein Mann und sicherlich kein Romancier nach.«

Ich will und muß es Hildegard Knef überlassen, den Kampf um Berlin zu schildern, wie sie ihn so unnachahmlich, so mitreißend, so mit*fühl*bar im *Geschenkten Gaul* dokumentiert hat und damit nicht nur ein erschütterndes Kapitel Zeitgeschichte geschrieben, sondern unbestritten auch Literaturgeschichte:

* *
*

Alike und Fritz haben das Zimmer an eine Finnin vermietet, sie spricht russisch. Emmert, der sanfte fliegende Schwabe, war bei ihnen, wollte mich zur Flucht überreden, die Russen stünden 100 Kilometer vor Berlin.

Stiefvater sagt dasselbe. Er hat noch ein großes Stück Leder, er macht mir Stiefel, sagt: »Flieh in den Westen, nach Uelzen. In Berlin werden sie sich treffen, die Amerikaner, die Russen, aber geh trotzdem.«

Im Februar meldet der Sonderbericht 300 Tote in Uelzen. Keine Post, kein Telefon, ich weiß nicht, ob Mutter unter den 300 ist.

Die Tobis ist beim letzten Nachtangriff abgebrannt. E. v. D. ist zu Haus, geht in den Keller, hört Nachrichten. Ich will zur Bongers, komm nicht hin, nahtlos werden wir bombardiert, von den Amerikanern, den Engländern und manchmal von den Russen – mit alten hilflosen Krähen kommen sie, ratternde, fette Krähen, die keuchend über Baumspitzen hopsen. Lastwagen klappern vorbei, oben Frauen mit Kindern, Flüchtlinge aus Frankfurt an der Oder, aus Strausberg, aus Spindlersfeld. Sie rufen: »Haut ab, die Russen vergewaltigen euch, schlagen euch tot!« Eine kreischt: »Meinen Mann haben sie gekreuzigt, an die Tür genagelt, meiner Schwester haben sie die Brust abgeschnitten, haut ab!« Ein russisches Flugzeug kommt, langsam, gelangweilt, wirft zwei Bomben, sie explodieren neben dem Laster, reißen ihn auseinander.

»Ist das wahr, was sie über die Russen sagen?«

»Ja, es ist wahr.« Auf dem Schreibtisch liegt ein Gewehr.

»Ich bin eingezogen zum Volkssturm«, sagt er.

Im Radio röhrt Lisztsches Prelude, Goebbels spricht, schreit von Vorsehung, Gerechtigkeit, vom Endsieg, der Wende, der großen Wende, Roosevelt ist tot, die russischen Kannibalen, die bolschewistischen Untermenschen – jetzt werden wir sie besiegen, die amerikanischen Kriegshetzer aus dem Lande treiben.

»Ich kann's nicht mehr hören, er soll die Schnauze halten«, sag ich, fang an zu weinen. – »Glaub mir doch, es wird alles gut.«

»Laß uns fliehen, vielleicht kommen wir bis Uelzen.«

»Sie würden mich erschießen, wegen Fahnenflucht.«

»So erschießen dich die Russen oder die Amerikaner oder was weiß ich.«

Ich weine, ich tobe, ich bin verzweifelt, hab Angst, Panik, wie früher, ganz früher.

Er muß zum Übungsschießen, sagt er, geht weg, seine Skistiefel kratzen im Kies, die Gartentür schlägt zu, ich bin allein, denke: wenn doch bloß eine Bombe auf dieses gottverdammte Haus fällt, ich geh nicht mehr in den Keller, ich will, daß sie mich trifft. Es murmelt in der Ferne, ein fremdes, unbekanntes, nie gehörtes Murmeln, wie heiseres Hundegebell oder Gewitter oder Lastwagen oder Züge – ich weiß es nicht.

Es klopft. Ein Uniformierter steht da, irgendeiner vom Volkssturm, sagt, ich soll mich ruhig verhalten, im Keller bleiben. Ich frage, was ist das Murmeln – die Artillerie, sagt er, russische Artillerie.

Am 18. April wird Uelzen von englischen Truppen besetzt, das Radio meldet: Nach heldenhaftem Kampf hat sich die Stadt ergeben. »Morgen muß ich mich im Hauptquartier Schmargendorf melden.«

»Nimm mich mit«, sage ich. – »Das geht nicht.«

»Dann erschieß mich. Ich bleib nicht hier, ich warte nicht, bis sie kommen, mich vergewaltigen, mich erschlagen.« – »Das geht nicht«, sagt er.

Es muß, sag ich. Ich fülle Slibowitz in zwei Feldflaschen ab, grabe ein Loch neben dem Zaun, lege den umwickelten Mumiendeckel rein, setze Baskenmütze auf, Stahlhelm drüber, zieh seinen Rollkragenpullover, meine Luftschutzkellerhose, Stiefvaters neue Stiefel an. Wir nehmen die Räder, fahren nach Schmargendorf. Die Straßen sind still, sind leer, ausgestorben, vergessen, sie sitzen in Kellern, sie warten.

Das Murmeln ist deutlicher, ist näher. Die Bomber sind weg, sie überlassen's den Panzern, der Artillerie, der Infanterie. Es ist still, bis auf das Murmeln. Ich hab Magenschmerzen, Bauchschmerzen, das Rad stuckert und springt, verklemmt die Lenkstange, ist eselbockig, ich kann nichts denken, nichts fühlen – habe Magen-, habe Bauchschmerzen.

Wir fahren zum Hauptquartier. Sie geben mir eine Jacke, eine ausgebeulte italienische Mütze, Koppel, Maschinengewehr, Munition, Handgranaten, Pistole. Ein schwammiger Schwabbliger brüllt mich an: Name, Alter – bei 19 stockt er, guckt mich an aus zusammengekniffenen Augen, die sagen, was machst du hier, warum nicht draußen an der Front, du Schwein. Nimm das Ding ab, brüllt er.

Ich nehm den Stahlhelm runter, Mütze, er grinst, sein Gesicht wird breit, zerläuft, er schlägt sich auf Schenkel, heult vor Lachen: Ein Meechen, brüllt er – willste mitmachen? Jawohl, melde ich. Tapfer, tapfer, die Kleine, wiehert er. Ein paar Leutnants stehn rum, dürr, müde, lächeln mir zu, wollen sagen, gehörst zu uns, könntest in meiner Klasse gewesen sein, laß den Dicken wiehern.

E. v. D. steht straff stramm sagt: Meine Braut. Blöde hört sich das an, meine Braut, mitten im Hauptquartier stellt er mich vor wie beim Verlobungsessen – seine Braut.

Sie schnallen mir die Munition um, zeigen mir, wie man Pistole sichert – entsichert, sagen: Schieß mal da raus auf die Kanne. Ich treff sie. Sie rufen Bravo, sind begeistert, glitzern mich an. Zwei Soldaten und zwei Volkssturm-Alte, er und ich werden eingewiesen. Parterrewohnung Schmargendorf, Fenster raus, Läden geschlossen, umgeworfner Kleiderschrank, Bett ohne Matratze. Sie lehnen die Karabiner an die Wand, legen sich auf den Boden, sagen: Wer schiebt Wache? Schlafen, schnarchen, stieren vor sich hin. Es poltert an der Tür, zwei kommen, schleppen Topf mit Pellkartoffeln, sagen: Der is euch zujeteilt.

Hinter ihnen steht einer, klein, spillrig, picklig, nicht älter als fünfzehn, behangen mit Maschinengewehr, Handgranaten, Pistole. Der Schnarcher wird wach, glotzt verdöst, zieht hoch, rülpst, bellt: Dazu bin ick nu aus Stalinjrad raus, damit ick hier mit Säuchlingen und Weibern ... den Rest schenkt er sich. Steht auf, geht pinkeln. Der Kleine guckt böse, rachsüchtig.

Ich krieg ein Klappmesser, pelle an den Kartoffeln herum, sie glitschen aus der Hand, es knallt an die Fensterläden, der Junge zieht die Pistole, die Sicherung macht klick, der Stalingrader haut ihm auf die Pfote, brüllt: Det fehlt noch, daß du hier rumballerst, möchste wohl.

Draußen blökt einer: Stellungswechsel, Bunker gegenüber. Der Junge sagt kleinlaut: Na, dis hätt ja auch der Feind sein könn'. – Ach, halt's Maul, sagt unser Frontkämpfer, polkt in Zähnen, guckt angewidert.

Wir rennen über die Straße, die tote, stille, leere, machen Krach, scheppern wie fünfzig Gäule. Das Murmeln hat aufgehört. Wir stehen vorm Bunkereingang, horchen, ja, das Murmeln hat aufgehört. Wir sehn uns an: vielleicht sind sie abgezogen, sind weg, sind zurück, zurück nach Moskau, haben sich's überlegt, sind unergründlich. Der Stalingrader vernichtet heimliche, leise, warme Hoffnung: Det ham die so an sich, Funkstille, bevor's richtig losjeht.

Im Keller wimmelt's: Landser, alte, junge, ganz junge, Volkssturm, SS, Uniformen zusammengestückelt wie Faschingskostüme. Es riecht nach Schweiß, nach Kohl, nach Nichtgewaschen. Keiner spricht, sie deuten mit Daumen auf eine Bank, wir sitzen da, pellen Kartoffeln. Ich stoß ihn an, sein Messer fällt runter, er zischt: Paß doch auf. Ich beiß auf die Unterlippe, will nicht heulen, hier vor allen. Ich beiß, bis es vergeht, denke: das muß ich mir abgewöhnen, aber schnell, die Flärrerei. Ein Leutnant, ein junger, lümmelt an der Wand, besieht seine Hände, murmelt: Schnauze.

E. v. D. sieht hoch, wird rot, wird schmallippig, wird weiß, ist es nicht gewöhnt, daß einer Schnauze sagt, vom Generaldirektor zum Schnauzehaltensoldaten – er schluckt, schnauft, pellt weiter.

Die Bunkertür dröhnt, ein SS-Offizier kommt rein, Stahlhelm, Schaftstiefel, blitzend blinkend, ruft: Wache einteilen! Der Leutnant sagt: He du da – winkt E. v. D. Er steht auf, geht mit drei andern raus. Ich sitz auf der Bank, horche, horche über das Atmen hinweg, das leise Klirren der Munitionsgurte, der Stahlhelme, über das Schnarchen. Draußen bleibt's still.

Nach zwei Stunden ist er wieder da. Er legt den Kopf auf den Tisch, schläft ein. Um vier Uhr wird die Tür aufgerissen: Alarm – Raus mit Waffen – Licht aus. Ich nehme die Handgranaten, das MG, lauf hinter ihm her. Fünfzig Meter weiter ist ein Ruinenkeller, zwei Ratten sitzen auf den Stufen, pfeifen, gucken rotäugig, scharren vorbei. Im Keller ist Wasser, wir hocken uns auf die Stufen, legen die MGs auf Mauer, warten. Ich sortiere die Handgranaten säuberlich, vorsichtig – sie liegen wie Taubeneier.

Er flüstert: Vergiß nicht – abziehn, zählen, weg. Stille. Nach zwei Stunden robbt einer ran, zischt: Kommt mit.

Wir kriechen ihm nach, zurück in den Bunker, sie stehen in den Gängen, in den Nischen, eine Lampe macht Rußringe, flackert, blakt, stehen hilflos ergeben verwundert verärgert verängstigt kühl müde tapfer gleichgültig, sehen auf die Tür, sehen auf uns, erwarten Erlösung aus der Stille. Um zehn wird die Wache eingeteilt, er muß raus, ich will mitgehen, der Leutnant sagt: Du bleibst hier.

Mittags fängt's an zu murmeln, gleichmäßiges Murmeln – plötzliches Ratatata eines Maschinengewehrs. Dann Stille – vier Stunden Stille. Um sechs renn ich raus, an dem Leutnant vorbei, renn raus, bevor er mich halten kann. Ich suche ihn in der Ruine, auf der Straße, höre ratatata, keuche zurück, lieg vorm Bunker. Bei den Füßen fängt es an, das Zittern, das Schütteln schleicht rauf, den Körper rauf, rüttelt bis die Zähne klappern, bis mein Gesicht auf Grasbüschel auf Steine schlägt, ich weine ich weine hemmungslos will nicht mehr leben will nicht mehr warten auf ratatata auf ihn auf das was ich nicht kenne auf das Namenlose – sie zerren mich rein, setzen mich auf die Bank, sind sanft, verstehen, kennen das; ich spucke, weine, schüttle. Sie sagen, jaja is jut, so is det eben, ham wa alle hinter uns. Geben mir Taschentücher, schwarze, verklebte, Rotzlappen, gucken weg, warten, bis es aufhört. Ein Schluchzer, ein gewaltiger, kommt aus dem Bauch, reißt mir den Mund auseinander, echot durch den Keller. Er kommt wieder, keiner sagt's ihm, er weiß es nicht, wird's nie wissen.

Um fünf Uhr früh kommt das Trommelfeuer, sie rufen, sie schreien, Hälse dick, Adern auf Stirn, auf Schläfen, ungehört verschluckt verschlungen vom Ahh Summ Ahh Summ Ahh Summ. Schlimmer als Bomben, als Luftminen, als Phosphor, schlimmer als alles, das Ahh Summ Ahh Summ Ahh Summ, sie fliegen nicht weg, wenn die Bäuche leer, sie bleiben, kommen näher, sind körperlich nah, sie fassen dich an. Ich nehm das Klappmesser, steck's in den Stiefel, werd ruhig, denk: wann's passiert, bestimmst du, schneid längs, nicht quer, längs vom Gelenk rauf.

Die Eisentür rast aus der Füllung, schlägt gegen die Wand, erschlägt zwei Alte, bricht Beine, nagelt Arme an die Mauer. Wir jagen raus, sausen in Löcher, dampfende Löcher, rasen zur Ruine, fallen über MGs über Erdklumpen – die Handgranaten, Mensch, die Handgranaten, wenn sie bloß nicht explodieren ...! Sie hängen am Gürtel, ich fall drauf: wenn sie bloß nicht explodieren. Wir liegen im Wasser auf Steinboden, halten uns umklammert, können nicht atmen, Luftdruck macht Wellen im Kellerwasser, klatscht um uns rum.

Nach zwei Stunden hört's auf. Wir torkeln hoch, rutschen über glibbrige Stufen, sind oben, sind wieder unten, bleiben liegen, atmen keuchen zerren am Koppel reißen am Stahlhelm bleiben liegen. Der Bunker ist weg. Drei Tiefflieger kommen, mähen mühsam durch die Luft, schießen nicht, werfen nicht, scheppern über Kraterfeld; Geier, Friedhofsvögel, wollen sagen: so wird's gemacht.

Oben klirrt's. He du – ruft einer. Augen seh ich und Stahlhelm, Gesicht ist schwarz, verschmiert. Komm raus, ruft er. Einer von der SS.

Was ist mit den andern?

Die hat's erwischt, sagt er. Wir troddeln ihm nach, kommen an ein Haustor, der Stalingrader ist da, liegt in der Ecke und pennt. Ich hak die Feldflasche vom Gurt, der Slibowitz läuft übers Kinn in die Jacke, trink wie ein Huhn, krieg's in die Nase, spucke, trink die halbe Flasche aus. Schlaf ein. Ich werd wach, schrei, werd wach vom Schrei.

Er liegt neben mir, hält mein Gesicht, sagt: Ist doch gut, ist schon gut. Es ist dunkel, es ist kalt, die Kälte sitzt in den Knochen, in den Beinen, im Kopf. Ein Streichholz beleuchtet einen Arm, eine Uhr, Knobelbecher, Hosen, Stahlhelme. Geht aus. Jesunden Schlaf hat se – hör ich – verschläft ne Stalinorjel.

Auf meinen Beinen liegt was glattes Helles: Was ist das?

Der Stalingrader hat ihn organisiert, ist ein Trenchcoat hier aus einer Wohnung.

Wie spät ist es? – Elf rum.

Um fünf geht's wieder los. Pünktlich wie die Maurer – brüllt einer, dann liegen wir flach, bleiben flach zwei bis drei Stunden lang, rennen an Hauswänden entlang, springen in Nischen, Tore, Bombenlöcher, ratatata macht's. – Sind das unsre? frag ich. – Nee. Ich will raus aus dem Loch, einer brüllt: Zieh den Mantel aus, biste verrückt? mit dem Mantel! Regt sich auf, läßt Luft ab, schnappt über: Mensch, mit dem Mantel latscht die los, mit nem hellen Mantel, läßt sich abknalln wie n ... er sucht Vergleich, findet nicht. Er hält ein Nasenloch zu, rotzt auf den Boden, nimmt den Stahlhelm ab, hängt ihn aufs Gewehr, schiebt es nach oben, wartet, bssss macht es. Er zieht das Gewehr runter, sagt Scheiße. Wir liegen zu viert in dem Loch, gucken uns an. Schießen jut, die Russen, sagt er anerkennend, wie beim Schützenfest. Er versucht's noch zweimal. Bssss macht's. Aus den Schrebergärten kommt's. Wir schieben die MGs nach oben, legen sie auf den Rand, nehmen die Munitionsgurte von der Schulter, stecken Pistolen in Jackentaschen, ich mach klick klick mit der Sicherung, merk's nicht, sie gucken mich an, sind wütend. Kettengerassel, Dröhnen, Quietschen: Panzer. Ich halt's nicht aus, spring hoch, über mir macht's bssss, an der Ecke stehn sie. Wie sehn se'n aus? fragt der mit dem Gewehr. Einer hat'n Holzkocher, und Kreuze haben sie drauf.

Mensch das sind unsre! Er brüllt, lacht, ist glücklich.

Wir warten, bis es dunkel wird. Springen in Abständen raus aus dem Loch. Die Panzer sind noch da, Rohre auf die Gärten gerichtet.

Im Hauptquartier steht ein Kommandeur, ein neuer, schnauzt rum, läßt strammstehn, ich zieh den Stahlhelm tief ins Gesicht, will nicht, daß er was merkt, will nicht, daß er sagt, Weiber ham hier nischt zu suchen, will nicht im Keller sitzen, ohne ihn, will nicht ohne Pistole, ohne Handgranaten sitzen und warten, bis sie kommen. Sie stehen da zusammengedrängt, sind zwischen 14 und 70, machen Riesenschatten im Funzellicht.

Zwei Leutnants schieben sich durch, sehen uns an, prüfen Waffen, prüfen Munition, teilen ein: Bahnstellung Schmargendorf – 10 Mann, wir gehörn dazu. Sie beschreiben den Weg, wir stehn stramm, machen Kehrtmarsch, haun ab. Da sind zwei, die schon in Rußland waren, zwei Pimpfe in Hitlerjungenuniform, der Rest Volkssturm und SS. Wir halten Abstand, zehn bis zwanzig Meter rennen, springen, robben, kommen an den Bahndamm, auf der Güterplatz, Schienen, freies Gelände, vergessene Güterzüge – sie haben uns entdeckt, die Scharfschützen. Wir springen wie Känguruhs, springen über Gleise, schmeißen uns unter Waggons, warten, bis der nächste drüben ist. Bssss macht's, bssss, bssss.

Ein Junge stolpert über den Schotter, die Bohlen, springt auf, schreit, brüllt, ruft: Mutter – verdreht die Beine, zuckt, starrt in den Himmel, starrt endlos. Unter einem Waggon sitzen drei Landser, sitzen da, rauchen, gucken, begutachten. Ich sause auf einen drauf, hau mir den Stahlhelm runter, der glotzt mich an, offener

Mund, Zigarettenstummel klebt an der Unterlippe, glotzt mich an, sagt: Mensch ... wat suchsten du hier? Die sitzen da wie beim Sonntagskaffee in der Laubenkolonie, fragen wat suchsten du hier. Ich schieb den Stahlheim rauf, Haare drunter, sag: Ostereier. Sie grinsen, geben mir ne Zigarette, sehen rüber aufs nächste Gleis. Da stehen Tanker, Öltanker. Kacke, sagt einer. Noch 200 Meter bis zur Stellung, dazwischen die Öltanker. E. v. D. liegt drunter, versucht wegzukommen. Ich geb die Kippe zurück, duck mich, zieh mich zusammen, mach einen Satz, bin an der Böschung; hinter der Böschung – zwischen Tennisplatz und Bahngleisen – liegt die Stellung: zwanzig Erdlöcher, links eine Laube, rechts ein Schuppen mit Harken, Spaten, Gießkanne. Vor der Tür sitzt ein Leutnant, ein junger, mit Tarnzweigen um Helm, um Schultern, sitzt auf umgedrehtem Wassereimer, sieht aus wie was aus Sommernachtstraum; er hält ein Fernglas, stiert Richtung Tennisplatz.

E. v. D. winkt, ich soll in die Laube. Es ist kalt, es regnet, es pladdert, der Boden ist aufgeweicht, die Löcher voll Wasser, ich kriech rüber, vorbei an den Löchern, an dem üblichen Mischmasch: Volkssturm, HJ, SS, Militär. In der Laube hockt ein Oberleutnant, hat ein Karnickel zwischen den Knien, sticht ihm ein Messer hinters Ohr. Ich steh stramm, Blick geradeaus auf Regal, auf Handtuch, rotbesticktes: Eigener Herd ist Goldes wert.

Der Oberleutnant guckt aus Hellen, Grellen, Farblosen, guckt und lächelt. Etwas Spitzes schlägt an meinen Hals, klirrt gegen den Helm, ich rutsch zusammen, will nicht Angst zeigen, versuch ein Grinsen. Feuertaufe, sagt er, schmeißt das Karnickel in die Ecke, geht raus.

Der Regen hämmert aufs Dach, kleckert durch, macht Pfützen. E. v. D. sieht Zigaretten, sie liegen auf dem Tisch, haben braune Flecken, werden feucht, werden naß, lösen sich auf, ich murmle: Nimm doch, eine merkt der nicht. Er schüttelt den Kopf, sieht weg. Es bumst an die Wand, der Oberleutnant ruft: Mitkommen.

Draußen liegt einer von der SS, hat schwarzroten Punkt an der Stirn, hat Augen auf. Der Oberleutnant drückt die Lider, winkt dem Leutnant, der robbt ran mit Spaten. Wir bücken uns, zerren an Beinen, an Armen. Zu dritt buddeln wir, legen ihn rein, in den Modder, in den Regen, schippen zu, rutschen ins Loch, ins leergewordene.

Orrräää brüllt's drüben, weit hinten, hinter den Tennisplätzen. Die brüllen wie die Affen, sagt der Leutnant: Wenn sie angreifen, brüllen sie wie die Affen. Er hebt die Faust, schlägt sie runter, der Matsch spritzt hoch, dann faucht's und rattert's und wütet's aus zwanzig MGs, wir reißen unsers hoch, stecken den Munitionsgurt rein – es rast, macht sich selbständig, schlägt um sich, ist heiß, wird stumm, blockiert. E. v. D. nimmt es, kriecht raus, rennt zur Laube. Hinten brennen Häuser und zwei Holzbaracken. Das Wasser gluckert um mich rum, es reicht bis zu den Knien, der Leutnant springt rein, duckt sich, zündet eine Zigarette an, hält die Hand über die Glut, läßt mich ziehen. Wir stehen dicht zusammen wie in der Tanzstunde beim langsamen Walzer, er zuckt mit dem Kopf, deutet auf Tanker, sagt: Wenn da Öl drin ist, sind wir geliefert.

Es wird dunkel, es regnet, regnet ohne Pause, regnet Strippen regnet Schnüre. Weit hinten, hinter den brennenden Häusern, bullert's – das Bssss Bssss hat aufgehört. Unsere MGs sind Mist, sagt er. Wenn wir bloß eins vom Iwan hätten, dem macht der Matsch nichts aus. Ich zeig ihm die Handgranaten, er sagt: Bloß nich, die haun womöglich gegen den Zaun und kommen zurück.

Ich muß pinkeln, dringend, fürchterlich, es ist wie die Magenschmerzen, die Bauchschmerzen, ich kann nichts andres denken, nur: ich muß, muß pinkeln. Der Leutnant raucht, murmelt, bleibt. Ich hock mich tiefer, tiefer ins Wasser, nehm die Pistole, halt sie hoch, hock mich – lehn mich an, als sei ich müde, könnt nicht mehr stehen. Es läuft die Beine entlang, läuft ins Wasser, vielleicht merkt er's, vielleicht nicht, ist egal. In der Kälte wird's warm, wohlig warm, dankbar bin ich, zufrieden, hab Hunger, bin müde.

E. v. D. kommt, hat das MG, hat eine Büchse mit Käse. Der Leutnant kriecht raus, verschwindet im Regen, in der Finsternis. Letzte Zuteilung, sagt E. v. D. – Der Oberleutnant ist weg, Lebensmittel organisieren, kommt morgen wieder. Wir essen den Käse. Ich bin müde, sagt er, mein Gott, bin ich müde. Ich sage: Ich schieb Wache, geh zurück in die Laube. Er sagt: Ja gut, ich lös dich ab, später. Er gibt mir ein Fernglas, eins vom Oberleutnant. Ich steh in dem Loch, in dem Wasser, halt das MG, die Pistole, seh auf den Platz, seh Schatten, kau restlichen Käse, hör Knacken, hör Knistern, hör plötzlich Schreie, grauenvolle, fürchterliche, spitzehoheschrille. Ich ruf rüber, ruf leise, ruf zum nächsten Schützenloch: Was ist das?

Russen – sind in dem Haus da – nehmen sich die Frauen vor – Scheißegottverdammte.

Um fünf geht's los. Morgensegen, blökt einer. Es haut in den Güterzug, auf den Tennisplatz, das Erdloch reißt, wackelt, tanzt, klatscht zusammen, hält meine Füße, meine Beine. Es regnet, es gießt, es hagelt, hagelt Splitter, große kleine, bohren sich rein in den Matsch, zerteilen Regenwürmer, Erdklumpen, leere Käsedose. Nach zwei Stunden hört's auf. Ich faß vom Kopf runter, übers Gesicht, über Hals, Brust, Bauch, zieh an den Beinen, naßtauben Beinen, fühle, taste: noch alles da. Ich krieche hoch, bssss macht's. Der nebenan pöbelt: Die haun ihre eijen Iwans in die Pfanne mit ihrer Orjel – is den scheißejal. Vom Bahndamm brüllt's: Hilfe Hilfe, ein Soldat liegt da, Bauch auf, Darm raus, quillt weg über Uniform, übers Gleis, brüllt Hilfe, wird leiser heiser atemlos. Ich sitz, ich starr, vergeß Scharfschützen. – Helft dem doch, brüll ich. Zwei sind drüben, versuchen ranzukommen. Am Ohr wird's heiß, zischt's, klack macht es, laß mich fallen ins Wasser, ins aufgewühlte, Kopf runter, nehm den Helm, schieb ihn aufs MG, halt's hoch

– klack. Der hat sich eingeschossen, denk ich, ist ganz nah, wo ist der bloß, das Aas – bssss, klack. Der Leutnant ist tot, schreit einer. Wieder geht's los, Trommelfeuer Stalinorgel, hört nicht mehr auf, hört nie mehr auf.

Gesicht im Matsch, hab den Matsch im Mund, spucke, werd wach: Was is?

Lebst du, bist du in Ordnung – lebst du?

Er liegt neben mir, weint, schluchzt, hält meine Schultern, wischt mein Gesicht. Es ist dunkel es regnet, muß Stunden gedauert haben das letzte Mal, muß eingeschlafen, muß ohnmächtig geworden sein. Er ist still. Wir krabbeln, rollen auf die Laube zu, er sagt: Zwölf sind tot. Ich lieg in der Laube auf dem Boden, Pistole in der Hand, Koppel drückt, Stahlhelm drückt, Haut brennt vor Müdigkeit, Lippen dick vom Matsch, vom Durst. Einer schlingert rein, hat eine Feldflasche mit Wasser, E. v. D. findet Kaffeebohnen, sagt: Laß uns warten, bis es hell wird, dann machen wir Feuer. Ich nehm die Kanne, eine vom Regal mit dickem Bauch und abgeschlagener Tülle, Deckel hat sie auch nicht mehr, richtige alte Schrebergartenkanne, robbe raus, will was abgeben, an die, die in den Löchern liegen, halt sie hoch, bin vorsichtig, will's nicht verschwappen, klack macht's. Henkel in der Hand, Kanne weg, den Henkel hab ich noch, ich knall zurück, rein in die Laube, der mit der Wasserflasche hockt da, sagt: Allmächtjer, steht auf, stöhnt, reibt den Rücken, ist Schrebergartenbesitzer, gehört dahin, sonntags mit offnem Hemd, Unkraut jäten, Stachelbeeren pflücken, grüne saure, dunkelrote, die platzen, wenn man reinbeißt, Stangenbohnen binden, Zeitung lesen im Klappstuhl, um sieben nach Hause, krempelt Ärmel runter, schließt Vorhängeschloß, geht weg, Bohnen unterm Arm, in Fortsetzungsroman gewickelt.

Laß uns heiraten, sagt E. v. D. Sieht auf mich runter, sagt Laß uns heiraten.

Bist du verrückt, sag ich, du bist doch verheiratet.

Das weiß doch keiner, ich will heiraten, will daß du meine Frau bist, bevor.

Bevor was.

Bevor wir vielleicht draufgehen.

Die Laube wackelt, schaukelt, das Regal kippt um, vom Tennisplatz kommt Quietschen, Klirren, gleichmäßiges hohes Klirren. Ein Panzer wälzt sich durch Krater, frißt Zäune, Büsche, Lauben, bleibt stehen, dreht das Rohr rechts, dreht es links, steht, denkt nach. Aus dem Loch hinten neben dem Schuppen springt ein Kleiner, einer in HJ-Uniform, springt, hüpft, hinkt, schleppt ein Rohr, springt auf den Platz auf den Panzer zu, verschwindet.

Das sind sie – schreit E. v. D. – Die Entsatzarmee, ich hab's doch gewußt, hab's immer gewußt, die lassen uns nicht im Stich.

Die Bretterwand klappt auseinander, Laubendach fliegt weg, heiß wird's hellgelb, dann rot, dann weiß. Neben uns liegt einer, es ist der Oberleutnant, ist blutverschmiert, zischt: Das Arschloch, das gottverdammte Arschloch, hat doch den Panzer hochgehn lassen, hat ne Panzerfaust, läßt den eignen Panzer hochgehn. Er steht auf, zieht die Jacke runter, steht gerade, brüllt: Absetzen. E. v. D. dreht sich um, setzt sich auf, bssss macht's, wirft sich hin, sagt: Ich möchte, daß Sie uns trauen.

Der Oberleutnant guckt aus Blutverschmiertem: Was wolln Sie?

Ich möchte, daß Sie uns trauen – wir wollen heiraten.

Der steht, hört kein Bssss, steht im Licht vom brennenden Tank, sagt knapp: Ich hab keine Befugnisse, sagt Absetzen, sagt Aahhh, dreht sich, dreht sich, rollt, bleibt liegen, hat kein Gesicht, hat nur Helm über rotem Brei.

Dreißig waren wir vor drei Tagen, vor drei Nächten, fünf sind wir jetzt.

Über die Bahngleise zurück – ducken zusammenziehen springen, ducken zusammenziehen springen. Der Regen hat aufgehört.

Hinter den Gleisen: Ruinen. Aus den Fensterlöchern, den abgenagten: Gewehrläufe. Gehn mit uns, warten. Ein Stahlhelm kommt hoch, ist wieder weg.

Kamerad, brüllt der neben mir, Kamerad.

Die ham Schiß – denken, wir sind der Iwan.

Mensch, die sehn doch die Uniform.

Spielt kein Leierkastn, die ziehn ooch mal ne deutsche an, liejen ja jenuch rum.

Eine Hand kommt aus dem Fensterloch, winkt: wir sollen warten. Die jeben uns Deckung, sagt der.

Sie knallen an uns vorbei, über die Köpfe weg, wir rasen los. Hände greifen, zerren uns hoch. Habt ihr noch mal Schwein jehabt, sagen sie.

Es sind so 15 bis 20 Mann, Soldaten, kein Volkssturm, keine SS oder HJ – Alte, Junge, die Bescheid wissen, Eingeweihte, nicht erst seit Berlin. Wir liegen in der Ecke, E. v. D. sagt: Bloß nicht einschlafen, wir dürfen nicht einschlafen.

Wer hatn den Panzer abgeknallt? fragt einer – HJ – An das Jemüse verteiln die Panzerfäuste, sind doch plemplem. E. v. D. fragt: War das einer von Wenk oder von Wlassow? Sie gucken ihn an, mitleidig, mit dem Wer-hat-denn-dich-eingeladen-Blick, sagen: Schön wär's.

Einer sieht durchs Fernglas, die andern liegen hinter MGs. Die Tanker stehn noch, vielleicht war doch kein Öl drin, denk ich. Zwei Güterwagen sind umgekippt, Bauch nach oben, einer durchsiebt, Ulm/Donau steht rechts unten. Das ist ein Omen, ein gutes Omen, denk ich, stoß ihn an, zeig hin, flüstre – Ruhe, bellt einer.

Mensch das sind se – prustet der mit dem Fernglas – Orrrää heult's hinten bei den Lauben, an den Gleisen, orrräää, heiser langgezogen. Ich halt den Munitionsgurt, er das MG.

Rankommen lassen, murmelt's, rankommen lassen, nich schießen. Jetzt! brüllt er. Mää-äää-äää macht's aus den Läufen, mää-äa. Einer holt aus, wartet, schmeißt Handgranaten. Mää-äää. Dann ist still – Tak-tak, entferntes Tak-tak ... dann still. Sie nehmen Feldflaschen, halten sie hoch, halten sie in Bartstoppeln, halten sie geschickt mit klobigen aufgesprungenen Händen, schneiden Kommißbrot mit Klappmesser, verteilen Ecken, Kanten, Stücke, sagen: Wir müssen hier raus – wenn's dunkel is, haun wa ab. Die Stalinorgel donnert los, bläst Mauersteine, Mauern, Türen, Decken, Stuck, tobt stundenlang.

Nachts kommen wir in einen Keller, da sitzen sie aufgereiht, starr, stumm, sitzen um Kerzenstummel zwischen Bündeln, Eimern, Kisten, sitzen auf Gartenstühlen, Küchenstühlen, sitzen andächtig. Haut ab, kreischen sie – Wir wolln kein Militär, die schlagen uns dot, wenn sie euch hier finden, haut ab.

Wir wolln Wasser, sagt einer.

Versteht doch, sagt eine Dicke – Versteht doch, wir haben hier Kinder.

Eine Zahnlose kriecht aus der Ecke, gibt uns eine Flasche, mümmelt: Der Herr sei uns gnädig. Ich denke: die sind irre, sitzen hier rum, warten aufs Ende wie Hammel im Schlachthof, irre sind die.

Draußen brennt's, im nächsten Haustor steht ein Trupp Soldaten, ein Leutnant: Wo kommt ihr her?

Schmargendorf – Bahndamm.

Offiziere? – Sind tot. – Kommt mit.

Wir rennen ihnen nach bis zum Hohenzollerndamm, bis zum Friedhof. Es wird hell, glasig, wie beim Tauchen, wie im Stadtbad, wenn man vom Dreimeterbrett springt, langsam hochkommt. Wir buddeln, kratzen, hacken im harten, unnachgiebigen Boden. Zwei Hitlerjungen kommen angerannt, weinen, bibbern: Dürfn wa hierbleibn, wir ham Pistoln.

Geht zu Muttern, ruft einer. Wir sind aus Johannistal, da sind die Russen, kräht der Kleinere.

Buddelt euch ein, geschossen wird nich – Befehl. Sie stehen stramm. Der Große sagt Aua – Aua, als hätte er sich das Knie aufgeschlagen oder in den Finger geschnitten, fällt auf die Seite, liegt, sieht aus überraschten, aus glücklichen, neugierig-glücklichen Kinderaugen. Der andere heult: Helmut, Mensch Helmut!

Schmeiß dich hin, brülln sie: Schmeiß dich hin, halt die Schnauze. Bssss klack bssss klack. E. v. D. wühlt gräbt stößt den Boden, wir quetschen uns rein, stehen aneinandergepreßt, haben das MG, haben die Pistole, die Handgranaten.

Vielleicht ist es drüben schöner, sagt er, sieht auf die offenen Augen.

Hast du Angst? frag ich.

Ein Huhn gackert vorbei, flattert, tuckert, rennt hin, rennt her, Kopf vor, Kopf zurück, plustert sich, stolziert zum toten Jungen – Mensch die Augen, wenn das Aas an die Augen – ich nehm einen Stein, treff's am Hintern, es kreischt, läßt Federn, gackert weg. Hier gibt's Eier, sag ich, bin schon draußen. Bleib hier, brüllt er. Ich robbe an Grabsteinen vorbei, an Hecken, Bänken, dahinter eine Laube, neben der Laube drei Hühner, neben den Hühnern zwei Eier. Bssss klack bssss klack, ein Ast fliegt runter, mir auf die Hand, auf die linke, rechts sind die Eier. Ich robbe zurück, auf Ellenbogen, Eier hoch, rutsch neben ihn, bin stolz. Wir pieken sie auf, trinken sie aus. Aus dem Nebenloch rufen sie Jibts noch mehr, wo bleibtn der Morjensejen? Wir hacken an unserm Erdloch rum, hacken, schaufeln wie Maulwürfe.

Hilfe, ruft's hinter uns: Hiiilfe – da torkelt ein Alter, ein Dürrer in Uniform, ist gelb, torkelt wie besoffen, läßt sich fallen, kriecht ran, krabbelt: Hilfe. Aus seinem Rücken läuft Blut, wir ziehn ihn ran, ich schneid die Jacke auf, bin ruhig, werd ruhig mit ruhigen Händen. Es strömt, es pulst aus dem Rücken, ich reiß das Hemd auf, reiß es in Fetzen, steck's in die Wunde, bind's um den mageren Rücken. Er stöhnt, schreit, sackt zusammen, kann nicht fallen, wird gehalten vom Erdloch, von uns. Orrräää macht's.

Da sind sie, da seh ich sie, seh sie zum erstenmal, MG in der Hüfte; rennen auf uns zu, Bajonett blitzt, blitzt auf in der Sonne – MG, Bajonett kommt auf mich zu, kommt näher, ist nah – Armlänge –, die Erde spritzt auf, verklebt die Augen, määä-äää macht's, kommt von nebenan, neben mir –

Die Handgranate: ich zieh, duck mich – ahhhwumm, Splitter klingeln auf Stahlhelm, ich fall auf den Dürren – wo ist das Bajonett – ich wart drauf – gleich kommt's – von oben – das Bajonett.

Es ist still. Wir sehn uns an über den Dürren, über den blutenden Rücken hinweg, sehn uns an, warten. Seine Augen sind hell, verzweifelt. Schweiß läuft über Augenbrauen, über Lider, über Backenknochen. Er schlägt mit der Faust aufs MG – haut es weg, sagt: O Gott, mein Gott. Drüben wimmert's, dann Bellen, trocknes Bellen aus Panzerkanonen. Ein Arm fliegt durch die Luft, Knochenarm, handloser, Friedhofsarm, wir sehen ihm nach, der Alte zwischen uns stöhnt, bäumt sich auf, röchelt gurgelt, ist tot. Steht zwischen uns, kann nicht fallen, wird gehalten, Kopf schräg auf der Schulter. Absetzen, ruft einer. Auf der Straße liegen die Russen, übereinander, nebeneinander mit verdrehten Beinen, verdrehten Köpfen. Sie rennen rüber, nehmen die MGs, reißen die Munitionsgurte ab, der Hitlerjunge krallt sich in unsre Jacken, jammert: Nehmt mich mit, nehmt mich doch mit.

Wir waren 40 oder so, als wir kamen, sechs Stunden später sind 17. Wir kriechen über den Friedhof, sehen ein Haus, eine Villa, gehen drauf zu. E. v. D. stottert: Das ist ja Bobbys Haus, Bobby Lüdtkes Haus – stottert, ist sprachlos, hat vergessen, daß es seine Stadt, daß es Berlin, Stadt der Freunde, der Bekannten, nicht nur Schlachtfeld, anonymes. Der ist doch mein Freund, sagt er vorwurfsvoll, als sei der schuld am Dröhnen, am Sterben, am Einstürzenden.

Löcher, wo mal Türen, wo mal Fenster. Bobby, ruft er, Bobby. Decke hängt schräg, Kronleuchter schaukelt, Kalk rieselt leise regelmäßig, wie Sanduhr, macht Hügel auf Bücherregal, auf große kleine schwarze geschnitzte Elefanten mit Hängerüssel. E. v. D. nimmt kleinsten, gibt ihn mir, sagt: Steck's ein, als Maskottchen.

Der Panzer bellt, die Decke knirscht, reißt Wand, reißt Regal, reißt Elefanten. Schwarz wird's, will schreien, hol Luft, hol Kalk, hol Schwarzes in Hals, in Lunge, hör Knirschen, hör meinen Namen, hör seine Stimme, er zerrt an Armen, an Schultern, schlägt ins Gesicht, brüllt: Lebst du? Sag daß du lebst – will sagen will atmen, muß husten muß spucken muß Zunge beißen, Kalkzunge, muß wieder atmen muß wieder leben.

Draußen liegt ein Pferd, aufgerissenes Maul, aufgerissenen Bauch, Riesenpferd mit Riesenbauch, Balken brennen, stürzen auf Köpfe auf Körper, auf Schreiende, Flüsternde, Verstummende. Der Panzer bellt, steht an der Ecke, bellt durch die gestorbene Straße. Die andern haben wir verloren, die vom Friedhof.

Laß mich nie liegen, sag ich, wenn ich verwundet bin, laß mich nicht liegen – schwör's –

Wenn einer von uns verwundet wird, muß der andre ihn erschießen – laß uns schwören.

Wie macht man das? frag ich – wenn man's an die Schläfe hält, kann man sich blind schießen. Er zeigt mir die Stelle im Nacken, kleine Vertiefung unter Schädelknochen. Er nimmt die Pistole, sichert sie. Ich halt sie an sein Genick, er sagt: Ja, da mußt du schießen.

Wir warten auf Dunkelheit, auf Nacht, haben Durst, quälenden klebrigen. Vielleicht kommen wir durch bis zum Kurfürstendamm, da wohnt eine Bekannte, oben in Halensee, vielleicht kriegen wir da Wasser, sagt er.

Am Fehrbelliner Platz Ecke Hohenzollerndamm bleib ich hängen, bin angehakt, verhakt in Stacheldraht, er dreht sich, windet sich um Beine um Knöchel, nagelt mich an, steh mitten auf dem brennenden Platz, komm nicht vor, komm nicht zurück, aus Fensterhöhlen macht's bss klack bssss klack, es sticht in Hände, in Beine, durch Hosen, ich zieh ihn mit, falle laufe falle, bin drüben. Zwei rennen uns entgegen, haben Maschinenpistolen, russische mit Munitionstrommeln, halten sie auf der Hüfte, rennen auf uns zu – Russen, brüll ich: Das sind Russen – ich fummle an Pistolentasche, die schrein: Kamerad – rennen vorbei. Schweiß macht Bäche auf Nacken auf Rücken.

Im Morgengrauen sind wir da, sitzen im Haustor. Bleib da, sagt er – sie wird im Keller sein. Drei Panzer kriechen vorbei, rumpeln, stocken, Holzkocherpanzer. Die Klappe hebt sich zaghaft, abwartend, Gesicht unter Helm, junges verschmiertes, fällt zurück, Oberkörper Hals Gesicht fällt nach hinten, liegt über Panzer, bleibt liegen, rumpelt weiter, ist weg.

Eine Frau sagt: Kommen Sie. Sie ist weißhaarig, trägt Kleid, trägt Jacke, Rüschkragen, Handschuhe, Stock mit Silbergriff – kommt nicht aus Keller, kommt aus Stallungen, hat Pferde, hat Felder besichtigt, Verwalter gesprochen, wird Kaffee trinken, Mokka aus kleinen schmalen Tassen. Sie stößt die Wohnungstür auf, steht im Korridor, dem langen mit vielen Türen, lächelt, sagt: Ewald, mein Junge, wie siehst du nur aus. Fragt: Was braucht ihr, kann ich euch helfen?

Wir brauchen Wasser, sagt er, und Schlaf, nur ein paar Stunden Schlaf. Das Haus schaukelt wie ein Schiff, wie ein Fischkutter auf der Ostsee. Ich riech den Schweiß, den Dreck, seh getrocknetes Blut, aufgerissene Hände, seh einen Spiegel, seh ein Gesicht, ein unbekanntes.

Wir sitzen auf Biedermeierstühlen, da ist die Straße, die Ecke, der Kurfürstendamm, gegenüber ein Schild »Krankenbedarf«, es hängt schief.

In einer Vitrine liegen zerschlagene Gläser. Meine Mutter hat sie ihr geschenkt, zum Geburtstag, sagt er betrübt, schläft ein. Die Panzer rollen zur Halensee-Brücke, gelbgrauer Qualm kriecht hoch, kriecht durch Fenster, durch Mauerlöcher.

Ich hatte noch etwas Kaffee, sagt sie, stellt ein Tablett auf den Boden. Ihr solltet in den Keller kommen. Sie geht, lächelnd, kopfnickend.

Weiß sie nicht, was los ist? Sie ist 82. Ich möchte meiner Mutter schreiben, vielleicht kann ich den Brief hierlassen, vielleicht erreicht er sie eines Tages, vielleicht lebt sie noch. Ich schreibe, daß es vorbei ist, daß wir nicht mehr rauskommen, daß sie nicht traurig sein soll, daß ich dankbar bin für alles. Ich weine, verschmier die Tinte, schreib noch mal, schlaf ein, wach auf. Die Russen sind da – sie steht, ist atemlos, schwankt ein wenig – die Russen sind im Keller nebenan. Wir bleiben sitzen, sehn uns an, glauben's nicht, sehen uns an, glauben es nicht.

Ihr müßt weg, die Hausbewohner sagen, ihr müßt weg, die Russen schießen das Haus zusammen, wenn sie Soldaten finden, es tut mir so leid, sagt sie, zittert ein bißchen, kniet vor einer Truhe, findet ein Couvert, gibt es E. v. D.: Da sind noch Zigaretten.

Wir stehen auf der Treppe, stehen da mit Pistole in der Hand, wissen nicht wohin. Jemand ruft von unten: Haut ab, wir wollen keine Soldaten hier, die Russen sind nebenan.

An der Ecke quietschen die Panzer, kommen zurück, rollen Richtung Gedächtniskirche. Das sind unsre, die kommen zurück, das sind doch unsre, schrei ich. Wir rennen rüber, an den Panzern vorbei, rennen entgegengesetzt, sind dankbar, sind glücklich, glauben an Rettung.

Vor mir baumeln Beine, schwingen hin und her, Junge in Uniform, Zunge raus, blau, pendelt, Pappschild mit Kinderschrift: Ich war zu feige für das Vaterland ... den Rest seh ich nicht. Wir drängen uns durch, vorbei an Panzern, an Soldaten. Einer hält uns an, einer mit Runen, fragt: Wo kommt ihr her?

Schmargendorf, haben die andern verloren.

Wann? – Gestern, gestern früh. – Kommt mit.

In der Albrecht-Achillesstraße ist das Hauptquartier, sie stehen in der großen Halle, auf Parkettboden, stehen in Reihen mit aufgeklappten Mäulern, glotzen einen Hauptmann an, einer schubst uns in die Ecke vor einen Schreibtisch, Offizier sieht hoch, sagt: Ihr habt euch von eurem Truppenteil entfernt, zeigt auf die Reihe, sagt: Einreihen. Ein Gefreiter, ein Alter, steht neben mir, flüstert: Die hängen uns auf.

Schnauze halten! brüllt einer mit Gewehr, geht an uns entlang, brüllt: Schnauze. Das Tor knackt, springt auf, Holzsplitter, Granatsplitter preschen in Boden, in Decke, in Wände – die an der Tür wälzen sich, schreien, ich schmeiß mich hin, neben den Schnauze-Brüller, sag: Ich bin ne Frau. E. v. D. liegt hinter mir, ich zieh ihm das Kuvert mit den Zigaretten aus der Tasche, sag: Hier nimm sie, laß uns abhaun, der da ist mein Mann.

Der Schnauze-Brüller stiert, sagt nichts, ich rüttle – Mensch, laß uns hier raus – der stiert, hört nicht, ist tot. Die Wand krächzt, neigt sich, ich seh sie kommen, auf uns zu, rolle, springe, trete auf Hände auf Beine, seh sie stürzen auf Liegende, Stehende, Brüllende. Ein Volkssturm-Alter hockt, Kopf zwischen Knien, spuckt Zähne, weint: Meine Frau, mein Gott, meine Frau, die is in dem Haus da, da in dem Keller da – zeigt auf die Wand, die eingestürzte, auf den Hof, auf brennendes Haus, rutschendes, polterndes, auseinanderbrechendes Hinterhaus. E. v. D. zerrt mich hoch: Raus hier.

Halt – ruft's – Stehenbleiben. Ein Leutnant steht zwischen Mauerbrocken, hält Pistole, ruft: Wo wollt ihr bin?

Ich reiß am Stahlhelm, zieh verklebte Haare, sag: Laß mich raus.

Er grinst, greift in die Tasche, schmeißt einen Riegel Schokolade, winkt mit der Pistole, guckt weg. Draußen liegen drei Soldaten, sehn hoch:

Setz det Ding auf, schrein sie. Ich hab den Stahlhelm in der Hand, halt ihn am Riemen, merk erst jetzt wie leicht Kopf, Nacken, Rücken ohne Druck, ohne Pressen vom Helm, von verschwitztem Leder. Setz det Ding auf, brülln sie. Bssss klack. Da drübn sind se, da in dem Haus da, sagt einer.

E. v. D. verteilt die Zigaretten – Wollten die euch aufbaumeln? fragen sie.

Ja, sag ich. – Mensch, Mensch – Sorjen ham die.

Es wird dunkel, sie holen Strippen aus Brotbeuteln, binden Strippenenden an Koppel, seilen sich an wie Bergsteiger. An der Ecke: Verkeilte Panzer; Soldaten sitzen drauf, stehen drumrum, rufen. Hitler ist tot. Sie rufen es weiter, nach hinten, nach vorn: Hitler ist tot, der Krieg ist aus.

Es röhrt durch die Straße, über die Brücke, durch die Ruinen, sie kommen aus Erdlöchern, aus Haustoren, werden zu trampelnder, stampfender, auflaufender Herde. Die Strippe zwischen uns reißt, wir schreien Namen, finden uns, werden weitergeschoben, weitergetrieben vom grauen, nicht enden wollenden Strom. Morgens sind wir in Spandau, in einem Mietshaus, sitzen dichtgedrängt auf den Stufen, sehen durch einsames übriggebliebenes Treppenhausfenster mit lila-grünen Jugendstilschnörkeln.

Sie rauchen ihre Kippen, kauen letzte Rationen, sind ratlos. Gerüchte scheppern treppauf-treppab: Ein Panzergeneral wird die Armee den Amerikanern übergeben, aber wo sind sie die Amerikaner, keiner weiß es, hätten doch längst da sein sollen, werden doch den Russen nicht einfach Berlin überlassen. Sie sind verärgert, beleidigt, fühlen sich im Stich gelassen: Ja, aus der Luft, das können sie ... und der Hitler, der hat sich das Leben genommen, feiner Weg raus aus dem Schlamassel ... vielleicht können wir endlich nach Hause. Sie kommen aus Pommern, aus Schlesien, aus Berlin, aus dem Rheinland, aus Mecklenburg, aus Hannover, sie hoffen, sie murmeln, sie schlafen.

E. v. D. sieht durch das Fenster auf die Panzer, auf die Brücke, sieht das brennende, stumme Spandau, sagt: Wir müssen uns zu den Amerikanern durchschlagen, wenn wir über die Brücke kommen und durch Spandau, haben wir es geschafft.

Es geht los – rufen sie von unten; sie stehen auf, glotzen die Treppe runter auf die Straße. Wir werden eingeteilt, 50 Mann pro Panzer, stehen neben ihnen, hinter ihnen, warten, bis sie losrollen. Es ist still, bis auf das Quietschen der Ketten, das Knarzen der Stiefel. Der erste Panzer ist drüben, der zweite setzt an, ist in der Mitte, wir laufen mit, halten Abstand. Da rast es los aus den Dächern, aus den Fensterhöhlen: Granatwerfer, Maschinengewehre, Flammenwerfer, der Panzer brennt, springt auseinander, es hebt mich hoch, trägt mich weg, läßt mich fliegen, schlägt mich gegen Eisenhartes, läßt mich liegen. Ich spür Blut, faß ins Gesicht, hab blutige Hand, denke: jetzt bin ich tot – bleib liegen, denke: so ist das also.

Ich seh sein Gesicht, es kommt näher, es blutet – sagt: Jetzt ist soweit, gib mir die Pistole. Neben mir türmen sie sich, Körperberge fallen übereinander, türmen sich höher und höher. Ich halt die Pistole, brülle: Nein – zieh ihn hinter mir her an dem brennenden Panzer vorbei, über die Körper hinweg.

Der Laden riecht wie Stiefvaters, nach Leder und Leim und Farbe. Die große Fräsmaschine ist umgeworfen, die Ledernähmaschine mit der Dreikantnadel steht noch in der Ecke, die Regale sind aus der Wand gerissen, die Schuhe sind weg, ein paar gelbe Nummernzettel fliegen von Wand zu Wand.

Wir sitzen zwischen den Glassplittern und Mauersteinen, wissen, daß die Russen im ersten, zweiten, dritten Stock, daß sie im Dachboden, sehen ihre Flammenwerfer, ihre Handgranaten, hören ihre Maschinengewehre, ihre Stimmen, ihr Poltern. Unsere Pistolen sind wie ein Versprechen, ein Geschenk, eine Gnade. Das Blut läuft aus dem Haaransatz, läuft gleichmäßig über das

Gesicht, über die Jacke, der linke Ärmel ist aufgerissen, ist kratzig von getrocknetem Blut. Sein Kinn ist zerschnitten, klaffende Streifen zwischen Bartstoppeln. Ich seh seinen Mund, seh das Gesicht meines Vaters, trauriges Gesicht auf vergilbtem Papier mit Eselsohren. Nein, sage ich, nein, ein Versuch, ein einziger.

Bis zu den Parterrefenstern liegen sie, die Toten; ich laufe dem Gesicht nach, höre nichts, sehe nichts, nur das Gesicht, lauf ihm nach. Stürze nicht, stolpere nicht, laufe laufe, liege auf weicher Erde, auf Ackerboden, rote Flecken kommen heran, gehen weg, kommen heran, werden schwarz, schließen mich ein, fressen mich auf. Die Erde ist kalt, ist naß, ist dunkel, er hält meinen Kopf, sagt: Wir hatten einen Schutzengel. Wir liegen zwischen Baumwurzeln, es ist Nacht, es raschelt, ich spring auf, will weg, er hält mich, flüstert: Wir sind noch mehr, fünfzig oder sechzig, bleib liegen.

Der Marsch beginnt, Marsch der Versprengten. Wir laufen nachts, angeseilt zusammengehalten, laufen leise, gleichmäßig, sprechen nicht – sprechen nie zwei Wochen lang, teilen Brotreste, kauen sie langsam, bedächtig, essen Gras und Baumrinde. Laufen durch Wälder, sehen Burgen Schlösser Lichter Lüster, sehen Nichtvorhandenes, haben Halluzinationen vom Hunger, von Müdigkeit, haben Angst vor knackendem Ast, vor fallendem Zweig. Am Tag schnallen wir uns mit den Riemen an die Stämme, schlafen stehend, von Baumkronen geschützt. Die Tiefflieger suchen geduldig, schnattern wie Nähmaschinen, suchen Versprengte, suchen solche, wie wir es sind. Ein Vierzehnjähriger dreht durch, reißt sich vom Baum, rennt auf das Feld, hat Schulterschuß, hat Fieber. Sie fliegen weg, haben es eilig. Zwei Nächte später sehen wir sie, die Panzer, Geschütze, Kolonnen. Sie rufen sich zu, singen, grölen, fühlen sich sicher. Wir liegen hinter den Bäumen, sehen ihre Beine, ihre Stiefel, sie sind nah, zum Greifen nah, sie ziehen vorbei, machen Halt auf freiem Feld, bleiben.

Am Morgen schießen sie in den Wald, schießen ihn zusammen, die Bäume stürzen knarren fallen übereinander ineinander, senken sich, klammern sich fest. Dem vor mir reißt es das Bein ab, es fliegt hoch, fliegt weit, er merkt es nicht, läuft weiter, macht zwei Sprünge, stürzt, fällt mit den Bäumen.

Sie zerren an Jacken an Hemden, nehmen die Hemdlappen in erhobene Hände, laufen zum Waldrand, schwenken die Lappen über den Köpfen, fallen nach vorn, fallen nach hinten, werden zusammengeschossen. Wir kriechen, bleiben unter Bäumen unter Moos unter Zweigen, atmen nicht atmen kaum, Ameisen krabbeln über die Hände übers Gesicht, Beine rauf und runter, wir liegen, warten. Links neben mir liegt ein Gefreiter, ein Alter, ein »Frontschwein«, er zischelt: Die ziehn ab.

Das Mahlen der Ketten wird leiser, die Rufe verscheppern über den Feldern, ein Bajonett stochert im Boden, im Moos. Sie springen hoch – der vor mir, der neben mir, schlagen Gewehre aus Händen, schlagen Kolben in Bäuche, halten Bajonette an die Kehlen, Fäuste in Münder, fragen: Wie viele, wie viele seid ihr, wo sind die andern, wo sind noch Panzer.

Sie haben semmelblondes Haar, helle Augen, sind Bauernjungen, ukrainische Bauernjungen. – Zehn. – Wo sind sie?

Sie zeigen: Da drüben rechts hinter dem Weg.

Wir rennen in den Wald, tiefer und tiefer – Nicht schießen, flüstern sie – Weitersagen, nicht schießen. In der Nacht verlaufen wir uns kommen zum drittenmal an dieselbe Lichtung, an den gleichen Weg. Sie sehen nach oben in den schwarzen Himmel, suchen ihn ab nach Sternen, finden sie nicht, teilen Wachen ein, rutschen in eine Mulde, schlafen eingerollt in Moos Blätter Zweige, schlafen tief ausgestreckt, schlafen Totenschlaf. Werd wach im Morgengrauen, werd wach von Schüssen, kriech über Baumstamm, lieg mit dem Magen auf dem Stamm, seh hoch seh den Russen. Er steht vor mir sieht mich an, seh Pistole, seh den Lauf seh ihn klar seh ihn nicht, Hand Arm beschreiben Bogen, ziehen Körper nach, machen Drehung, brechen ab, rutschen zusammen, Hand Arm Körper Knie. Meine Hose ist naß, vom Waldboden von Blättern, vom Urin, lieg klamm, starr, Wasser läuft Schenkel lang läuft durch Hosenbeine in Stiefel, Stiefvaters Stiefel. Einer zieht meinen Arm, sagt: Komm schon.

Weißer Bart, Ziegenbart sprießt aus Backe, aus Kinn, aus Hals, Tannennadeln hängen dran und Moosstücke, er steckt die Zunge neben einsamen Vorderzahn, schnalzt, klopft sein Gewehr. Ich will danke sagen, kann es nicht, will sagen: Danke, daß du schneller warst. Geh neben ihm her, will immerzu danke sagen.

E. v. D. liegt hinter der Mulde, sieht vor sich hin, hat versagt, durchgedreht, versteht es nicht.

Wir haben Hunger, Hunger, der uns verrückt macht, wir reden, sind unvorsichtig, werden verrückt vom Hunger, sehen Bauernhäuser, traun uns nicht ran, laufen weiter an Nauen vorbei, nach Friesack. Sehen Kühe, brüllende mit dicken Eutern, liegen im Wald, sehen sie tanzen auf den Feldern, traun uns nicht, irgendwo müssen sie sein, die Amerikaner, vielleicht an der Elbe, ist nicht mehr weit, noch ein paar Nächte vielleicht. Wir sind noch zwanzig, zwanzig Brabbelnde, Stolpernde, vom Hunger verrückt Gewordene.

*
* *

DIE STEINIGEN STRASSEN DES ERFOLGS

Nachdem Hildegard Knef aus dem Kriegsgefangenenlager in Polen fliehen konnte, erreichte sie nach abenteuerlicher Flucht Berlin und schlug sich halbverhungert zu dem Haus des Schauspielers Viktor de Kowa durch, wo sie von dessen japanischer Frau Michiko und einigen anderen dort gestrandeten Bühnenkollegen aufgenommen, entlaust und sozusagen wieder aufgepäppelt wurde. De Kowa bemühte sich erfolgreich um eine Theaterlizenz und eröffnete noch im Herbst 1945 sein Theater *Tribüne*, in deren lockerem bunten Abendprogramm aktualisierter Wilhelm-Busch-Verse auch Hildegard Knef mitwirkte, in einem aus Bettlaken improvisierten ›Abendkleid‹. Alsbald ergaben sich noch andere Möglichkeiten für die blutjunge Anfängerin, die sie begierig wahrzunehmen wußte.

Boleslaw Barlog, der spätere Generalintendant der staatlichen Berliner Bühnen Schillertheater und Schloßpark-Theater, der besonders in den 50er Jahren mit seinem erlesenen Ensemble dort die Theatergeschichte durch sein Genie prägte, ›entdeckte‹ das junge Talent Hildegard Knef und förderte sie nach Kräften. In seinen Erinnerungen schreibt er über ihre erste Begegnung, die bereits während des Krieges stattgefunden hatte:

* *
*

Begegnet war ich Hildegard Knef schon früher. Damals war ich als Filmregisseur der › Terra‹ auf der Suche nach der Besetzung für eine

Hauptrolle in dem Film ›Der grüne Salon‹. Auf dem Wege in die Filmateliers von Babelsberg mußte ich auf der Stadtbahnstation Berlin-Wannsee umsteigen. Während ich auf den Anschlußzug wartete, sah ich auf dem Bahnsteig ein gutgewachsenes, gutaussehendes Mädchen stehen, das meiner Vorstellung von der gesuchten Schauspielerin ganz und gar entsprach. Ich bat meinen Regieassistenten, die junge Dame zu fragen, ob sie Schauspielerin sei und erfuhr, daß sie Elevin der Filmschule war. Meine Bitte, diese junge Dame, die Hildegard Knef hieß, für meinen Film auszuleihen, mußte vom Chef der Schule, Wolfgang Liebeneiner, abgelehnt werden, da er selber eine Rolle in einem seiner Filme für sie hatte. Ich mußte den Part in meinem ›Grünen Salon‹ leider anders besetzen, versprach Hilde aber, daß wir uns später, bei anderer Arbeit, zusammenfinden würden.

So kam es dann auch. Als ich, mit Hans Söhnker als Protagonist, nach dem Kriegsende 1945 das Schloßpark-Theater in Berlin neu eröffnen wollte, fiel mir der Name Knef wieder ein. Hilde war nach den Wirren der letzten Kriegsmonate bei Viktor de Kowa gelandet, hatte bei seinem Beginn in der ›Tribüne‹ mitgewirkt und war von Karl Heinz Martin für die *Paula* im *Raub der Sabinerinnen* im Renaissance-Theater engagiert worden.

In meinem Lichterfelder Holzhaus erschien, nachdem ich ihre Adresse aufgestöbert hatte, meine Schöne vom Bahnhof Wannsee, setzte sich sofort in unseren kleinen Garten und tippte sich aus dem einzigen vorhandenen Manuskript ihre Rolle heraus, mit imponierender Kraft und Begeisterung über die Chance, als Söhnkers Partnerin in Curt Goetz' *Hokuspokus* ihre erste große Premiere zu haben. Alles, was ich ihr als Ernährung anbieten konnte, waren die selbstgezüchteten Tomaten aus unserem Garten, damals eine Kostbarkeit.

Dann brachte Söhnker aber Winnie Markus mit, die einen großen Filmnamen trug und für ein neu beginnendes Unternehmen einen weiteren Besuchermagneten darstellte. Hilde wurde aber entschädigt und sprach am 3. November 1945 in der Eröffnungsvorstellung unseres Schloßpark-Theaters einen Monolog von Goethe, den dieser zur Übernahme der Leitung des Weimarer Hoftheaters am 7. Mai 1791 verfaßt hatte:

›Der Anfang ist in allen Sachen schwer;
Bei vielen Werken fällt er nicht in's Auge.
Der Landmann deckt den Samen mit der Egge,
Und nur ein guter Sommer reift die Frucht;
Der Meister eines Baues gräbt den Grund
Nur desto tiefer, als er hoch und höher
Die Mauern führen will; der Mahler gründet
Sein aufgespanntes Tuch mit vieler Sorgfalt,
Eh' er sein Bild gedankenvoll entwirft,
Und langsam nur entsteht was jeder wollte.

Nun, dächten wir, die wir versammelt sind,
Euch manches Werk der Schauspielkunst zu zeigen,
Nur an uns selbst; so träten wir vielleicht
Getrost hervor und jeder könnte hoffen
Sein weniges Talent euch zu empfehlen.
Allein bedenken wir, daß Harmonie
Des ganzen Spiels allein verdienen kann,
Von euch gelobt zu werden, daß ein jeder
Mit jedem stimmen, alle mit einander
Ein schönes Ganzes vor euch stellen sollen:
So reget sich die Furcht in unsrer Brust.

Von allen Enden Deutschlands kommen wir
Erst jetzt zusammen; sind einander fremd,
Und fangen erst nach jenem schönen Ziel

Vereint zu wandeln an, und jeder wünscht
Mit seinem Nebenmann, es zu erreichen;
Denn hier gilt nicht, daß einer athemlos
Dem andern heftig vorzueilen strebt,
Um einen Kranz für sich hinweg zu haschen.
Wir treten vor euch auf, und jeder bringt
Bescheiden seine Blume, daß nur bald
Ein schöner Kranz der Kunst vollendet werde,
Den wir zu eurer Freude knüpfen möchten.

Und so empfehlen wir, mit bestem Willen,
Uns eurer Billigkeit und eurer Strenge.‹

Hier erwiesen sich bereits die Klasse und die Besessenheit von Hildegard Knef. Jede andere Schauspielerin hätte, nachdem ihr die versprochene Hauptrolle wieder weggenommen wurde, diesem Theater empört den Rücken gekehrt und ihr Heil woanders versucht. Die Knef beugte sich unserer Entscheidung und verstand unsere Argumente. Sie lernte den schönen Goethe-Prolog, sprach ihn mit großer Kunst und Eindringlichkeit und schuf so in der Eröffnungspremiere das Niveau und die Atmosphäre für das Gelingen unseres Anfangs. Ihr Name bleibt so verbunden mit der Geburtsstunde unseres kleinen Theaters, das es dann in den nächsten Jahrzehnten verstanden hat, sich einen guten Namen zu machen.

Hilde blieb jedenfalls erst einmal unserem kleinen Ensemble der Hungerjahre verbunden. In der zweiten Premiere: *Ein Spiel von Liebe und Tod* von Romain Rolland spielte sie ein junges Mädchen aus der Französischen Revolution, sah hinreißend aus in ihrem, von Willi Schmidt für sie geschaffenen Kostüm, und gab der Rolle, einer eher leichtsinnig und oberflächlich gedachten Person soviel mit von ahnungsvoller Schwermut, daß ich tief berührt war von der Kraft und Ehrlichkeit ihres Gefühls und sie die Rolle so spielen ließ, wie ihre Empfindung es ihr eingab. Das Bild von Hildegard Knef in dieser Randrolle steht noch heute fest und klar vor meinen Augen.

Es folgte eine Uraufführung, mit der wir – es sei vorweg gesagt – mächtig auf die Nase fielen. Helmut Weiss, Schauspieler bei Gustaf Gründgens und ein guter Regisseur der leichten Hand, hatte ein Heimkehrerstück verfaßt: *Danach*, das mir beim Vorlesen großen Eindruck gemacht hatte und das mir einer Uraufführung wert erschien. Die Besetzung war das Quartett Hans Söhnker, Wolfgang Lukschy, Winnie Markus und Hildegard Knef, die auch hier ihre Qualität bewies und ihren berühmten und routinierten Partnern in nichts nachstand. Das Stück wurde von der Kritik und auch vom Publikum wegen seiner heiklen Probleme schärfer abgelehnt, als es das vielleicht verdient hätte. Auf jeden Fall waren die Leistungen der vier Schauspieler unter der Spielleitung des Autors von hohem Niveau.

Im nächsten Stück war die Knef frei, und im übernächsten stand sie freiwillig und in großer Disziplin zurück hinter der – wie es uns schien – typmäßig einer Französin näherstehenden Gerty Soltau, die als Partnerin von Hans Söhnker die Fanny in Marcel Pagnols *Zum Goldenen Anker* spielte, neben Hans Leibelt, Erwin Siegel, Otto Matthies, Arthur Schröder und Franz Stein. Hildegard Knef begnügte sich damit, die Rolle der Fanny mitzustudieren, um im Notfall für Gerty Soltau einspringen zu können. Und dieser Notfall trat nach einer Reihe von Vorstellungen tatsächlich ein. Die Soltau bekam die Masern und mußte in die Isolierstation eines Krankenhauses eingeliefert werden. Nun war der Weg frei für die Fanny der Knef. Das Publikum, dem mitgeteilt worden war, daß die Soltau erkrankt sei und wir nach ihrer Vertreterin Hildegard Knef in ganz Berlin fahndeten, saß geduldig wartend auf seinen unbequemen Plätzen. Die Knef wurde eine Stunde nach dem

eigentlichen Vorstellungsbeginn von der amerikanischen Militär-
polizei aufgestöbert und ins Theater gefahren. Ich eröffnete ihr,
daß sie sich sofort anziehen und schminken und die Fanny spielen
müsse. Sie fiel auf offener Straße in Ohnmacht bei dem Ansinnen,
ohne eine Verständigungsprobe in diese schwierige, große und
Kraft fordernde Rolle einzusteigen. Das war bei dem Ernährungs-
zustand, in dem wir uns 1946 alle befanden, ganz natürlich. Das
Publikum wurde vom Stand der Dinge informiert und ging nach
Hause mit der Gewißheit, daß die Vorstellung mit der Knef als
Fanny am folgenden Abend nachgeholt werden würde. Wir nutz-
ten den ganzen nächsten Tag zu einer sorgfältigen Umbesetzungs-
probe, und die Knef setzte ihre ganze Kraft und ihren besessenen
Ehrgeiz ein für ihre Fanny. Als ich am Abend während der Auf-
führung in der Kulisse stand und ergriffen und begeistert der über-
wältigenden Leistung der Knef zusah, zog mich Hildes Partner,
Hans Söhnker, beiseite, um mir die Worte zuzuflüstern – ich höre
sie heute noch –: »Mensch, die ist ja großartig!« Und so war es
auch wirklich. Die Zuschauer, die wir am Vorabend enttäuschen
und nach Hause schicken mußten, erlebten eine elementare, prä-
zise und gefühlserfüllte Fanny der Knef, die sogar die hervorragen-
de Leistung ihrer Vorgängerin noch übertraf in der Schlichtheit
und Reinheit ihres jugendlichen Gefühls und mit der Gewalt ihres
theaterbesessenen Temperaments. Sie war eine herrliche Fanny
und wurde dankbar gefeiert.

Die Premiere des amerikanischen Schwanks *Drei Mann auf
einem Pferd* wurde zu einem Triumph, vor allen Dingen für Hildegard Knef. Sie spielte die Rolle der Mabel, einer abgewrackten
Tänzerin billigster provinzieller USA-Provenienz, eigentlich viel
zu knackig und zu jung für diese Type. Aber sie fühlte sich so fabelhaft in diese Figur hinein und zeichnete sie so liebevoll und zart-
ironisch, daß diese Mabel für sie zum richtigen großen Durchbruch
in die Reihen der großen Schauspielerinnen wurde.

Jeden Abend, wenn dieses Stück gespielt wurde – und das insgesamt 291mal – wogten die Reihen im Zuschauerraum unter den Lachsalven wie ein Kornfeld im Sturm. Russische Offiziere lagen in voller Uniform vor Lachen auf dem Fußboden. Ich habe einen so ernsten Mann wie Wilhelm Furtwängler weder vorher noch nachher so lachen gesehen. Bertolt Brecht kam und schrieb mir am nächsten Tage ein Zettelchen: »Lieber Barlog, ich habe seit Chaplin noch nie so gelacht!«

Gustaf Gründgens lachte Tränen und verabschiedete sich am Ende der Vorstellung mit einem einzigen Wort: »Konkurrenz.«

Es war wirklich ein Riesenerfolg. Und er hatte auch Folgen für uns. Der Film wurde auf diese junge Frau aufmerksam, die den Typ der Berlinerin der vierziger Jahre so vollendet traf, und holte sie uns weg. Hildchen wurde Filmstar, und auch dort bewährte sie sich königlich. Zuerst drehte sie noch, um uns nicht in Verlegenheit zu bringen, den ganzen Tag über und spielte dann abends ihre geliebte Mabel, oder sie machte nach den Vorstellungen noch ihre Nachtaufnahmen. Aber das ließ sich auf die Dauer nicht durchhalten, und so bat Hilde um ihre Entlassung aus dem Ensemble. Dahinter stand schon Amerika, und da gab es keine andere Entscheidung, als unser geliebtes Hildchen aus dem Vertrag zu entlassen. Als letzte Rolle vor ihrem Abschied spielte sie noch bei uns, sozusagen als Abschiedsgeschenk, die Rolle einer kleinen Studentenhure in Eugene O'Neills O Wildnis, mit dem gerade von der Schauspielschule gekommenen Klaus Schwarzkopf zusammen. Es war eine einzige Verführungsszene, die durch Hildegard Knef und Klaus Schwarzkopf zum Kernstück dieses Theaterabends wurde. So etwas hatte die Hilde im Griff.

Ich hätte ihr gewünscht, daß dieser Abschied vom Theater zwei Jahre später gekommen wäre. Erst dann, wenn sie das Theaterabitur mit einer großen Shakespeare-Rolle gemacht hätte.

Aber die Zeiten waren hektisch, und Hilde strebte unaufhalt-
sam nach oben. Wer wollte ihr da wohl ihre Chancen verder-
ben.

*
* *

Barlogs Bedauern war echt empfunden, und auch Hildegard Knef
dachte wohl ebenso. Jedoch ergaben sich durch die Heirat mit
dem tschechisch-amerikanischen Offizier Kurt Hirsch auch gewisse bürokratische Zwänge, zum Beispiel jener, daß die deutsche
Braut eines amerikanischen Armeeangehörigen nach der Eheschließung innerhalb einer bestimmten Frist Deutschland verlassen müsse und in den USA die Staatsbürgerschaft beantragen. Da
kam Anfang 1948 der Sieben-Jahre-Filmvertrag mit den Selznick-
Studios – die immerhin *Vom Winde verweht* gemacht hatten – gerade recht.

Hollywood rief, viel zu früh, wie alle Berater zu Recht warn-
ten, und Hildegard Knef bemerkte erst nach geraumer Zeit der
Untätigkeit dort, daß sie eigentlich nichts anderes zu tun bekam,
als Englischstunden zu nehmen und einmal wöchentlich den
Scheck vom Filmstudio entgegenzunehmen.

Berlin wurde erst wieder Heimatort und gleichzeitig Arbeits-
platz bei den ausgedehnten Dreharbeiten zum englischen Film *The
Man between*, deutscher Titel *Gefährlicher Urlaub*, den Hildegard
Knef mit James Mason, Trevor Howard und Claire Bloom und
vielen deutschen Schauspielern drehte, unter der Regie Carol
Reeds, hochgerühmt seit seinem Wiener Spionage-Klassiker *Der
dritte Mann* mit Orson Welles, Joseph Cotton und der blutjungen
Italienerin Alida Valli, die in Hollywood ähnliche Wartereien
hinter sich bringen mußte wie Hildegard Knef – nach der bewährten amerikanischen Methode, die jungen, auffallend vielverspre-
chenden europäischen Nachwuchstalente durch Hollywoodver-

träge ohne wirkliche Aufgaben lahmzulegen und somit gänzlich dem europäischen Markt zu entziehen.

* *
*

Es ist Februar 53. In Berlin beginnen die Außenaufnahmen für einen englischen Film, den Carol Reed inszeniert. Ruinen sind beliebte Kulisse für ausländische Filme geworden. Deutsche Produktionen gehen den Trümmerfeldern aus dem Weg, sie siedeln ihre Geschichten in lauschigen Wäldern und Marktflecken an oder in der Villa eines in feinnervige Probleme verstrickten Konsuls/Chirurgen/Dirigenten, der den Krieg über kerzenbeleuchteten Hauskonzerten verpaßt zu haben scheint.

Sir Carol, vom englischen König in den Adelsstand erhoben, sieht aus wie jemand, der aus einem ordentlich gepackten Koffer Hemd und Hose hervorgezerrt, sie in Windeseile angezogen hat und ungefrühstückt losgerannt ist; halbnasses Haar und Zahnpastareste auf Kinn unterstreichen den Eindruck dringenden Aufbruchs. Er läuft, wie ein Haifisch schwimmt, seine Hände bleiben fast immer in der Stellung, als wollten sie einen Ball auffangen. Wenn er nachdenkt, reibt er kurz die Stirn mit abgewinkeltem Daumen. Er trinkt Gin und wird nie betrunken, er ißt selten und ohne Interesse, er schläft kaum.

Bei der Arbeit läßt er sich Zeit. Der Film dauert fünf Monate. Am ersten Tag drehen wir zwischen den Trümmern des Lützowufers; achtundfünfzigmal läßt er mich aus einem Taxi steigen und auf ein einsames Haus zugehen. Beim vierzigsten Mal fragt er: »Ist dir kalt?« – »Nein.« – »Bist du müde?« – »Nein.«

Nach dem achtundfünfzigsten Mal kommt er auf mich zu, grinst, sagt: »Gewonnen.« Von da an waren wir Freunde. Ich hatte seinen Durchhaltetest bestanden.

Abends kommen wir zum Kurfürstendamm: Schaschlikbuden, wo mal Häuser waren, zaghafte Lichtreklamen, Nachtklubs, brave Auslagen, Schmuck, Kleider, Blumen. Über die wenigen Kinos verteilt laufen vier meiner Filme gleichzeitig. Er sieht die Plakate, schiebt die Hände in die Taschen des wehenden Mantels, sagt: »Selbst wenn alle gut wären, ist es zuviel.«

Mutter sieht sich in dem Hotelzimmer um. Ich folge ihrem Blick, nehme durch sie wahr, was vor sich geht: Ilse Müller hat ein Brett über zwei Stuhlrücken gelegt und bügelt ein Filmkleid, Jupp Paschke räumt seinen Schminkkoffer aus, der Plattenspieler dudelt, die Agentin telefoniert, zwei Zimmermädchen bitten um Autogramme, Hubmann fotografiert noch immer, ein englischer Aufnahmeleiter bringt den Dispositionsplan für den nächsten Morgen, ein Versicherungsarzt der Firma schreibt ein Rezept.

Mutter sagt leise: »In dem Irrenhaus kann man doch nicht leben.«

Die Agentin legt den Hörer auf, strahlt. »Das verstehen Mütter eben nicht. Sie ist Weltstar.«

Unter Mutters Blick zerkrümelt das Weltstardasein. Die Tapete geblümt und fleckig, Bett und Schrank sperrholzig, Fenster zum Hinterhof, Abschminkpapier zwischen Gläsern und Kaffeekannen. »Wenn du frei hast, komm in die Bernhardstraße. Da können wir reden.« Eine Stunde später ist Pressekonferenz. Vor dem Hotel rufen Sprechchöre: »Hilde Hilde.« Sir Carol, James Mason und ich lächeln in Blitzlichter. Ich übersetze Fragen und Antworten. Die Reporter sind freundlich zu mir. Auch die, die annehmen, daß ich sie nicht wiedererkenne oder vergessen habe in den fünf Jahren, seit ich das letzte Mal hier war.

*
* *

Eine Entwurzelung hatte stattgefunden: Das geliebte Berlin, das schicksalhafte, war plötzlich nicht mehr heimatliche Wärme, sondern nur noch Filmkulisse; buckelnde Hotelportiers ersetzten kaum freundlich-vertraut grüßende Nachbarn, Journalisten ähnelten eher säuerlich-strengen Oberlehrern und einzig die Filmcrew schien zuweilen beiläufig Affinitäten eines familiennahen Zugehörigkeitsgefühls zu vermitteln.

Die innere Einsamkeit stand gewiß in irritierendem Gegensatz zum frenetischen äußerlichen Massenandrang auf den allseits umschwärmten Filmstar; und die kühle Gefaßtheit ihres beherrschten Ausdrucks schmolz bereits seltener als früher unter dem Leuchten ihres Lächelns, unter dem Licht ihrer Augen.

In einer bundesdeutschen Wochenillustrierten, der damals recht ambitionierten *Filmrevue*, die mit Star-Großfotos und erstaunlich reduziertem ›Bunte-Blättchen‹-Niveau aus der großen Welt des internationalen Films berichtete und damit seine Leser glamourös bedienend in eine traumhafte Scheinwelt entführte und sogar mit tollen Überraschungen belohnte, erschien im Jahre 1952 ein Gedicht über die Augen der Hildegard Knef.

Man höre und staune: Ilse K. aus München, eine äußerst glühende Verehrerin der Knef, vor Jahrzehnten bereits zur Freundin geworden, kann dieses Gedicht selbst heute immer noch auswendig hersagen und hat es mir sogar für dieses Buch aufgeschrieben.

Und nur deshalb ist es möglich, nach fast einem halben Jahrhundert, dieses sonst recht flüchtig der Vergessenheit anheimgefallene Poem (noch) einmal lesen zu können:

»Hildegard Knef«
Die hellen grünen Augen faszinieren,
der lichte Blick voll Glanz ist tief und rein,
wenn ihn der Brauen Schwünge sanft verzieren,
entflammt jedoch, trifft dich ihr Feuerschein.

Ein Rätselvolles liegt in seinem Leuchten,
das Weibliche ist seelenvoll betont,
und wenn in Trauer ihn die Tränen feuchten,
ist nie sein Stolz vor seinem Schmerz entthront.

Sein Lächeln nimmt dich rettungslos gefangen,
verzaubert dein Gemüt und hüllt dich ein –
wie Sapphos Lächeln macht es dich befangen
und bleibt des Mondes auch im Sonnenschein.

Zu dieser Zeit gab es noch andere Kuriositäten der Schwärmerei für einen Filmstar, die zuweilen bedenkliche Formen von geradezu heldenverehrungsähnlichem Enthusiasmus annahmen. Im Falle Hildegard Knef kopierten junge Frauen ihre Frisuren aus den verschiedenen Filmen, ebenso ihre Garderobe, und versuchten, zum Teil wahrhaft vergebens, sogar die sanft-spröde Alt-Stimme nachzuahmen, ihren salopp-knappen Duktus. Knef-Ähnlichkeitswettbewerbe wurden durchgeführt, zumeist mit überglücklich strahlenden Siegerinnen, die eher karikaturhaft verzerrt dem Original entsprachen; und sogar eine Unterart der afghanischen Windhundrasse, offenbar eine echte Neuzüchtung, wurde in einer Illustrierten in glänzenden Fotos vorgestellt: Zwei bildschöne Hundeköpfe mit knef-üppiger, herrlich rundschädel-gescheitelter und glattgekämmter Langhaarmähne à la *Alraune* und einem ›ungeheuer seelenvollen Augenaufschlag‹ – so der Kommentar – neben dem Foto des menschlichen Vorbilds sollte den erstaunten Lesern Typ-Ähnlichkeit suggerieren und den überraschenden Namen *Kneflinge* für diese neue Hunderasse einprägen. Das war zumindest bei mir vollends gelungen: ich war damals etwa elf oder kaum zwölf Jahre alt, empfand den Namen *Knef* ungewöhnlich, seinen Klang fremd und geheimnisvoll, ja geradezu hypnotisch. Meine Neugier war geweckt. Und Hunde mochte ich sowieso sehr gerne.

Auch das Konterfei der schönen, eleganten Dame neben diesen schönen, eleganten Hunden, deren sehnsuchtsverlorener Augenaufschlag unter träumerischen Wimpernkränzen tatsächlich keineswegs den Vergleich mit der abgebildeten Namenspatin zu scheuen hatte, beeindruckte mich nachhaltigst.

Ich bin sicher, daß dies meine erste Annäherung war an den Namen und die Person Hildegard Knef. Ich erinnere mich ebenso deutlich an eine gewisse Verwunderung, denn das Wort *Augenaufschlag* war mir bis dahin fremd gewesen, und auch die volle Bedeutung der Worte *Broadway-Musical, Garbo-Rolle, Durchbruch* und *Seidenstrümpfe*. Ich erinnere mich, nicht nur wegen der Hunde, an diese Begebenheit, weil ich wegen eines stiefmütterlichen Verbots, Illustrierte zu lesen, erst nach dem Tod meines Vaters 1956 und meiner anschließenden Rückkehr zur leiblichen Mutter in die Situation kam, Illustrierte durchzublättern, in ihnen zu schmökern und zu lesen, was ich von da an natürlich ausgiebigst getan. Diese erste Begegnung mit dem Namen Knef kann also nicht vor Ostern 1956 stattgefunden haben, eher sogar etwas später: auch wenn es sich bei dieser Illustrierten nicht unbedingt um eine wochenaktuelle Ausgabe gehandelt haben muß, denn im Zahnarzt-Wartezimmer meines neuen Stiefvaters lagen genügend Zeitschriften und Illustrierte aus verschiedenen vergangenen Quartalen bereit. An die Beerdigung meines Vaters kann ich mich nicht in allen Einzelheiten mehr erinnern. Aber sehr genau an die *Kneflinge* und ihre frappierende Ähnlichkeit mit dieser fremdschönen Dame mit diesem bezwingenden *Augenaufschlag* – ein Ausdruck, den ich fortan hütete wie eine geheimnisvolle Kostbarkeit, als gehöre er nur mir allein.

Die spektakulärste Ankunft Hildegard Knefs in Berlin, geradezu als triumphaler »*Einzug in die geteilte Stadt*« zu nennen, ist in einer bekannten Wochenschau-Sequenz von 1957 dokumentiert, in der man sieht, wie Hildegard Knef, in einen Nerzmantel gehüllt, einem weißen amerikanischen Auto entsteigt, offensichtlich die besagte *Schneegans*, und von einem wichtig aussehenden Herrn per Handkuß willkommen geheißen wurde und mit einem riesenhaften Berlin-Teddybär mit Stadtkrone beschenkt. Nach ihren liebenswürdigen Dankesworten wurde die Schauspielerin unter großem Publikumsandrang jubelnd auf Spruchbändern herzlich als *Ufa-Star Nr. 1* begrüßt und von weißuniformierten Polizisten auf Motorrädern – damals ›Weiße Mäuse‹ genannt – eskortiert und sozusagen in die Stadt geleitet. Das Ganze gemahnte recht eigentlich an altertümliche Triumphzugsriten oder Siegerehrungen und war offensichtlich der so Geehrten eher peinlich.

Im Schöneberger Rathaus wurde sie vom damaligen Regierenden Bürgermeister von West-Berlin Otto Suhr noch einmal beim Tee-Empfang gebührend in der Heimatstadt willkommen geheißen. Doch der etwas laute PR-Aufwand, den die neuerstandene Ufa mit ihrem zum vordersten Zugpferd auserkorenen Star veranstaltete, glich eher dem berühmten Pfeifen im Walde; denn die Filmfirma hatte große Pläne mit der *heimgekehrten* Hildegard Knef. Zunächst einen neuen großen Film unter der bewährten Regie von Wolfgang Staudte, mit dem die Knef ja bekanntlich ihren ersten Film *Die Mörder sind unter uns* gedreht hatte und dem sie vertrauen sollte. Der deutsche Film nämlich pirschte damals gerade immer noch ungehindert durch den Silberwald, forcierte mit den Ohren wackelnde Komiker und machte mit müden Militärklamotten mäßige Geschäfte. Doch mehrfach schon hatte Hildegard Knef das Drehbuch zum geplanten Film abgelehnt, vier neue Skript-Überarbeitungen ebenfalls, an denen neben anderen auch ein gewisser *Johannes Mario Simmel* schreibend tätlich geworden war. Sogar mit Verantwortlichen in der Chef-Etage der Ufa hatte sie gesprochen, um sie von dem aberwitzigen Vorhaben dieses Films abzubringen. Allerdings blieben ihre Bemühungen erfolglos; zu dieser Zeit hatten Schauspieler noch recht wenig Einfluß auf Drehbuch und Regie, geschweige denn auf Firmenpolitik.

So wurde der Film *Madeleine und der Legionär* mit führenden Schauspielergrößen wie Hannes Messemer und Bernhard Wicki in Marokko gedreht. Der Knef wurde ein völlig neues Image übergestülpt: ein gestutzter Haarschnitt, extrem blond gebleicht und kappenhaft kurz, ergab ein zwar interessant herbes Äußeres, aber ließ die Knef ungewohnt und sehr verschieden erscheinen von den früher bekannten Bildern, gleichsam viel strenger.

Dieser merkwürdige Film, der unbewältigte Kolonialprobleme Frankreichs im Algerienkrieg zum Thema hatte und gewiß kein Kassenerfolg für die wiedererstarkende Ufa wurde, hatte ja bereits in der Planungsphase und im Drehbuchstadium instinktiv Hildegard Knefs Widerwillen erregt – und es ist nicht ganz auszuloten, ob ihr hauptsächlich mürrisch-gelangweilter Gesichtsausdruck auf der Leinwand diesem Umstand Gebühr zollt oder der grundlegenden Charakterisierung ihrer Rolle als französische Lehrerin in der Wüste bei Algier entspricht, die mit vier Legionären zusammentrifft, von denen einer ihre Gunst gewinnt, wobei dies, streng betrachtet, wirklich ohne jede Bedeutung ist. Vielleicht kann das vom Regisseur Wolfgang Staudte extra für diesen Film selbst getextete und vertonte Legionärslied etwas mehr Auskunft über das allgemeine Niveau dieser Produktion geben:

Legionäre
Ein Legionär im Wüstensand
verliert so leicht nicht den Verstand,
das wäre auch ziemlich schwer,
das wäre auch ziemlich schwer.

Denn hätte er nur einen Funken Verstand,
marschierte er nicht durch Wüstensand

und wär' auch nicht Legionär,
und wär' auch nicht Legionär.
Es ist nicht alles Blut, was rot,
und jeder Tod ist kein Heldentod,
denn dieser Krieg ist kein Krieg,
c'est le ton qui fait la musique.

Doch ist ein toter Korporal
genauso tot wie ein General
nur beim General spielt die Musik,
nur beim General spielt die Musik.

Und wenn uns auch das Grauen packt,
wir haben auf fünf Jahre Kontrakt
bei der Légion Etrangère,
bei der Légion Etrangère.

Doch sollten wir nicht die fünf Jahre leben,
den Sold, den müssen sie trotzdem geben
deiner Mutter – französisch: ta mère.
deiner Mutter – französisch: ta mère.

Daß der Film also kein Erfolg wurde, vor allem kein finanzieller, lag
gewiß nicht an Hildegard Knef. Sie hatte gewarnt. Doch in den
Händen der uninspirierten Ufa-Bosse wurde aus dem Goldstück
Knef, im Ausland glänzend und hochdotiert gehandelt, in der Heimat eine stumpfe Münze, die das Publikum nicht einwechselte.
Man hatte sie zunächst königlich zum Ufa-Star Nr. 1 gekrönt –
und dann plötzlich entthronte man sie harsch, ja gnadenlos. Sie
lag nun in Berlin auf Eis.

Hildegard Knef, eben noch im deutschen Film französisches
Mädchen in Algerien, floh aus der Ufa und spielte dann als näch-

stes – wenn schon, denn schon – das *Mädchen aus Hamburg* im gleichnamigen französischen Film mit Daniel Gélin als Partner unter der Regie von Yves Allégret. Und hier stimmte dann wieder alles: trotz schwierigster Dreharbeiten wurde es ein guter Film, und vor allem ein schöner Erfolg für *Hildegarde Neff*, die damit auch in Frankreich wieder neue Freunde hinzugewann.

In dieser Zeit in Paris entstanden auch neue Verbindungen zu den unterschiedlichsten Menschen, von Boris Vian bis Miles Davis, von Pierre Balmain bis Françoise Sagan, Begegnungen, die zukunftsweisend für spätere Karriere-Entscheidungen wurden.

Die ersten nur für die Schallplatte konzipierten Chansons der Knef entstanden damals, die ihr der leider früh verstorbene Boris Vian sehr französisch auf den schönen deutschen Leib geschrieben hatte. Frühere Schallplattenaufnahmen waren ja stets Überspielungen aus Filmen, in denen die Knef in ihrer Rolle gesungen hatte. So wurden in Paris, danach in London, die Grundsteine für die erstaunliche Chansonkarriere der Hildegard Knef in den sechziger Jahren gelegt.

Als Hildegard Knef 1959 in London mit dem blendend aussehenden Anthony Palastanga zusammentraf, der über zwei Meter groß war und sich als Schauspieler David Cameron nannte, konnte niemand ahnen – auch die beiden Betroffenen kaum –, daß aus dieser Begegnung eine über siebzehnjährige Verbindung entstehen würde, 14 Jahre davon als Ehepaar.

Als sie sich verliebten, war er allerdings noch verheiratet und hatte größte Mühe, die Scheidung von seiner damaligen Ehefrau zu erwirken. Daß ausgerechnet die ›Sünderin‹ mit einem bereits anderweitig verheirateten Mann so sündig zusammenlebte, war für die Moralapostel der deutschen Öffentlichkeit zwar nicht überraschend, doch schien es ihnen gehörig zu mißfallen: Hildegard Knef landete sogleich auf einer heimlichen schwarzen Liste, die verhinderte, daß sie in Deutschland überhaupt Filmangebote bekam.

Vom deutschen Film absolut gemieden, wurde eine der profiliertesten und sicherlich eindrucksvollsten Darstellerinnen des internationalen Films ihrer Zeit zuhause erneut auf Eis gelegt und konnte nur noch im Ausland filmen, für deren zum Teil mittelmäßige Produktionen sich dann aber daheim nur schwer Verleihfirmen finden ließen.

Publikum konnte Hildegard Knef nur erreichen von der Bühne des Schloßpark-Theaters in Berlin, wohin sie der Prinzipal Barlog 1960 für Marceaus etwas umstrittenes Stück *Der Nerz* neben Bertha Drews unter des späteren Romy-Schneider-Ehemann Harry Meyens Regie locken konnte. Zum Glück gelang es ihr auch, einige wenige, aber hochinteressante Aufgaben im deutschen Fernsehen zu übernehmen, das offensichtlich etwas unabhängiger von Filmbonzen war.

Die beachtenswerten Ergebnisse dieser Fernseharbeiten wie 1960 beim Cocteau-Einakter *Die geliebte Stimme* oder 1962 in *Golden Boy* mit dem unvergessenen Klaus Kammer und René Deltgen oder *Laura* mit Adolf Wohlbrück und Hellmut Lange beeindruckten nicht nur die gewieften Kritiker; selbst Journalisten anderer Sparten fragten öffentlich, warum denn eine so brillante Schauspielerin, die sich bereits in unzähligen Rollen so blendend bewiesen hätte, keine Aufgaben im deutschen Film bekäme. Dennoch blieb zunächst nur das Ausland und das deutsche Fernsehen als Betätigungsfeld.

Als auch das schwierig wurde – die öffentliche Meinung ist vermutlich eine schleichend-ansteckende Krankheit – kamen Hildegard Knef und ihr immer-noch-nicht-geschiedener Tonio auf die Idee, sich sozusagen unabhängig von einem riesigen Apparat zu machen und mit Theatertourneen über Wasser zu halten. Daß dabei etwas höchst Erfolgreiches zustande kam, war ihrer beider Enthusiasmus und unbändigem Willen und natürlich Hildes großem Talent zuzuschreiben. Die Rückkehr der Knef auf die Bühne mit dem Erfolgsstück *Die ist nicht von gestern* wurde 1961 stürmisch gefeiert; Regie führte übrigens der brillante Carl Heinz Schroth, dem sie einst, noch in der Schauspielausbildung, in einem Stück im Deutschen Theater allabendlich schwarzmaskiert mit vorgehaltener Pistole ein »Hände hoch!« entgegengehaucht hatte.

Neue Aufgaben im Fernsehen, in Filmen in Frankreich und Italien, überall begeistert entgegengenommen, auch kopfschüttelnd ob der Ignoranz immer noch Verneinender gelobt, wechselten mit beinahe unüberwindlichen *Durststrecken*, bis nach Hildes Darstellung der *Seeräuber-Jenny* in der Verfilmung der *Dreigroschenoper* mit Curd Jürgens als *Mackie Messer* und der sich anbahnenden ersten Phase der später so bedeutsamen Chanson-Karriere das Blatt wendete. Das Auf und Ab in der Publikumsresonanz auf die diversen Unternehmungen der vielseitig begabten Künstlerin Hildegard Knef, auch zusammen mit dem 1962 nun endlich wieder ehefähigen Briten David Cameron, schien sich gleichsam im Privaten abzuzeichnen, wie später im Buch *So nicht* eindrucksvoll und atmosphärisch dicht geschildert:

* *
*

Er war sechsundzwanzig.

Ich war dreiunddreißig.

Meine Mutter sagte, er sei zu schön und zu eitel.

Mein Bruder sagte, er sei unmännlich.

Da er verheiratet war, schrieben die Zeitungen, daß unser Zusammenleben eine nationale Schande sei.

Es schien eine bemerkenswerte Vergeßlichkeit zu herrschen, insbesondere, wenn es sich um die Unlöblichkeit der deutschen Vergangenheit handelte. Ein Film, den ich sieben Jahre zuvor gedreht und in dem ich meinen nackten Körper sechs Sekunden als Malermodell bestaunen ließ, löste hysterisch-hemmungslose

Proteste aus, was einigermaßen erstaunte, waren doch kaum fünf Jahre seit Maidanek, Auschwitz, Bergen-Belsen, Dachau, Treblinka vergangen. Pfarrer litten unter Herzinfarkten, Kinos brannten, von Kanzeln wurde ewige Hölle verordnet, sollte nur einer der Gemeinde wagen, sich dieses Machwerk undeutscher Kunst anzusehen. Stinkbomben prasselten gleich Hagelkörnern, Krawallmärsche waren Tagesordnung. Der Skandal machte den Produzenten reich und mich lächerlich. So tröteten sie wochen-, ja monatelang, daß ich der Ehre der deutschen Frau ins Gesicht geschlagen. Nazi-Vokabular stieg auf, gleich unverdauter Fischsuppe.

Nach dem Tonio-Aufruhr bekam ich keine Rolle mehr.

Ich stand auf der gefürchteten schwarzen Liste der allmächtigen Filmverleiher.

Wir waren pleite.

Es war uns egal – nicht ganz – doch beinahe.

Er kam aus Londons East End. Kannte sich in Armut aus; mit jener verglichen, lebten wir im Luxus. Er hatte in der Provinz gespielt und einmal in London. Er lernte rasch und viel. Auch Deutsch. Er sagte, ich sei begabter als er. Er würde mich führen. Stücke aussuchen. Auf Tourneen gehen.

Wir bauten aus Schutt ein ansehnliches, wenn auch anstrengendes Leben. Es war das erste Mal, daß ich eine Ahnung von dem bekam, was andere mit ›Glück‹ bezeichnen. Er vermittelte mir das kuschlig-geborgene Gefühl, auf seinem Schoß zu sitzen. Ein Freund sagte, ich müsse früher als Tonio sterben. Ich würde seinen Tod nicht ertragen. Ich gab ihm recht.

Tonio lächelte. Er lächelte fast immer. Sprach wenig. Lachte nie. Ich apportierte Erfolge wie der Hund den Knochen.

Meine Mutter starb.

Ein halbes Jahr später willigte seine Frau in die Scheidung ein. Wir heirateten.

Mein Bruder kam nicht.

Wir lebten bei München. Am Starnberger See. Ich drehte wieder Filme, machte Schallplatten, Fernsehshows. Er stand in den Studios, höflich, zurückgezogen, unauffällig, obgleich zwei Meter lang. Wir hatten unsere Zeichen, wann ich gut wann ich schlecht gewesen war. Ich schrieb Texte. Texte für ihn. Er machte Mut.

Er wurde mein Regisseur, obgleich er nie zuvor Regie geführt hatte. Er wurde mein Schallplattenproduzent, obwohl er auch davon keine Ahnung hatte. Seine Selbstsicherheit flößte allseits unumschränktes Vertrauen ein. Man hörte auf ihn ›Herr Knef‹ zu nennen.

Wir hatten Erfolg. Ich schrieb meine erste Langspielplatte. Sie wurde gelobt.

Wir trennten uns nie.

Er wußte, daß Cardin die besten Anzüge für ihn machte und Balmain die besten Kleider für mich. Wir gehörten zur Schickeria. Zum Jet-set. Wir kannten die ›richtigen‹ Leute. Wir waren auf den ›richtigen‹ Parties. Wir waren das ›schöne Paar‹. Frauen himmelten ihn an. Männer neideten ohne Gehässigkeit. Seine zur Apathie neigende Ruhe glättete Emotionen.

Die Erfolge überstürzten sich. Mit jedem neuen begann er sich zu langweilen. Er machte Verträge, führte Konten, doch je mehr Erfolge, um so mehr Langeweile, wiederholt versicherte er, ohne Ehrgeiz zu sein. Erreichtes lähmte ihn, während ich rastlos-ungestüm neuen Prüfsteinen nachjagte. Ich hatte sieben Jahre lang keine Ferien gehabt, war überarbeitet, verkrampft, verängstigt, einem Zusammenbruch nahe. Mein grauenvolles Lampenfieber war ihm zuwider.

Im November 1967 wurde ich schwanger.

*
* *

Die ersten Schallplattenaufnahmen von 1957/58 aber, damals noch in Französisch und andere in Englisch aufgenommen (darunter das von mir favorisierte *My Heart belongs to Daddy*, das in seiner ungebremsten Erotik die Grenzen zur Laszivität so vehement streift, ja beinahe niederstürmt, daß die gewiß nicht prüde Eartha Kitt daneben wie eine Klosterschülerin erscheint), ebneten den Weg für die Chansons der sechziger Jahre in Deutschland. Zunächst nur auf Single-Platten, den kleinen 45ern.

Und mit den ersten Erfolgen wuchs das öffentliche Interesse und auch die Nachfrage, denn in der Bundesrepublik hatte sich, wenn auch spät, herumgesprochen, daß Hildegard Knef, die bekannte Filmschauspielerin, die auch kürzlich im Fernsehen immens beeindruckende Rollen gespielt hat – eine Frau mit einer ungewöhnlichen Stimme, gewiß, und auch besonderem musikalischen Feeling, neuerdings hochinteressante Chanson-Aufnahmen vorgelegt hatte. Und Zeitungsrezensenten prophezeiten, sie stünde vor einer großen *neuen* Karriere – völlig außer acht gelassen dabei: die erfolgreichen zwei Musical-Jahre am Broadway, Mitte der fünfziger Jahre. Und nach sehr kurzer Zeit, in der zwei oder drei Schallplatten herauskamen, war auch der erste große Hit dabei: *Er war nie ein Kavalier*. Und dann folgten *Aber schön war es doch* und das *Lied vom Leierkastenmann*. Der endgültige Durchbruch, nicht nur als singende Schauspielerin, sondern als eigenständige Chanson-Sängerin kam 1963 mit den Aufnahmen aus dem Film *Die Dreigroschenoper*, nach Brecht, deren berühmte Kurt-Weill-Songs separat in einer Schallplattenversion herausgebracht wurden, darunter auch die unsterbliche Mackie-Messer-Moritat. Der Erfolg ließ sogleich *Er hieß nicht von Oertzen* nachlegen und das walzertraurige *Es war beim Bal paré*, das einst einen Rezensenten zu intensiver Betrachtung anregte: »Das ist ein hingehauchter Dreivierteltakt ohne jedes Rumtata. Da weht eigentlich nur die Ahnung von einem Walzer vorüber. Und doch ist dieses beinahe impressionistisch zu nennende Lied genauso walzerselig wie etwa Ravels Concert-Valse. Das ist ein schwereloses Schweben in Melancholie. Zierliche Spinnweben hängen zwischen den Kronleuchtern des Bal paré.«

Von da an hatte sich Hildegard Knef als Chansonsängerin vollends etabliert und begann sogar, für manche ihrer Lieder eigene Texte zu verfassen. Das war der wichtige Moment: In kürzester Zeit wollten Produzenten wie Publikum nur noch Original-Knef-Texte, und so nahm damit eine unvorhergesehene und einzigartige Schallplattenkarriere ihren Lauf, mit unzähligen Hits, diversen zu *Ohrwürmern* gelungenen und einigen tatsächlich als *Evergreens* unvergeßlich gewordenen Chansons, deren Melodie jeder mitsingen konnte, doch vor allem auch den Text. *Ich brauch' Tapetenwechsel*, und *Von nun an ging's bergab*, natürlich besonders *Für mich soll's rote Rosen regnen* waren die hochbesegelten Flaggschiffe dieser Jahre und sind teilweise sogar in den Sprachgebrauch der Menschen eingegangen. Auch *Ich brauch' kein Venedig* und die liebevolle Hymne an die Heimatstadt, das kesse *Berlin, dein Gesicht hat Sommersprossen.*

»Sie singt, was sie weiß. Und sie weiß, was sie singt«, hat Erich Kästner einst von einer Chansonsängerin behauptet. »Man merkt das am Gesang.« In diesem Sinne ist Hildegard Knef eine Chansonsängerin par excellence; eine Schlagersängerin ist sie jedenfalls nicht, obwohl sie das Kunststück fertiggebracht hat, manche ihrer Lieder so einschlagen zu lassen, daß sie tatsächlich *Schlager* wurden, aber nicht zum Schlager.

Dutzende von höchst erfolgreichen Langspielplatten, vorderste Hitparadenplätze für ungezählte Lieder, deren einschlägiger Massenerfolg geradezu Gassenhauer aus ambitionierten Chansons machte, kein Tag ohne drei bis vier Knef-Songs im Programm fast aller Radiostationen, ausverkaufte und umjubelte Konzerttourneen 1966 und 1968/69, Millionenumsätze der Schallplattenindustrie, gipfelnd 1968 in der Verleihung einer *Goldenen Schallplatte* für den Verkauf von drei Millionen Langspielplatten, und ungezählte Fernsehauftritte, Preisverleihungen, Zeitungsartikel und applaudierende Rezensionen im In- und Ausland. In einer Zeit, als die *Beatles* den Musikstil bestimmten, hatte Hildegard Knef die Kunst des literarischen Chansons in Deutschland wiederbelebt und weitergeführt, ihm ihren ureigenen Stil verliehen. Und damit brachte sie die leichte, die allzu *leichte Muse* wieder etwas auf Gewicht.

Unverkennbares Markenzeichen: die spröde, dunkle Stimme. Sie kann rauh sein und zart. Samtig, verführerisch, frech oder forsch. Mal brüsk, mal kantig, dann wieder schmelzend. Eigenwillig allemal, wie ihr Gesicht, wie die leuchtenden, wachen Augen, deren Grün sich je nach Seelenlage und Anteilnahme vertieft. Der klare Blick, der durch dich hindurchzusehen scheint, alles sieht und dennoch verzeiht. Eigenwillig ebenso ihre einfallsreiche Sprache, geschrieben mit der gleichen Intensität, mit der sie scharfsichtig ihre Umwelt beobachtet, erforscht, zuweilen auch seziert.

Ihre Texte, die ganz allgemeine Erlebenswerte, selbst soziale Forderungen bergen, werden kompromißlos ins Individuelle transponiert und aus Erlebtem heraus als menschliche Aussage formuliert. Das trifft zielgenau, bewegt auch Unbewegbare, entwaffnet durch Ehrlichkeit, macht betroffen im verlegenen Wiedererkennen, erheitert sogar mit klug-schrägem Witz und saloppem Wortspiel. Wer zuhört, gewinnt allemal. Wer achtsam lauscht, begegnet sogar längst Vertrautem in ganz neuer Gestalt. Manch Rätselhaftes wird endlich entziffert, Ungekanntes scheint plötzlich erkennbar, Beängstigendes wird behutsam demontiert – und Unlauteres sogleich mutig enttarnt, aber nicht bloßgestellt.

Identifikation bei Schmuseton mit Peitschenknall. Hautlose Verletzbarkeit, getarnt durch Witz und Ironie. Mitgefühl ohne Selbstmitleid, Tiefgang ohne erhobenen Zeigefinger, Optimismus mit Warnschranke, Hoffnungsschimmer ohne Brückenzoll. Und das mit einer Stimme, die das Leben hart gemacht hat, aber Liebe weich werden läßt.

Eine der bedeutendsten Vokalistinnen und Musikgenies des zwanzigsten Jahrhunderts, die unübertreffliche Jazzsängerin und unbestrittene *First Lady of Song*, Ella Fitzgerald, mit einer professionellen Dauerkarriere von über 50 Jahren, soll einst geurteilt haben: »She is the greatest singer in the world without a voice.« (Hildegard Knef ist die größte Sängerin der Welt *ohne* Stimme.)

Und fürwahr: Sie hat eine ganz individuelle Technik; Stimme nämlich hat sie kaum. Man merkt fast nicht, daß sie atmet. Da ist mehr Zwerchfell als Lunge. Was man wahrnimmt, sind Gedanken, eigentlich nur Gedankenfetzen. Die Stimmbänder rascheln dabei manchmal wie ein Perlenvorhang, der durchschritten wird. Man hört es seufzen. Die Töne kribbeln hoch wie Bläschen in einem Champagnerglas: sowie sie die Oberfläche erreicht haben, zerplatzen sie lautlos zu einem Nichts. Wer die Knef singen hört, achtet auf den Text, atmet die Gedanken ein, die von ihr sangbar rezitiert werden. Sie singt keine Noten mit unterlegtem Text, sie sagt eher Text mit Noten auf, und zwar *con sordino* – im Kammerspiel-Ton. Und ihre Stimme wird bei aller Wandlungsfähigkeit wohl immer eine Glocke mit Sprung sein.

Als Hildegard Knef im November 1999 nach fast 19jähriger Pause ein neues Chanson-Album mit elf Musiktiteln unter dem Titel *17 Millimeter* herausbrachte, war natürlich das Medieninteresse riesig, die Neugier auf eine *neue Knef* groß, die Erwartungen hochgeschraubt und die Emotionen gespannt, teils abwartend oder sogar lauernd. Das Echo war überwältigend, war durchweg positiv, auch mit großem Respekt vor der Leistung der Künstlerin und mit der Verneigung der Kritiker vor dieser als reifes Alterswerk gewürdigten Arbeit, die, wie viele in einem Atemzug dabei forderten, bitte nicht ihre letzte bleiben möge.

VOM GAUL, VOM URTEIL
UND VON 17 MILLIMETERN

Der sensationelle Erfolg des ersten Buches von Hildegard Knef *Der geschenkte Gaul* im Jahre 1970 war zunächst hauptsächlich ein Überraschungserfolg, denn niemand hatte wirklich das erwartet, was sich ungemein schnell herausstellen sollte: Hier ist nicht etwa ein flott geschriebenes Schauspieler-Memoiren-Buch entstanden, sondern ein Stück Literatur. Und war auch der Werbeaufwand des Wiener Fritz Molden Verlags überproportional zu den üblichen Usancen und Voraussagen der Buchbranche, hatte auch das Ausmaß der Resonanz auf dieses Buch bereits im Erscheinungsmonat jeglichen gewohnten Rahmen gesprengt. Die Masse der Berichte und Rezensionen über dieses Buch übertraf alles bisher Dagewesene, selbst über die schwerwiegenden Werke der zeitgenössischen Literaturfürsten oder Millionenumsatz-Schreiber. Die Aktenordner des gesammelten Presse-Echos zum *Geschenkten Gaul* können nur dezimeterweise umschrieben werden, und eine Auswahl der Kritikerstimmen kann nur zufällig oder sporadisch erfolgen.

Petra Kipphoff (Norddeutscher Rundfunk):

»Daß Hildegard Knef, die seit den Deutschaufsätzen in der Mittelschule in Berlin-Schöneberg und Chansontexten wohl kaum je als Schriftstellerin tätig gewesen ist, dieses Buch trotzdem geschrieben hat, scheint eine typisch energisch-mutige Knef-Aktion, und man ist ihr dankbar dafür ... Sie ist eine fabelhafte Frau und eine Erzählerin von Rang, die Scharen von Dichterlingen hinter sich läßt.«

Ursula von Kardorff schrieb in der Münchner Abendzeitung:

»*Der Geschenkte Gaul* ist ein dichtes, witziges, zum Teil brillant geschriebenes Erinnerungsbuch ... Mit sicherem Zillestrich sind die Berliner Typen aus Kellern und Garderoben, auf Parties und Bühnen hingesetzt, man kann sie hören, sehen, riechen. Das Buch ist Klasse.«

Und Friedrich Luft sprach unverwechselbar im RIAS Berlin:

»Daß sie spielen kann, wissen wir spätestens seit *Drei Mann auf einem Pferd*. Daß sie singen kann, oder nicht gerade singen, sondern besser gesagt, sich mit Chansons und Liedern ausdrücken, wissen wir auch und wissen ihre Plattenverleger und Tourneeveranstalter. Nun kann sie auch noch schreiben. Nun tritt unser Hildchen schon ihre dritte (oder ist es ihre vierte?) Karriere an. Das Mädel kann sich bisweilen in die Nähe richtiger Literatur heranschreiben, ohne Schummel oder Faxen. Eine Naturbegabung mit Herz und Köppchen und einem Blick, der scheinbar Belangloses fixiert und lebendig und typisch macht.«

Ekkehard Rudolph vom Süddeutschen Runkfunk konstatierte:

»Fesselnd, mit einer nuancenreichen Skala sprachlicher Mittel schildert die Autorin die Zeit etwa zwischen 1930 und 1960. Höhepunkte sind die glänzend gelungenen Kapitel über das Kriegsende und die über Amerika, wo Hildegard Knef in den 50er Jahren am Broadway Triumphe feierte. Es ist ein Buch, das auch den literarisch anspruchsvollen Leser nicht enttäuschen wird; ganz im Gegenteil: dieses Buch ist Literatur ...«

Der Wiener Schriftsteller Hans Weigel, ein auch allseits gefürchteter Kritiker, war sehr verwundert über die Tatsache, daß hier eine Schriftstellerin erstmals entdeckt würde, die jahrelang nur gefilmt und geschauspielert hat, aber nicht geschrieben. In einem Brief an Hildegard Knef gibt er ihr den ernsthaften Rat:

»Wehe, wenn ich Sie je wieder auf einem Filmplakat sehe, gnädige Frau. Platten aufnehmen? Meinetwegen. Theaterspielen? Unbedingt, aber vor allem schleunigst hinsetzen und das übernächste Buch schreiben.« Und er fügte hinzu: »So, und nun marsch in die Literaturgeschichte.«

Und in die Literaturgeschichte aufgenommen ist das Buch zweifelsohne; höchst ungewöhnlich für das Erstlingswerk einer bislang nur Texte schreibenden Schauspielerin und Sängerin. Und die Resonanz bei ihren professionellen, erfolgreichen Autorenkollegen war spontan und enthusiastisch, völlig ohne den üblichen Argwohn, den manche sonst gegenüber Nichtliteraten zu haben pflegen.

Ohne Einschränkung wurde die Debütantin Knef von etablierten Schriftstellern zur *Kollegin* ernannt und bar jeder Eifersucht sogleich respektiert. In diese vorbehaltlose Anerkennung mischte sich nur hier und da vielleicht manchmal ein gewisser Hauch neidvoller Verwunderung, spätestens als die Auflagenhöhe und die immensen Verkaufszahlen ihres Erstlings allen Erwartungen der Autorin, selbst den hochgesteckten ihres erstaunlich werbegeschickten Wiener Verlagshauses im wahrsten Sinne des Wortes auf-und-davon galoppierten.

Im hochdotierten Literatur-Derby, genannt *Frankfurter Buchmesse*, wurde 1970 der schicksalhaft ›geschenkte‹ Gaul, der anfänglich allenfalls unter ›lahmender Außenseiter‹ gesetzt war, noch vor dem Start glänzend PR-gestriegelt, bereits als brandheißer Geheimtip gehandelt – und ging dann urplötzlich auf funkenschlagenden Hufen durch.

Im Geschwindritt raste er den renommierten Literaturjockeys jener Zeit hinterher, kam gefährlich nahe, kam immer näher, holte sie ein, schloß auf, überrundete sie beifallumtost und von johlender Menge angefeuert, zog triumphwiehernd an allen vorbei, verwies Grass, Simmel, Puzo, Solschenizyn, Charrière, Kishon auf hintere Plätze, nahm dann flugs – Erfolg gab die Sporen – alle europäischen Sprach-Hürden mit Bravour, stürmte schnaubend, nunmehr allseits erklärter Favorit, auch global sämtliche wichtigen Bestsellerlisten und preschte mit fliegender Geldmähne und ungewöhnlich viel publizistischem Schaum vorm berühmten Maul – sogar um Hunderttausende von Auflagen-Nasenlängen vorn – schnurstracks durchs verlegerische Ziel. Und sogar weit darüber hinaus. Sollte danach, als echtes Vollblut, immer noch nicht aufhören zu galoppieren oder wenigstens rekordbrechend zügig und vor allem ausdauernd weiterzutraben. Das am meisten verkaufte, beachtete, rezensierte, auch am häufigsten journalistisch abgehandelte Buch der deutschen Nachkriegsliteratur erreichte allein bis 1990 eine Gesamtauflage von 3,7 Millionen verkaufter Exemplare. Weltweit.

Wir hätten es jedoch nicht mit Hildegard Knef zu tun, stünden der unendlichen Reihe von außergewöhnlich begeisterten Rezensenten nicht ebenfalls heftigste Feinde gegenüber, wenn auch diesmal in verschwindender Anzahl. Dafür um so krasser, teilweise krauser: Manche Ablehnung, vermutlich von nichts als blankem Haß genährt, erschien beinahe legitim, verglichen mit anderen, die nur unsinnig waren oder geradezu lachhaft, in ihrem dümmlichen Ansatz, zumeist noch von Kurzsichtigkeit und mangelnder Intelligenz blockiert, möglicherweise gar nur von purem Neid diktiert – oder schlechtem Gewissen.

Auf einen Nenner gebracht: es wurde der Autorin – offensichtlich von Lese- und Geschichts-Unkundigen mit einer Fünf in Mathematik – angekreidet, daß sie, bei Hitlers Machtergreifung gerade sechs, beim bitteren Ende erst neunzehn, als Heranwachsende nicht ›ideologie-kritisch‹ gedacht, die Propaganda nicht durchschaut habe. Die Unterlassung eines spontanen Staatsstreiches unter Fahnenführung der minderjährigen Schülerin wurde zwar nicht wörtlich, doch zwischen den Zeilen kategorisch bemängelt. Obwohl all das eigentlich nicht Bestandteil einer Buchkritik sein kann, eher eine schnöde Attacke auf die Person der Autorin darstellt, nicht aber, was sie sollte, ihre Arbeit kritisch analysiert, zeigt diese Verirrung doch nur allzu deutlich, daß die große Stärke des Buches jenen deutschen Beurteilern völlig verborgen blieb: das ehrliche Eingeständnis von Ahnungslosigkeit und Mitläuferei in jener bestimmten historischen Situation in Deutschland. Und genau das erhob den *Geschenkten Gaul* zum bewegenden Zeitdokument, das besonders auf Grund dieser Qualitäten im betroffenen europäischen Ausland mit Hochachtung begrüßt wurde. Und in Amerika wurde es unter dem Titel *The Gift Horse* – in der brillanten Übersetzung des damaligen Knef-Ehemannes David Cameron – vorbehaltlos gefeiert und hielt sich über ein Jahr in der Bestsellerliste der *New York Times* auf vordersten Plätzen. Auch heute – dreißig Jahre nach der Erstveröffentlichung – wird in Amerika immer noch mit größtem Respekt von diesem Buch gesprochen, wie wir auf unserer USA-Reise kürzlich im Juni 2000 wiederholt erleben konnten.

Der ungeheure Erfolg des Buches *Der geschenkte Gaul* war aber nicht nur eine Sache des öffentlichen Beifalls und der allgemeinen, sogar weltweiten Zustimmung: Für die Autorin selbst bedeutete es ungemein mehr, und nicht nur die beifällige Anerkennung ihrer enormen schriftstellerischen Begabung; vielmehr bestätigte das Ergebnis ihre jahrelangen Bemühungen um eigenverantwortliche künstlerische Arbeit. Während sie als Schauspielerin im Film oder auf der Bühne nur reproduzierend von so vielen Umständen und Menschen, auch von ihren Neigungen und Intentionen, wie deren Talent abhängig und dennoch meist für den Ausgang der Gesamtbemühungen pauschal beurteilt, manchmal sogar einzig zur Verantwortung gezogen worden war, gab schon die Beschäftigung mit dem Chanson, besonders durch die eigenen Texte, ein wesentlich eigenständigeres Betätigungsfeld, in dem sie gegenüber dem Publikum allein war, alle Zügel sozusagen selbst in der Hand hatte, zwar abhängig von den Musikern, aber sonst nur auf sich gestellt – und die Rezeption des Publikums, wie ein Chanson letztlich *rüberkam*.

Der nächste Schritt war der zum Schreiben, was – wie Hildegard Knef es immer nennt – *ein Krokodil ist, das dir die Zeit frißt*. Aber es ist eine kreative Auseinandersetzung mit sich selbst und dem Sujet, die sich lediglich im Geist des Schreibenden abspielt, also völlig unabhängig von anderen Menschen, auch wenn es den Urheber nach der Veröffentlichung natürlich ungeschützt offenlegt für jedwede Beurteilung von außen. Es ist ein eigenständiger und manchmal sehr einsamer Schöpfungsakt der künstlerischen Potenz eines Menschen, der unseren Respekt verdient.

Waren die saftigen Weiden, auf denen *Der geschenkte Gaul* gediehen war, die Lebenserinnerungen Hildegard Knefs von der Kindheit bis etwa in die sechziger Jahre, hatte *Das Urteil* einen wesentlich ohnmächtigeren Anlaß: Einerseits behandelt das Buch die konkrete Brustkrebserkrankung der Knef, die notwendige Operation und ihren tapferen Kampf ums Überleben, auf der anderen Seite standen ihre Beobachtungen im Krankenhausalltag und allgemein der medizinischen Versorgung und der Abhängigkeit der Kranken, der ›entmündigten Patienten‹, von den Fähigkeiten, aber auch Launen der Heiler und ihren Schwierigkeiten, ›nicht größenwahnsinnig zu werden, weil sie immer die Stehenden sind, die einen Liegenden betrachten‹.

* *
*

Folgender Auszug aus dem Buch *Das Urteil* mag hierbei als Zeugnis gelten:

Drei Schwestern preschen mit aufgezogenen Spritzen umher, karren Infusionshalter, zwei weitere knallen Tabletts in einen Kantinenwagen. Über mein Bett hinweg bellen sie: »Allerhand los heute. Großkampftag.« Militärjargon – Feldlazarett – Gefangenenzugang. Der Lärm ohrfeigt mich, hämmert auf mir rum. »Das Atropin«, murmele ich, »es setzt mir zu.« Das Bett rumpelt in den Aufzug, Kottbussens verächtlicher Blick wendet sich der Neonröhre zu, die breiten Nasenlöcher dehnen sich, scheinen gleich zwei eng beieinanderstehenden Augen auf mich niederzusehen. Mit einem letzten schwungvollen Stoß befördert sie mich in den OP. Das ehemals heitere Wiesen-, Schilf-, auch Seegrün ist eingedickt, eingetrübt, verfilzt; finster-trübes Aas-Eiter-Schimmel-Grün saugt mich auf und ein. Ich liege neben ungleichmäßig schlagender Pendeltür, unbeachtet, keineswegs Gegenstand der Geschäftigkeit, die hier wie in den Gängen rumort, exakter knapper tonlos, gleich stumm verschlossenem Aufruhr, der, von einem kurzen Zuscheln unterbrochen, an aussetzenden batterieschwachen Transistor erinnert. Nichts mehr von der entspannten Gastlichkeit, die dem abendlichen Eingriff vorausgegangen; hier wird die geölte Morgenmühle der größeren und großen Operationen getreten, glatt mürrisch professionell. Vier Arme heben mich auf eine schmale Bank, breite Lederschnallen klappen gleichzeitig über rechten Unterarm und beide Fußgelenke. Die linke Hand wird hochgezogen, hinter ihr taucht das tiefgelegene Auge der »Olive« auf. Weder das Kontrollauge noch das herzliche teilen mit, distanziert und zugeknöpft peilen sie Unsichtbares an. Ein Schuß bellt laut, metallisch, die Kanüle rutscht in die Vene, zwischen vorüberschwimmenden Augen forsche ich nach denen des König A. – finde sie nicht – möchte noch melden, daß Patientenverwechslung vorliegt, Irrtümer wahrscheinlich, da klatscht das Grün auf mich nieder, zieht mich zusammen, walzt mich breit. Kein zärtliches Gleiten, kein Kurznarkose-Lächeln – nein, Hieb, Schlag, Entsetzen – schwarzstichiges Grün, dann rabenschwarze Nacht: »Olivens« Vorhof des Todes.

Ich kann nicht atmen. Etwas schnurrt um mich herum. In meinem Bauch brennt's lichterloh, Auf ihm liegt eine Bleiplatte, preßt Brustbein, Rippen, Hüftknochen, schürt das Feuer. Irgendwer tuschelt. Das Tuscheln läßt lodern wie Blasebalg, heizt ein, versengt. Der Schmerz kreist gleich Säge, mahlt sich durch Bleiplatte, durch Rippen, durch Bauchhöhle. Eine feuchtkalte Hand tastet meine Hüfte ab, eine Nadel sticht irgendwo. Ein weißes Gesicht löst sich aus dem Grün, ein blasser Mund murmelt: »Sie sind auf der Intensiv.« ›Intensiv‹ ist grüngetünchte Hölle. Hölle, deren Wände Schmerzen abgeben, immer neue, unbekannte, nie gekannte; durchpulst von Schmerzen, von gurgelnden Schreien, im Ansatz abgebrochenen Schreien. Der Schmerz des Schreis, der die vorhandenen auslöscht, zerkleinert, der wissen läßt, daß die Variante des Schmerzes ungeahnt, daß das Schmerzenarsenal keinesfalls ausgeschöpft, verschwenderische Reserven. Ich krächze: »Hilfe.« »Hilfe« bringt das weiße Gesicht zurück. »Die Spritze wirkt bald«, flüstert es, blinzelt bekümmert. Sie wirkt nicht. Sie sägt den Kopf auseinander, trommelt auf Schläfen, näht die Lippen zusammen, quetscht letzten Atem heraus. »Allergie«, gluckst es hinter geschweißten Lippen. Das weiße Gesicht versucht ein Lächeln, beugt sich zwischen Infusionsschläuchen durch, die Hand liegt auf der Stirn. In meiner Mundhöhle gluckst: »Ich kratze ab. Ich krepiere.« Kriegsjargon. Kehre heim zum Kriegsjargon, zum Krieg. Er robbt heran mit seinen Schreien, seinem Röcheln, mit Bildern von aufgerissenen Bäuchen, blutenden Därmen.

»Gips«, sagt das Stimmchen, »Sie haben Gips auf dem Bauch, damit die Narben nicht reißen.« Sie schiebt die zweifingrige Klammer in meine Nase, der Sauerstoff zischt in Stirn- und Nebenhöhlen. Die »Olive« ist da, orgelt: »Nana. Was höre ich? Allergie? Schmerzen?« Er fummelt an der Infusion herum. »Hab' Herzsonde gelegt. Meine Spezialität.« Mein Röcheln höre ich noch, dann nichts mehr. Noch einmal sehe ich seinen Hinterkopf, das Haar gekämmt, mit engzahnigem Kamm ...

Nachts ein Lichtschein hinter gegenüberliegender Glasscheibe – ein zweites Bett – daneben ein Arzt – ein Frauenkopf richtet sich auf. Sie überhören mein monotones »Hilfe«. Sie lächeln sich zu, verschwörerisch. Es reißt meine Zähne auseinander, ich würge langsam lautlos, als würgte ich letzten Schmerz, letzten Atem. Das Licht verglimmt gleich zittrigem Gasstrumpf. Grüne Kittel umflattern mich, sie knistern aufgeregt. Zwei ›Piepser‹ piepsen gleichzeitig. »Einundvierzigvier«, tuschelt eine heisere Stimme. »Wir müssen röntgen«, dröhnt eine andere auf mich herunter. Unterm Rücken eine Platte wie Eisschollen. Sie zerren an mir herum. Die »Hilfe«-Leier beginnt aufs Neue. Sie wird zugedeckt von Knistern und Schurren, tobsüchtigem Rasseln einer Glocke. Mein Bett rollt über glatten Boden, über feine Risse, flache Schwellen. Es ist Nacht. Neue Nacht? Gleiche Nacht? Welche Nacht? »Beinah zwölf«, sagt die heisere Stimme. Hinter beißendem Licht OP-Grün, links, zwischen Mundschutz und Haube, eine goldumrandete Brille, fremde Augen, wache zornige, ganz und gar auf meinen Leib konzentrierte Augen. Dann Narkosesturz. Schreien wollen, sterben wollen, nicht sterben wollen, Inferno aller Schmerzen, kochender funkelnder millionenfacher.

Sie operieren, zum zweiten Mal. Altbekannte Duplizität.

*
* *

Im Klappentext zum Buch *Das Urteil* steht:

»Hildegard Knef entzieht sich Herausforderungen nicht: weder damals im brennenden Berlin noch später auf den Theater- und Konzertsaalbühnen der Welt. Nicht als Mensch, nicht als Leidende. Vor allem nicht als Autorin. Neuer Beweis: ›Das Urteil‹.

Hier wird keine Rücksicht genommen auf die heiligen Kühe der wenigen noch verbliebenen Tabus unserer Zeit, nicht auf Bequemlichkeit, schon gar nicht auf eigene Eitelkeit. Hier setzt sie sich auseinander im eigenwillig unnachahmbaren, doch gereiften Stil der Knef: mit der Krankheit und ihrer Einsamkeit, mit den Spitalzimmern, in denen Zynismus und Lüge ebenso zu finden sind wie Güte und Menschlichkeit.

Sie hat uns ein Überlebensbuch geschrieben. Kein bequemes, aber eins, das uns mit Wissen und Ehrlichkeit über Mensch und Gegenmensch durch Schmerz, Leid, blitzblanke Verzweiflung, Schönheit und Liebe führt.«

Und die Autorin selbst ließ auf dem Schutzumschlag ihr eigenes Credo zu diesem Buch abdrucken und stellt es quasi als Motto allem voran:

»Alles, was ich bei diesem Buch überwinden mußte, war meine Eitelkeit. Kein hoher Preis, wenn man bedenkt, daß manche Autoren ihre Freiheit und ihr Leben opferten, um zu sagen, was gesagt werden muß.«

Hildegard Knefs zweites Buch *Das Urteil* löste sowohl Jubel wie auch eine gewisse Irritation aus: die kompromißlose Schilderung ihres Ringens mit der gefürchteten und damals noch beschwörerisch tunlichst nie beim Namen genannten Tabukrankheit Krebs. Ihrem Krebs. Brustkrebs. Sie war 47 Jahre alt.

Schiere Panik, übermächtige Angst vor dem Überlebenskampf im Labyrinth eines medizinischen Verwaltungsapparats. Hilfloses Ausgeliefertsein allein dem Vermögen oder Unvermögen sich zuweilen göttergleich wähnender Ärzte und ihrem Unfehlbarkeitsdünkel trotz Ratlosigkeit, gepaart mit ernsthafter Bemühung um medizinische Geniestreiche. Und die wahnsinnigen Panikgedanken um die kleine Tochter. Schmerzen des Körpers, aber besonders die Verwundungen der Seele, unaufspürbar mit dem Stethoskop, schwerlich nachzuweisen im Reagenzglas, hier minuziös protokolliert aus der Liegeperspektive einer wehrlos Kranken in Todesfurcht, nach zweimaligem Koma, der Amputation einer Brust.

Das war zu kämpferisch, zu rigoros ehrlich, zu neu und direkt für seine Zeit. Zu provokant, vielleicht; manchen gar zu wehleidig. Dabei hatte die Autorin lediglich die Ängste aller Frauen artikuliert und an ihrem Beispiel mit Mut und Überlebenswillen die möglichen Chancen aufzeigen wollen. Und sie hat unbestreitbar mit der glaubhaft vermittelten Hoffnung auf Heilung sogar wichtige Lebenshilfe für viele Betroffene geleistet. In unzähligen Briefen haben Menschen Hildegard Knef gedankt für ihren Mut, dieses Buch geschrieben zu haben – und auch dafür, daß sie, die Erkrankten selbst, aus verzweifeltester Lage, sogar mit ernstgemeinten Selbstmordabsichten, nach der Lektüre dieses Buches wieder Mut zum Leben geschöpft haben. Heute geschrieben, würde dieser absolut uneitle Krankenbericht sicher ebensolche Berührtheit auslösen wie 25 Jahre zuvor, aber gewiß eher verstanden werden und vorbehaltlos akzeptiert. Hildegard Knef war wieder einmal ihrer Zeit weit voraus.

In einem Interview nahm sie 1995 deutlich zum Vorwurf der beabsichtigten Provokation Stellung: »Ja, aber provozieren wollte ich eigentlich gar nicht, es hat sich ergeben, und das muß ich wirklich sagen, es wäre fabelhaft, wenn ich jetzt sagen könnte, ja, ich wollte provozieren. Es hat sich während der Arbeit so ergeben, daß es plötzlich provokativ wirkte. Weil es das erste Mal war, daß eine Frau darüber schreibt, was es heißt, Krebs zu haben. Konfrontiert zu sein, ein fünfjähriges Kind zu haben, in der Scheidung zu leben, und dann wird da so ein Urteil gefällt und man weiß nicht, das Leben geht dann zu Ende, ich habe doch eine Verantwortung, um Gottes willen. Da geschieht etwas in einem ... Auf jeden Fall, ich habe versucht zu formulieren und zu schreiben, was da in einem Menschen vor sich geht, und das zu einer Zeit, in der man sagte, also das ist ekelerregend, darüber zu schreiben. Das ist mir gar nicht aufgefallen, daß es so ekelerregend war. So viele Menschen hatten Krebs, die ich kannte, oder hatten Angst davor. In dem Krankenhaus, in dem ich war, ich meine, du lieber Gott, das war ja doch eine ganz und gar nicht mehr so seltene Krankheit, und alle taten, als sei es also von einer Geschmacklosigkeit ... darüber spricht man doch nicht und schon gar nicht über eine Amputation, nein, nein, um Gottes willen, wie kann man ... Doch das wurde mir erst später bewußt, also es war so, als ob heute jemand ein Buch schreiben würde über Aids, nicht wahr, nur, daß wir da wissen, daß der Verlauf nun also sehr kurz ist, aber das wußte man damals auch nicht, wie lange werde ich leben, nach so einem fulminanten Eingriff.

Ich habe provoziert ohne mir das vorgenommen zu haben, ich habe mich nie an eine Schreibmaschine gesetzt und habe gesagt, so jetzt werde ich die Leute provozieren, werde die Leute ärgern, ich werde sie aufscheuchen. Nein, ich hatte nie das Bedürfnis; vielleicht im Unterbewußtsein, aber bewußt nie. Die meisten hier haben das nicht so verstanden, fürchte ich ... oder es einfach nicht akzeptiert.«

Amerika hingegen, weniger verunsichert im Umgang mit dem Tabuwort *Krebs*, verstand bereits damals. Und akzeptierte sogleich, mit größter Anerkennung und mit Angeboten für höchst seriöse Fernsehauftritte und Diskussionen zu diesem Thema, sogar mit dem raren *Mark-Twain-Preis*.

Und in bundesdeutschen Gazetten quengelten derweil verstört Vorwürfe von ›Medizinerschelte‹, auch ›Vermarktung der eigenen Krankheit‹. Höchst irritierte Arztgattinnen verlangten in wütenden Leserbriefen – zwecks Ehrenrettung des bereits schmollenden Berufsstandes ihrer vermeintlich attackierten besseren Hälften – verschnupft, aber ungewohnt solidarisch, nach strengsten Vergeltungsmaßnahmen. Und während die Mehrheit der

Pikierten, selbst *ohne* Lektüre des Buches, pauschal zumindest auf Hexenverbrennung pochte und nur erheblich Duldsamere kompromißgeneigt wissen ließen, sich notfalls – wenn auch zähneknirschend – mit landesüblicher Ächtung der Autorin begnügen zu können, las man in der *New York Times:* ›Die Knef gehört zum Besten, das je aus Deutschland gekommen ist.‹

Trotz der unnötigen (und rein deutschen) Kontroverse erreichte das Buch hohe Auflagen und Anerkennung in der ganzen Welt. Da sein Inhalt sich nur zu höchstens einem Drittel mit Krankheit und Hospital beschäftigt, vielmehr im überwiegenden Maße sich anderen Themen widmet, wie z. B. dem skurril-mörderischen Wahnsinn einer Chansontournee – aus der Sicht der Aktiven, also auf und hinter der Bühne –, entsteht durch Hildegard Knefs Beobachtungstalent und Sprachbegabung ein mitreißendes, zum größten Teil auch Lachtränen erzwingendes Panorama bizarrer Begebenheiten, Menschenportraits und irrwitziger Situationen, ein Kaleidoskop von verblüffender Direktheit und unverhofft erfrischend: auch nichtgewohnter Komik in sonst üblich trister Lebenslagen.

Doch auch dieser erneute Bucherfolg, von manchen sogar höher eingeschätzt als die Bedeutung des *Geschenkten Gauls*, konnte nicht verhindern, daß in Hildegard Knefs Privatleben die Signale auf ›höchste Gefahr‹ gestellt waren. Die bewußte, langjährige Camouflage ehelicher Differenzen, oder eher die Indifferenz des Ehemannes, und die seit der Schwangerschaft und all den Krankheiten aus der Balance geratene einstige Harmonie, machten die frühgelegten Sprengsätze nicht mehr auffindbar, entzogen sie dem wachsamen Blick und einer möglichen Entschärfung. Scheidung war unausweichlich, unerbittlich und wurde, wie so oft im Leben des ›öffentlichen‹ Stars, auch über alle Maßen in sämtlichen Boulevardzeitungen schadensgeil und schlagzeilentrunken breitgewalzt. Die regenbogenbunte Presse feierte Walpurgisnacht, während die farbleere Wirklichkeit an Hildegard Knef unnachgiebig, doch fast genüßlich, mit rostschartigem Schlachtbeil eine Seelenamputation vornahm, gänzlich ohne Betäubung – und in Zeitlupe.

In ihrem Buch *So nicht* paraphrasiert Hildegard Knef die späteren Jahre ihrer Ehe mit David ›Tonio‹ Cameron abgeklärtermaßen:

* *
*

Im November 1967 wurde ich schwanger.

Wir waren in London. Ich drehte einen Film. Wir lebten in der Mountstreet. Er kam seltener ins Studio, aß ausgiebigst in den besten Restaurants, las viel.

Eines Abends kam ich ins Kaminzimmer, sagte: »Ich bekomme ein Kind.«

»Ausgerechnet jetzt, wo unsere Ehe in einer Krise steckt, bekommst du ein Kind.« Er äffte meinen Freudenausbruch nach.

Ich hatte die Krise nicht wahrgenommen.

Unsere Gemeinsamkeit war unantastbar.

Ich begriff nichts.

Zwischen Text lernen, Text schreiben, Interviews, Fotosessions, Bühnen-, TV- und Filmarbeit, Schallplattenaufnahmen trabte ich auf einem Laufband, das mich weder rechts noch links sehen ließ. Scheuklappenblöde.

»Ich will das Kind.«

Ich war zweiundvierzig.

Ich sah, daß er mich haßte.

Er schwieg mich in den Wahnsinn.

Das Kind kam sechs Wochen zu früh.

Kaiserschnitt. Komplikationen. Daß sie und ich die Geburt überlebten, bleibt ein Rätsel.

Tonio, manuell begabt, richtete ein Kinderzimmer ein.

Glückliches Paar mit Säugling. Titelseiten strahlten von sämtlichen Litfaßsäulen und Zeitungskiosken ...

Er sagte, die Taufe seiner Tochter sei der schönste Tag seines Lebens gewesen. Ich glaubte ihm nicht. Flatterhaft zerfahrene Verfremdung machte sich breit.

Ich suchte Gründe, suchte Gespräche. Er schwieg. Lächeln wie Eisschollen. »Ich liebe sie, aber ich mag sie nicht«, sagte er zu einem Freund, oder zu einem, den er für einen Freund hielt. Ich schrieb ein Buch. Er beschloß, in die Schweiz zu ziehen.

Widerspruch gab's nicht. Von nun an brach Nomadenleben aus: Möblierte Häuser, Speicher, Zuzugsgenehmigungen. So zogen wir mit Kind, Schreibmaschine und einem im Genick sitzenden Ablieferungstermin von Haus zu Haus. Noch immer hielt ich es für undenkbar, daß wir nicht das gleiche zur gleichen Zeit empfanden. Noch immer hielt ich den Erdrutsch für Maulwurfshügel, die anrollende Lawine für Schneegestöber. Brav unterdrückte ich Schmerzen. Dann barst der Damm. Jahrelang übersehene Krankheit. Kaum noch reparabel. Hysterektomie. Ileus. Krebs.

Ich sah, daß sie ihn irritierten, verärgerten, später langweilten. Er entschloß sich, sie zu ignorieren oder sie mit ›psychosomatisch‹ abzutun.

Trauerstunden vor leeren Särgen. Wörter wie Würmer. Auf einem Bein stehen.

Lebensläufe sind Lügen. Vorsätzliche. Ein Dschungel wird gerodet. Ein Park entsteht. Verbotstafeln. Papierkörbe. Überschaubare Wege. Auch nachts beleuchtet.

Neue Freunde tauchten auf, gaben Urteile ab, bösartig-einsamer Abfall, der Zwietracht wie Grassamen sät.

Nach jahrelangem Ringen, Hoffen, Verzweifeln, Wahnwitz, pingeliger Streiterei, selbstmörderischem Kampf, wurde im österreichischen Wels, Gerichtssaal 2, um 10 Uhr morgens, eine Hälfte von mir eingeäschert.

*

* *

Hildegard Knef flieht mit Christina nach Berlin, aus Furcht, der geschiedene Ehemann könnte ihr die Tochter nehmen. Pässe verschwinden umgehendst in Banksafes, machen Berlin zum einzig sicheren Hafen, kann doch niemand die eingemauerte Inselstadt ohne Papiere verlassen. Das Trauma aller durchlittenen Widerlichkeiten verwebt sich unentwirrbar mit schierer Angst um ihr Kind. Die kaum überstandene Krankheit erfordert Medikamente, die mehr Schaden anrichten, als selbst weitblickenden Medizinern bekannt, hinterläßt die so Gebeutelte in beinahe desolatem Zustand, in welchem sie dennoch einen Film zu drehen hat.

Falladas *Jeder stirbt für sich allein* wird zum titelgerechten Fanal. Die letzten Szenen des Films zeigen erschreckende Parallelen zum privaten Zustand der Darstellerin auf: todwund mit hohlen Augen und allem erlittenen Leid im versteinerten Gesicht sieht man die Knef in der Rolle der wegen Anti-Nazi-Umtrieben verurteilten Berliner Hausfrau Anna Quangel zur Hinrichtung stolpern. Immer noch hoffend, vor dem Ende den ebenfalls verurteilten Gatten – vorzüglich gespielt von Carl Raddatz – einmal noch wenigstens sehen zu können.

Die Intensität der filmischen Darstellung ist herzzermalmend; und als Zuschauer ist man nicht fähig zu benennen, ob dies der eminenten Schauspielkunst der Knef zuzuschreiben ist oder gar ein ungeschminkt persönliches Echo des Privatmenschen erkennen läßt.

Leider hat der Film trotz der herausragenden, allseits betroffen hochgelobten Darstellung der Knef nicht die Resonanz, die allein ihre Leistung schon verdient hätte. Friedrich Luft urteilte in ›Die Welt‹ am 23.1.1976:

»Fallada ist da kaum mehr zu finden. Nur die Knef spielt Kleinleuteschicksal. In ihrer sauberen Kinoküche mieft es, weil sie darin hantiert, doch kräftig. Alfred Vohrer aber, dem Routinier für mittlere Kinoware, ist wieder eine Art Simmel-Film aus dem Fallada-Stoff geraten ... Sonst – nur eine Rolle für die Heimkehr der tapferen Knef an die Leinwand. Vielleicht ist das genug. Sie feiert anhand eines sonst kaum erwähnenswerten Routinefilms einen neuen Triumph. Alle Weinerlichkeit wischt sie souverän hinweg. Jeder spielt für sich allein. Sie aber hält das Spiel, hält diesen ganzen Film sicher zusammen. Das Kino kann wohl doch nicht mehr auf sie verzichten. Man gebe ihr Aufgaben.«

Einer der Gründe für ihren fragilen Zustand war, daß Hilde auf Raten der Ärzte ein Medikament nehmen mußte, welches Fürchterliches anrichtete. Den knallhart-kalten Entzug von dieser Droge schildert sie selbst in folgendem Auszug aus ihrem Buch *Sc nicht*:

Die erste Nacht war keineswegs erschreckend gewesen. ›Na und?‹ denke ich; doch kaum gedacht, beginnt der Fußboden zu wanken. Ich schleudere zwischen den Wänden des Flurs wie ein seekranker Passagier. Gleichzeitig scheinen Tische, Stühle drohend auf mich zuzuwandern. Ich lege mich hin, hoffend, daß der beängstigende Zustand vorübergehen möge; werde sogleich von bösartigem Kribbeln erfaßt, das zu krampfartig-stachligem Schmerz anschwillt. Christina wird beruhigt, indem man ihr erklärt, daß ich eine außerordentlich ansteckende Grippe habe, doch Wand an Wand könnten wir zu jeder Zeit übers Haustelefon miteinander sprechen.

Ein erster Schrei springt aus meinem Mund, ohne mir die geringste Chance zu geben, ihn aufzuhalten. Sogleich wird Eiseskälte von Kochplattenhitze abgelöst. Zähneklappernd bitte ich um

Wasser, feststellend, daß ich unfähig, auch nur einen Tropfen zu trinken: bösartiges Würgen, Atemnot, dröhnender Kopfschmerz. Der Körper beginnt sein diabolisches Eigenleben, katapultiert sich grotesk krampfentstellt aus dem Bett. Ich verstopfe den Mund mit Tüchern, lege Kissen übers Gesicht, um unmenschlich werdende Schreie abzufangen. Ich glaube die separate Existenz jeder einzelnen Zelle zu spüren, bin hilflos dem jähen Anrollen von infernalischen Schmerzwellen ausgeliefert.

Zwischen Schweißtropfen mache ich Werners Gesicht aus, verkrampfe meine Hand in seinen Arm. »Beiß rein«, sagt er. Nach Komik ist uns nicht zumute, trotzdem stottere ich: »Ich beiße keine Freunde.« Obgleich er mich festhält, gelingt es dem sich selbständig machenden Körper, seinem Griff zu entschlüpfen, um mit dreifachem Salto gegen die Wand zu schlagen. Ich liege, keineswegs bewußtlos, doch unbeweglich. Werner trägt mich wie einen Säugling, legt mich vorsichtig auf das schweißdurchtränkte Bett. Abstände zwischen Anfällen werden kürzer. Anfälle länger. Es gibt weder Stunden Tage Nächte, nur kreischenden Schmerz, ausgedörrten Hals, Muskeln, die sich gleich Gummibändern zusammenziehen. Jedwedes Berühren der Haut bringt mich zu der Überzeugung, Verbrennungen dritten Grades zu haben. Einmal sehe ich gegen das Dunkel des Fensters das Gesicht des Professors. Ohne Hochmut, besorgt, abwartend. Zuweilen neigt er sich über mich, um mein Herz zu kontrollieren. Seine kräftigen Arme halten mich fest, sobald der nächste Anfall gleich einer Horde hungriger Hühnerhabichte auf mich niederstößt.

Mit rissig-bibberndem Mund versuche ich: »Kann man nicht schrittweise entziehen?« hervorzubringen. Rasende Angst steigt auf, mich nicht mehr verständlich machen zu können. »Nein«, sagt er, »sonst nimmt man dir das Kind weg. Dein Mann bemüht sich bereits.«

Der Schock gleicht einer Steinigung: Er wußte nur zu genau, wie sehr ich an Christina gebunden, wie lange ich nach ihrer Geburt um unser beider Leben gekämpft. Die Erkenntnis, einen unbegreiflichen Feind zu haben, dem jede meiner Empfindsamkeiten allzu gut bekannt, wirft mich in meinem Kampf um Lichtjahre zurück. Von nun an wird Christina einziger, selbst in sich bis zum Wahnwitz anreicherndem Schmerz, nie mehr auszulöschender Leitgedanke.

Im gemeinsamen Ringen ums Überleben hatte sich der einst hochmütige Prof. G. zum ›Du‹ entschlossen. Vielleicht hatte ich ihm ein wenig Respekt abgewonnen, indem ich nie um eine Injektion gebettelt. Dankbar nehme ich seinen Einsatz entgegen, sehe ihn in ersten Morgenstunden übernächtigt weggehen.

Der Auftritt des Masseurs Manne Töpel ist überwältigend: Er ist zwei Meter groß, zwei Zentner schwer, hat ein fröhliches rotwangiges Gesicht und butterweiche Hände. Daß er acht Jahre in einem Steinbruch Sibiriens zugebracht – kaum achtzehn und kriegsgefangen –, sieht man ihm wahrlich nicht mehr an. Nachdem ›Panther‹ Prof. G. meine Röntgenaufnahmen ausgehändigt, weiß er um die Katastrophe auslösenden Beschwerden. Er gibt sie an Manne Töpel weiter, der, keinesfalls auf ›Entzug‹ geschult, sich die Nächte um die Ohren schlagend entsprechende Lektüre und japanische ›Fußpunkte‹ studiert; denn kaum, daß seine Hand meinen Magen berührt, ringelt sich der Körper embryonal zusammen, während jeder Muskel im Zustand totalen Verkrampfens verharrt. Tag um Tag beschert uns mein Körper ein an Böswilligkeit kaum zu übertreffendes Gefecht. Zuweilen gelingt es dem geduldigen Manne, die seit Wochen Schlaflose erschöpft zusammensinken zu lassen.

Die Anfälle kennen weder Milde noch Gnade, jedes Glas Wasser wird erbrochen; der Kopf glüht, während der Körper in eiskaltem Wasser zu liegen glaubt. Innereien scheinen in Brand gesteckt, bis die Mauer zwischen Willen und Schmerz zerbröselt, die Gefolterte stundenlang weinen läßt. Das Hirn trieselt, der stupide Satz: »Ich hatte doch keine Ahnung, daß es gefährlich ... hat es mir doch selbst gegeben ...« läßt Prof. G. nurmehr stöhnend eine Zigarette anzünden. Noch kommandiert der Körper, verlangt nach ›seinen‹ Medikamenten, läßt mich nach lebensbedrohlichem Gemetzel geschwächt, doch siegreich zurück.

Tage fließen in Nächte und Nächte in Tage. Dazwischen: ›Panthers‹ übermüdetes Gesicht, tränennah; dann Werner: das Hellblau seiner Augen dunkel umrandet. Von fern höre ich Prof. G.'s Stimme, versuche seinen Schilderungen aus Zeiten, in denen er Schiffsarzt gewesen, zu folgen. Doch jeder Versuch, mich aufzuheitern, wird kurzum zunichte gemacht: der Körper hat sich zu neuer Attacke formiert; Zelle um Zelle in Alarmbereitschaft. Einmal reiße ich mich frei, stürze auf ein Fenster zu, spüre Werners pralle Arme, die mich zurückzerren.

Fünf Menschen kämpfen um das Überleben eines einzigen inmitten eines Heers von Gehässigkeit, Hohn, Verurteilung und Unwissen. Wiederholt kommt Professor G. mit zerrissenen Hosen und blutendem Schienbein ins Zimmer. Auseinandersetzungen mit der Presse werden handgreiflich, machen selbst vor ihm nicht halt.

Obwohl der Körper von Schlaflosigkeit, Schmerz und der Unfähigkeit Nahrung aufzunehmen, völlig ermattet, sendet er weiterhin unüberhörbare Signale aus, besteht auf seinem Recht, duckt sich unter den Peitschenhieben neuer Schmerzen, rotiert zwischen Eis und Feuer. Manne Töpels Hände lindern kurzfristig, doch schon lungert die nächste Attacke. Dazwischen liegt das Gesicht Christinas und das wundersame Erkennen, daß selbst in Höllennähe das Gefühl der Liebe nicht verlorengeht.

Drei Wochen, sagen sie, hätte ich überstanden. Die Pausen zwischen Angriffen werden größer; schon reckt Hoffnung ihr

Haupt, um sogleich niedergeschlagen zu werden. Erinnerungen bestehen aus einem Körper, der zum Folterknecht geworden, aus einer Reihe mir Mut zusprechender Gesichter; stundenlanges, keinerlei Erlösung bringendes, nicht aufzuhaltendes Weinen, Schultern, auf denen mein dröhnender Kopf gelegen, Händen, die vorsichtig über einen Arm streichen.

Ich beginne meine Umgebung – teilweise klar umrissen – wahrzunehmen: bin erschüttert über ›Panthers‹ von Entsetzen gezeichnetem Gesicht lese selbst von Werners frohsinnigem Rund den Schock des Miterlebten ab. Christina schläft wieder bei mir, dennoch fürchte ich die Nächte: schlaflos, einmal auf der Bettkante sitzend, dann wieder liegend; ›motorische Unruhe‹ nennt es Professor G., ist keineswegs überrascht.

Es ist fünf Uhr früh. Ich schleiche zum ersten Mal allein ins Badezimmer, stehe mit wackligen Knien, halte mich am Rand des Waschbeckens fest, fürchte mich davor, in den Spiegel zu sehen. ›Mut‹ flüstere ich, sehe mir in die Augen. Tief in den Höhlen liegen sie, doch das Oval des Gesichts, obgleich beinahe durchsichtig, scheint weitaus weniger von den Grausamkeiten berührt zu sein, als ich angenommen. Wahrlich: Schön ist es nicht, doch erkennbar. So stehe ich minutenlang, betroffen entgeistert verwirrt, einer Bekannten begegnet zu sein. Die Entdeckung spornt mich an: vorsichtig, einen Fuß vor den anderen setzend, ständig um Balance kämpfend, schleiche ich ins Wohnzimmer. Werner schläft auf dem Feldbett, schnarcht gruselig. Trotzdem setze ich mich vor das große Fenster, mache Dächer, Türme, Reklameschilder aus, warte, bis ein Rudel Fernsehantennen das aufbrechende Hellgrau zerteilt. Ich betrachte meine Hände, den Fensterrahmen, zwei Krähen, den erleuchteten Mercedes-Stern auf Europa-Center und am Horizont Zweidrittel Grau, in dem unverhofft ein orangegoldener Strahl aufblitzt. Noch immer spüre ich fast greifbar die Nähe des Nebelreichs, Schatten, Verdammnis, stygische Gewässer, denke verzagt an Geißelung, Buße, Sühne, Verkettung von Unbegreiflichem, bete um Harmonie, Versöhnung, Verständnis: weiß, daß ein Kapitel meines Lebens, tiefe Narben hinterlassend, beendet.

*
* *

Nach der Scheidung siedelte Hildegard Knef gänzlich nach Berlin um. Der komplette Auszug aus ihrem *Mühle* genannten vierdächrigen Anwesen in Österreich stellte eine schier unzumutbare Belastung für sie dar. Durch Freunde vermittelt, springt Paul von Schell als rettender Helfer ein, übernimmt Planung und Durchführung des gesamten Umzugsvorhabens.

Paul, gebürtiger Ungar, Sohn eines Freiherrn von Schell zu Bauschlott und der Gräfin Teleki, nach der Flucht der Familie während des Budapester Aufstandes 1956 in den Vereinigten Staaten aufgewachsen und amerikanischer Staatsbürger geworden, zu jener Zeit in München ansässig, kümmert er sich um Hildes Belange mit Hingabe, bleibt bei ihr und Tochter Christina in Berlin, unentbehrlich geworden im chaotischen Nachscheidungsdrama.

Am 1. Juni 1977 haben Hildegard Knef und Paul von Schell in Berlin geheiratet – natürlich mit versammelter Boulevardpresse als Trauzeugen. Die Hochzeit hätte beinahe nicht stattfinden können, allerdings nicht deswegen, sondern: Hilde, von Freunden zum Standesamt chauffiert, landete in gänzlich falschem Bezirksrathaus. Dort wußte man nichts von bevorstehender Eheschließung des deutschen Weltstars mit dem 15 Jahre jüngeren ungarischen Baron. Auf die berechtigte Frage des autofahrenden Freundes, in welchem Standesamt sie denn nun höchstpersönlich das Aufgebot bestellt hatte, konnte Hilde nur kleinlaut-verteidigend anführen, daß sie sich selbst in ihrer eigenen Wohnung verlaufe ... Dennoch wurde das richtige Standesamt gefunden, erkenntlich an der Masse von Schaulustigen und dem üblich vorhandenen Troß der Medien in Überzahl.

Christina, gerade neunjährig, bekommt einen Stiefvater, der sich gottlob immer mehr als fürsorglich umsichtiger großer Bruder erweisen sollte. Mit väterlichen Aufgaben in kommenden Jahren, vor allem den ungleich wichtigsten für Christina: den sieben *amerikanischen* Jahren, souverän in seine Rolle wachsend, entwickelt Paul sich zum fabelhaften Un-Stiefvater und verdient allein schon deswegen jede Hochachtung, allen Unkenrufen zum Trotz.

Die Flitterwochen finden in Griechenland statt, auf der Insel Lefkas. Doch nicht zum Flittern, ganz im Gegenteil: Hilde dreht Billy Wilders Hollywood-Film *Fedora* mit den Partnern William Holden, Mario Adorf, Michael York und Henry Fonda. Unglücklicherweise auch mit Marthe Keller als Filmtochter und – drehbuchgemäß – junge Doppelgängerin; jedem Eingeweihten oder halbwegs Sensiblen hätte das bereits vor Drehbeginn als Absurdität aufstoßen müssen. Denn diese schweizerische Dame mit der mürben Aura vermochte lediglich den Eindruck einer unverbesserlichen Nichtschauspielerin zu erzielen. Und das äußerst überzeugend: sie versagte vollends als Life-Double der seit Stummfilmzeiten von aller Welt über Jahrzehnte wegen ihrer Schönheit und ihres männermordenden Flairs angebeteten Filmstar-Mutter *Fedora*. Zwangsweise in Mamas Identität geschlüpft – Drehbuch, Drehbuch –, macht Marthchen, offenbar ohne jedwede Regie-Hilfe des sonst so versierten Altmeisters Wilder, keinerlei Anstalten, das Faszinosum der berühmten Mutter nachvollziehbar oder auch nur halbwegs erklärlich darzustellen. Warum die ganze Welt der Persona *dieser* Fedora jemals erlegen war, entzieht sich jedem Fühlenden oder Schauenden völlig, auch jeglicher Logik: übernimmt nämlich Marthe Keller, zusätzlich zum Rollentausch von Mutter und Tochter in aktueller Filmgegenwart, auch noch den Part der legendären Fedora von *einst* in der Rückblenden-Erzählebene des Films, somit absolute Konfusion verursachend, auch etliche Fragen offenlassend, besonders die einzig wirklich drängende: Warum ist *diese Fedora* ein Filmidol für Generationen?

Die echte, wirkliche Fedora, dargestellt von Hildegard Knef, ist nach mißglückter – Clou des Drehbuchs! – Gesichtsoperation entweder wegen zunehmenden Alters, somit schwindender Film-Schönheit, oder auch Eisenbahnunglücks, *who cares?*, nunmehr entstellt und rollstuhlgefesselt. Warum Rollstuhl nach Gesichts-operation? Mit silberknaufigem Krückstock lediglich herrisch, auch unerklärbar häufig aufstampfend, hinter einem gottlob das halbe Gesicht verhüllenden Spitzenschleier kaum erkennbar, hat diese Figur keinerlei Chance, Sympathien zurückzugewinnen oder frühere Film-Triumphe glaubhaft zu belegen. Die an *späte Flickenschild* gemahnende, regie-gewünschte Erscheinung wurde obendrein mit papagei-brüchig-schriller Unstimme im amerikanischen Original zur Karikatur degradiert. Knefs eigene Stimme sei zu jung-klingend, wurde ihrer verdutzten Anfrage beschieden; dabei hatte sie in der deutschen Fassung beide Stimmen synchronisiert: Mutter *und* Tochter, was immerhin Sinn machte, den verkorksten Film jedoch allein dadurch auch nicht zu retten vermochte.

Wochenlange Dreharbeiten in sommerlich glühender Griecheninsel-Temperatur. Täglich zeitraubend applizierte Halbgesichts-Maske aus Kunststoff, aufgepappt mit allergiefördernder Gummilösung. Die Prozedur hinterließ bei der Knef Hautschäden, die später mittels plastischer Gesichts-Chirurgie behoben werden mußten. Wiederum ausuferndes Presse-Gegeifer. Unerklärliche Fotos aus unerklärlicher Quelle mit unerklärlichen Davor-, Während- und Danach-Ansichten der Operierten, nebst schnöder Zensurenverteilung über's Resultat. Offenbar besonders ehren-rührig war wohl, daß die unfreiwillige Patientin den medizinisch notwendigen Eingriff überhaupt nicht verschwieg. Doch »Knef ließ sich *heimlich* liften!« güllte durch bundesdeutsche Gazetten, verwirrte selbst Gutmeinende, erregte provinziell-anstoßnehmendes Kopfschütteln, und selbstverständlich: viel Häme im Blätterwald.

Nach Berlin zurückgekehrt, versuchen Hilde und Paul mit Christina normales Familienleben. Neu im Bunde war seit geraumer Zeit der zuvor beinahe verschollene, weil entfremdete Halbbruder der Knef; zehn Jahre nach ihr als Sohn der Mutter und des Stiefvaters geboren, nun Jazzmusiker, begnadeter Trompeter. Beglückt durch die Neu-Verbindung mit dem von ihr als Kleinkind Umsorgten, genießt Hilde das Zusammensein mit dem Verlorengeglaubten. Sie erkennt jedoch bald dessen Gefährdungen durch Alkohol, Frauengeschichten, Jazzer-Leben allgemein. Ein bösartiger, offensichtlich von versierten ›Profis‹ exekutierter Schlägerangriff auf den Musiker gipfelte letztlich in Krankheit, Siechtum und seinem frühzeitigen Tod.

Noch immer wund vom Scheidungsmassaker, auch kaum wirklich genesen von Krankheit und multiplen Operationen, immer in Sorge um ihr Kind, dem überdies eine notwendige Hüftoperation in zartem Alter nicht gerade Freudvolles bescherte, gerät Hildegard Knef nach diesem neuen Schicksalsschlag in eine tiefe Depression. Allein Pauls behutsam-fürsorgliche Beständigkeit, sein Dasein gibt Linderung, hilft beim Überleben, Weiterleben. Er ist Anker und Kompaß, ist Schutz und Antrieb zugleich.

Wenige Jahre später läßt Hildegard Knef als Autorin in dem Buch *So nicht* ihre Betroffenheit über das Schicksal des Halbbruders erkennen, setzt ihm mit mehreren furios geschriebenen Kapiteln ein unsterbliches Denkmal.

An dieser Stelle sollte die berühmte *Schlägerszene* aus diesem Buch zitiert werden. Denn sie wird nicht nur dem Geschehen gerecht, sondern belegt auch die unerhörte schriftstellerische

Fähigkeit der Knef, mit der sie hier souverän ein eigentlich nur maskulin-vertrautes Geschehen absolut gültig literarisch inszeniert:

* *
*

Vor der Hintertür des Clubs lungert einer, fragt:

»Sind Sie Heinz W.?« – »Was geht Sie das an?«

Heinz spürt, tastet, schmeckt Gefahr. Pfeift Furcht zurück: Bin bärenstark, groß, kenne die notwendigen Griffe aus zahllosen Nachtclubschlägereien ... Dennoch: er steigt in seinen VW, läßt den Motor an, steigt leise wieder aus, beobachtet den Mann, der am gleichen Platz steht, in ein Walkie-talkie spricht. ›Bulle ist das nicht‹, denkt Heinz. Weiß sich keinen Vers zu machen. Nachdenklich klappert er düstere Straßen ab, landet über eine Stunde später vor seinem Haus, stellt den Wagen auf der Straßenseite am Park ab; die gegenüberliegende, der Haustür nähere, ist verstellt. Sogar doppelgeparkt. Jetzt beginnt er, sich sicher zu fühlen, wenn auch belämmert, weil Isabelle nicht da. Er weiß: die nächste Stunde wird mit Whisky verplempert. Und Platten. Klassisches, vielleicht: Haydn.

Der erste Schlag trifft seinen Nacken. Metall. Ein Schlagring fängt den nach vorn Stürzenden auf, zerschmettert knirschend die Nase. Sein Kopf wird von hinten hochgerissen: der dritte Schlag trifft den Mund voll: Ober- und Unterkiefer. Klebrig das spritzende Blut, Zähne sprühen über Asphalt. Einige schluckt er. Erstickt beinahe. ›Hilfe‹ will er schreien; da, ein Tritt gleich Felsbrocken in die Magengrube. Durch rasch anschwellende Lider zählt er fünf. Berufskiller, zweifellos. Jeder Schlag trifft, jeder Tritt sitzt. Präzisionsarbeit wie am Fließband. Schreie müßten Nachbarn wecken, doch ist es nur mehr ein Gurgeln. Keine Lichter. Kein Wagen. Einer fummelt in Heinz' Manteltasche, findet Hausschlüssel. Sie zerren ihn wie einen Sack über den Damm, den Bordstein, den

Bürgersteig, durch die geöffnete Haustür. Machen sogar Licht. Stufen hinauf: in die Wohnung. Er liegt auf dem Rücken. Der Kampf beginnt.

Eine Stimme »Na Hansemann. Draußen war's Geplänkel. Der liebe Kleine ...« Zehn bestialische Augen, sadistisch-gierig. Keine bezahlte Arbeit mehr. Zum Rabbatz wird's. Ein Tritt wie Pferdehuf trifft die Hoden. Er brüllt auf. Blut schießt aus der Nase, aus dem Mund, verklebt Augen: dunkelrotes Blindsein. Er wälzt sich, hofft, ohnmächtig zu werden. Wird nicht. Dann: wie Hämmer in die Nieren. Drei halten fest, zwei brechen mit Stiefelsohlen erst rechten, dann linken Oberarm. Danach Unterarme und Finger um Finger. Einmal glaubt er, tot zu sein, registriert verkleistert feist-fröhliches Grinsen. Der Schmerz reißt ihn wie Sauerstoffdusche ins Bewußtsein zurück. Wie es ihm gelingt, die Verankerung aus den wandhohen Bücherregalen zu reißen, weiß er nicht. Weiß nur: er war's. Ein Riesenvieh mit Blumenkohlohr zischt: »Was hat die Nutte dir versprochen, du Sau? Spuck's aus.« Er spürt noch, daß sie ihm die Schuhe und Socken herunterzerren. Vier halten ihn auf den Boden gepreßt, ein Stiefel trifft die linke Schädelseite, ein anderer die rechte.

Während die unten mit Schuhen und Socken beschäftigt, sieht er Metall aufblitzen: Sie reißen ihm die Fußnägel aus, Nagel um Nagel. Seine vergluckernden Schreie gehen in ihrem Gelächter unter. Eine Flasche wandert von Hand zu Hand. Er weiß, daß er wahnsinnig ist. Sieht verschmelzende Farben und einen klirrenden Spieß: geknebelter, irremachender, nie zu verschmerzender Schmerz.

Wieder treten sie gegen seine Hoden. Jeder einmal. Dann gegen den Kopf. Er fühlt das Blut aus dem Ohr sickern. Zwischen losen, nichtvorhandenen Zähnen: Erbrochenes. Unbezähmbar tobt er, reißt sich einmal hoch, bricht auf gebrochenen Beinen zusammen, rammt mit blutendem, gebrochenem Schädel eine

Wand. Dazwischen: Kieksende vorüberhüpfende Körper. Saftig-schäumende Sadistenfratzen. Eine mit Ledermütze.

Sie ziehen die Tür hinter sich zu.

Hinterlassen einen Blutklumpen mit zerschmetterten Rük-kenwirbeln und nicht einem ungebrochenen Knochen.

Sechsunddreißig Stunden später sieht Isabelle eine vertrock-nete Blutspur. Vom VW über den Damm, an der Haustür verlau-fend. Von gleichgültigen Anwohnern seit eineinhalb Tagen über-sehen. Ihr Herz beginnt zu rasen: Was sie vorfindet, läßt sie minu-tenlang »Nein Nein Nein« schreien. Heinz liegt, wie die fünf ihn zurückgelassen. Bis zur Unkenntlichkeit verschwollen, verfärbt, Beine, Arme grotesk gelagert. Glieder, nicht dazugehörig. Wände Böden Teppiche wie mit roten Spritzpistolen verschmiert. Leises Stöhnen. Sie rast zum Telefon: die Schnur ist rausgerissen. Rennt zum Nachbarn. Der, empört: »Wie können Sie es wagen. Meine Wohnung. Und auch noch während der Sendung ...« Sie wählt – im Unterbewußtsein – Polizei. Feuerwehr.

Es scheinen Stunden zu vergehen. Wo bleiben die Sirenen? Sie fühlt nichts mehr. Weinen kann sie nicht. Tot wie er? Dann: »Sind Sie verwandt?«

Mitfahren lassen sie Isabelle nicht. Sie wird nie begreifen, warum sie noch fahren kann. Sie versucht, dem rasenden Ret-tungswagen zu folgen, schleudert, reißt einen Kotflügel ab, erreicht das Schlußlicht wieder. Einer von der Kripo hatte gesagt: »Profis. Müssen fünf oder sechs gewesen sein. Muß Stunden gedauert haben.« Und fuchtig: »Sind die Nachbarn taub?« Nein. Niemand hatte etwas gehört. Sie sitzt auf der Bank in der Notaufnahme. Acht Stunden lang. Stirbt mit jeder Sekunde, Minute, Stunde.

»Muß ganz schön lange gedauert haben ...«, hatte der von der Kripo gesagt; und: »Profiarbeit! Aber klar ...«

*
* *

Welch gänzlich andere Sprache Hildegard Knef hier anwendet, welch ein Unterschied zum berühmten Anfang ihres Erstlingsbuches *Der geschenkte Gaul*, das mit der heute schon legendären *Liebeserklärung an einen Großvater* beginnt und in fast kindhaft-unschuldsvollen Worten Beobachtungen aus einer Kinderperspektive, aus Augenhöhe des Kindes schildert und dabei sprachlich auch den geistigen Auffassungshorizont wiedergibt.

* *
*

Liebeserklärung an einen Großvater. Meiner hieß Karl, er war mittelgroß und genauso kräftig, wie er aussah. Er trug den Kopf sehr gerade, die Wirbelsäule auch, und er hatte einen großen Mund mit vielen Zähnen; er hatte sie noch alle 32, als er mit 81 Jahren Selbstmord machte. Sein Jähzorn war das Schönste an ihm, erstens weil er sich nie gegen mich richtete und weil er so wild und rasch kam, wie er verging, und wenn vergangen, wurde sein Gesicht warm wie ein Dorfteich in der Sommersonne und seine Bewegungen verlegen und einem fischenden Bären gleich.

Im Winter wohnten wir in der Sedanstraße in Schöneberg; die Sedanstraße war ein Berlin ohne Bäume, und er paßte gar nicht dorthin, er ging mit mir ununterbrochen spazieren und kaufte mir vor dem Mittagessen Anisbonbons, jedesmal gab es deshalb Krach, wenn wir zurückkamen.

Meine Großmutter war zart, zuckerkrank, und die Tragödie ihres Lebens war, daß sie Karl nicht liebte und daß er sie ängstigte. Er war polnisch-ostpreußischer Abstammung, er sprach selten über seine Familie, sehr mühsam fand ich heraus, daß sein Vater sämtliche Güter verspielt und versoffen hatte, daß seine Mutter während einer Schwangerschaft einen Nervenzusammenbruch hatte und die Tochter, die darauf zur Welt kam, sechzehn Jahre später verrückt wurde und regelmäßig jedes Jahr vier bis sechs

Monate in einer Heilanstalt zubrachte, von der sie nach Entlassung sonnig die grauenhaftesten Geschichten zu erzählen hatte. Mein Großvater wurde ihr Vormund, und er litt glaube ich sehr darunter; sie zog sich manchmal auf einer Berliner Brücke (sie hatte einen starken Hang zu Brücken) splitternackt aus, und mein Großvater mußte dann zur Polizei, er versuchte das alles vor mir zu verbergen, aber ich bekam es natürlich doch heraus, sosehr sie auch alle flüsterten und immer wieder nachsahen, ob ich auch eingeschlafen war.

Im Sommer war alles anders, wir waren bei Zossen in seinem kleinen Haus – es war eigentlich eine glorifizierte Laube mit vier Räumen und einem gemütlichen Herd, auf dem die jungen Küken nachts warmgehalten wurden –, seinem großen Garten mit Obstbäumen und Kohl und Spargel und einem kleinen Teich, in den ich regelmäßig fiel und entweder von meinem Großvater oder unserem keiner auch nur entfernt bekannten Rasse angehörigen Riesenhund gerettet wurde.

Was ich im Winter an Anisbonbons fraß, waren im Sommer, nur noch in weitaus größeren Mengen, Äpfel, mein Großvater vertrat den eigenwilligen Standpunkt, daß auch nach regelmäßigem Erbrechen noch genug Apfel im Körper zurückbleibt, um mich mit Kraft und ungestörtem Wachstum über den sedanstraßigen Winter zu bringen.

Schwierig wurde unser Leben, wenn Großmutter für jeweils zwei bis drei Tage in der Woche in unser Paradies kam. Ich durfte nicht mehr halbnackt herumrasen und wurde in Wolle gesteckt, Karl sollte sein Netzhemd nicht »öffentlich« tragen, Äpfel wurden als wurmfördernd verschrien, meine Ziege durfte ich nachts nicht mehr an mein Bett binden, und mein Lieblingskarnickel mußte in seinem Verschlag ein anständiges Karnickeldasein führen, das ganze sommerliche Leben wurde organisiert und weiblich ordentlich.

Der erste rasende Jähzornanfall meines Großvaters fand unfehlbar zehn bis fünfzehn Minuten nach der scheu-herzlichen Begrüßung statt, er zog sich anschließend brummend und vor sich hin redend auf seine hinteren Kohlbeete zurück, um wenig später braungebrannt und zufrieden auf dem Sofa zu sitzen, Omas Kaffee zu trinken und ihr von meinen unglaublich geniegleichen Äußerungen zu berichten – das war die schönste Stunde für mich, wir beteten uns gegenseitig an, über die uns trennenden sechzig Jahre hinweg. Ob ich nur ungeschickt oder bösartig war, wird keiner mehr ergründen, jedenfalls fiel immer etwas herunter, was zerbrechlich war, und damit war jedem aufkommenden Verständnis meiner Großeltern füreinander ein jähes Ende gesetzt.

Sonntags kam meine Mutter. Sie mußte arbeiten, sie war damals Sekretärin bei Siemens – mein Vater war sechs Monate nach meiner Geburt gestorben, und ich fand es bedeutend, eine Halbwaise genannt zu werden – sie kam, und ich tat jedesmal so, als ob ich sie nicht erkannte, machte einen höflichen Knicks und sagte: »Guten Tag, Tante.«

Meine Großmutter fing sofort an zu weinen und schnüffelte etwas von unnatürlichem Leben für ein Kind in dem Alter, meine Mutter hatte Tränen in den Augen, nahm mich auf den Arm und rügte meine Großmutter wegen der wollenen Kleidung, die ich bei der glühenden Hitze trug, zwischen der nunmehr beginnenden Auseinandersetzung bekam ich mein Sonntagsgeschenk von meiner Mutter und hörte meinen Großvater etwas von blöder Gefühlsduselei sagen. Montags fuhren Mutter und Großmutter nach Berlin zurück, und nach herzzerreißendem Abschied und langem Winken blinzelten Großvater und ich uns zu wie zwei Verschwörer, die ihrer illegalen Arbeit nun wieder ungestört nachgehen dürfen. Montags durfte ich ganz nackt im Garten laufen, bekam die Äpfel nachgeliefert, die ich während der Besuchszeit verpaßt hatte, und mußte mich meist bereits vor dem Mittagessen übergeben.

*
* *

Es liegen zwölf Jahre zwischen den Schreibdaten dieser beiden Textstellen, doch mehr als 50 Jahre Leben. Und das offenbart: die Gestaltung ist das Medium, der Weg ist das Ziel, doch Ergebnis ist nicht das Resultat allein, sondern bedarf eines kreativen Anschubs, einer vielleicht überirdischen Inspiration, einer wie auch immer gearteten schöpferischen Quelle und der ordnenden Kraft, die man landläufig als *Talent* benennen kann, doch eher dankbar als *Begabung* erkennen sollte, denn sie ist eine *Gabe*, ist nur *verliehen* – gewiß nicht von Menschen – und nur an Auserwählte, wie mir scheint.

Hildegard Knef ist eine Auserwählte.

Und wer mit fast fünfundsiebzig Lebensjahren – sechzig davon unermüdlich professionell künstlerisch tätig und dabei weltweit so erfolgreich in drei, nein, sogar vier Sparten einer menschenfressenden öffentlichen Berufsgattung – wer also da immer noch vor Unternehmungsgeist sprüht, vor lauter Ideen schier zu platzen droht und im Arbeitsdrang lediglich durch leider heftig geminderte Gesundheit und die üblich schäbigen Hindernisse, von Stiefmutter Natur als *Alter* getarnt, gedämpft und zurückgehalten wird, der ist in meinen Augen auch begnadet. Und zur Gnade – ein göttliches Wort – gehört in erster Linie: *Demut* – ein menschliches Wort, dessen sprachwissenschaftliche Herkunft die wahre Bedeutung offenbart: Mut zum Dienen.

Hildegard Knef hat diesen *Mut* immer bewiesen.
Hildegard Knef hat stets ihrer Kunst *gedient*.

Ich glaube, meine *liner notes* im Beiheft der CD *17 Millimeter* vom November 1999 ergänzen diese Gedanken hilfreich:

– Fast zwanzig Jahre seit ihrem letzten offiziellen Chanson-Album überrascht Hildegard Knef ihre ungezählten alten und jungen Bewunderer mit einer aktuellen Produktion:

Brandneue Texte – allesamt in der bewährt unnachahmlichen Knef-Mischung aus Zartgefühl mit Widerhaken und schneller Schnauze plus Lebensklugheit – ohne erhobenen Zeigefinger.

Daneben längst erprobte *Knef-Megahits*, diesmal in ganz frischem musikalischen Gewand: Hildegard Knef liebt es, mit jungen Musikern zu arbeiten, neue Klangwege zu gehen, zu experimentieren, neue Möglichkeiten aufzuspüren. So verbindet sie jetzt ihre *Erfahrung* mit dem *Talent* des bereits hoch angesehenen jungen Jazztrompeters Till Brönner, der hier außerdem als Komponist und Arrangeur glänzt, auch bei Neuvertonungen einiger fast unbekannter Kostbarkeiten ihrer selbstironischen, so treffsicher pointierten Lyrik – dies wiederum ein faszinierender Balance-Akt, typisch für die Knef, in spröder Direktheit und ihrer hinter Wortwitz nur getarnten Verletzlichkeit.

Mit ihrem seismographischen Spürsinn für menschliche Seelenzustände behauptet sich Hildegard Knef wieder einmal als Texterin, die es immer verstanden hat, so manches Seelenfiligran – eigenes oder fremdes – mit scheinbar schnoddrigem Tonfall aufzurebbeln, bevor es sich vollends verheddert, oder mit komplizenhaftem Zwinkern zu glätten, bevor es Knoten schlägt.

Oder aber, sie »läßt einfach lauter Lebenssprengstoff lächelnd hochgehen« – wie der große Berliner Kritiker Friedrich Luft einst über sie schrieb – »und das macht ihr so heute keiner nach.«

Unverändert, unverwechselbar diese besondere Stimme, die unstreitig eher nicht zum Singen gedacht war und genau deshalb verwirrt, berührt, in Bann schlägt, ja hypnotisiert, und mit Ausdruckskraft und subtiler Interpretation der Textessenz wie *spiele-risch* ihre Lieder zu etwas ganz Eigenem formt, zu etwas Außer-Gewöhnlichem.

Hildegard Knef war stets – und ist heute noch ein Phänomen: Man wird von ihr gepackt oder nicht – nur lauwarme Sympathie plätschert nirgends. Man kommt schwer an ihr vorbei, selten über sie hinweg.

Ob man will oder nicht: irgendwo irgendwie irgendwann ist sie immer präsent, ist allgegenwärtig, und das schon sehr lange, meist früher, als man selbst – und oft genug, wenn man es gar nicht erwartet.

Sie ist unbequem. Sie ist kompetent. Sie weiß.

Hildegard Knef: in so vielen Dingen, beruflich und privat, oft die Erste, manchmal die Einzige. Eine Vorahnende, Vorwarnende, eine Vorkämpferin und auch Vor-*Bestrafte*.

Sie lediglich »avant-garde« zu nennen, hieße, kleinmütig zu vereinfachen, hieße, ein großes Talent auf lapidares Etikettformat zu reduzieren; und auch »neu« ist keineswegs originell, wenn Viel-falt ihrer Begabungen gemeint ist: wie oft schon gab es die soge-nannte »neue Knef«, erstaunlicherweise um so häufiger, je älter sie wurde. Dabei ist sie trotz ihrer momentan kaum 74 Erdenjahre in Wirklichkeit alterslos, ist zeitlos im besten Sinne, weil keiner Mode, keinem Zeitzwang unterworfen, auch keinem Diktat, gewiß keinem Diktator – es sei denn: sich selbst in ihren Maßstäben.

Und nur pedantischen Rechenkünstlern schwindelt es be-denklich bei der Vorstellung, daß diese unvergleichliche Künstle-rin ihr über viele Generationen gewachsenes Publikum bereits im sechsten, demnächst sogar siebenten Jahrzehnt zu fesseln weiß: als Schauspielerin, als internationaler Filmstar, in Musicals am Broad-way oder in Berlin; im Radio oder auf Schallplatte und Konzert-podium als Chansonsängerin und einzig gültige Interpretin ihrer ureigenen Texte – oder sogar als Malerin versponnener, farbenstark erzählender Bilder, sowie in erster Linie als Schriftstellerin von Rang.

Ein Star also, eine begnadete Künstlerin; eine heute noch schöne, eine kluge, eine bedeutende Frau.

Eine Kultfigur. Ein Weltstar eben, »La Knef«.

Für viele schon Legende, für manche gar ein rotes Tuch.

Für andere Deutschlands letzte Diva, schillernde Leinwand-göttin etc. und für alle – ein Mythos.

Auserwählten ist sie bedingungsloser Freund –

und ach!: seht her, ein Mensch.

Knef: *eine* Silbe nur, *vier* Schriftzeichen –

doch sie bedeuten ein ganzes Universum.

Knef ist nämlich Plural.

ANHANG

CINEMA

D 1944
Träumerei
Regie: Harald Braun
Buch: Herbert Witt, Harald Braun
Musik: Werner Eisbrenner
Produzent: FA
mit: Hilde Krahl, Mathias Wieman,
Ulrich Haupt

D 1945
Die Brüder Noltenius
Regie: Gerhard Lamprecht
Buch: Frank Thieß, Richard Riedel
Musik: Hans Otto-Borgmann
Produzent: FA
mit: Willy Birgel, Adelheid Seeck,
Karl Schönböck

D 1945
Fahrt ins Glück
Regie: Erich Engel
Buch: Thea von Harbou
Musik: Michael Jary
Produzent: FA
mit: Käthe Dorsch, Rudolf Forster,
Gustav Knuth

D 1945
Unter den Brücken
Regie: Helmut Käutner
Buch: Walter Ulbrich, Helmut
Käutner, nach Motiven von Leo de
Laforgue
Musik: Bernhard Eichhorn

Produzent: FA (Erstaufführung in der
BRD 1950)
mit: Gustav Knuth,
Hannelore Schroth, Carl Raddatz

D 1946
Die Mörder sind unter uns
Regie: Wolfgang Staudte
Buch: Wolfgang Staudte
Musik: Ernst Roters
Produzent: EFA
mit: Ernst Wilhelm Borchert,
Arno Paulsen, Hilde Adolfi

D 1947
Zwischen gestern und morgen
Regie: Harald Braun
Buch: Herbert Witt, Harald Braun
Musik: Werner Eisbrenner
Produzent: NDF
mit: Victor de Kowa, Winnie Markus,
Willy Birgel

D 1948
Film ohne Titel
Regie: Rudolf Jugert
Buch: Helmut Käutner, Ellen
Fechner, Rudolf Jugert
Musik: Bernhard Eichhorn
Produzent: Camera-Film
mit: Hans Söhnker,
Irene von Meyendorff, Willy Fritsch

BRD 1950
Die Sünderin
Regie: Willi Forst
Buch: Gerhard Menzel
Musik: Theo Mackeben
Produzent: Deutsche Styria Film/
Junge Film-Union
mit: Gustav Fröhlich, Vera Friedberg,
Robert Meyn

USA 1951
Decision before dawn
Entscheidung vor Morgengrauen
Regie: Anatole Litvak
Buch: Peter Viertel, nach einem
Roman von John Howe
Musik: Franz Waxmann
Produzent: 20th Century-Fox
mit: Oskar Werner, O. E. Hasse,
Richard Basehart

BRD 1951
Es geschehen noch Wunder
Regie: Willi Forst
Buch: Willi Forst, Johannes Mario
Simmel
Musik: Theo Mackeben
Produzent: Junge Film-Union
mit: Willi Forst, Werner Fuetterer,
Richard Münch

BRD 1951
Nachts auf den Straßen
Regie: Rudolf Jugert
Buch: Fritz Rotter, Helmut Käutner
Musik: Vaclav Vich
Produzent: NDF/Intercontinental,
Erich Pommer
mit: Hans Albers, Lucie Mannheim,
Marius Goring

USA 1952
Diplomatic Courier
Kurier nach Triest
Regie: Henry Hathaway
Buch: Casey Robinson,
Liam O'Brien, nach einem Roman
von Peter Cheyney
Musik: Sol Kapla
Produzent: 20th Century-Fox
mit: Tyrone Power, Lee Marvin,
Patricia Neal, Karl Malden,
Charles Bronson

USA 1952
The snows of Kilimanjaro
Schnee am Kilimandscharo
Regie: Henry King
Buch: Casey Robinson, nach einer
Geschichte von Ernest Hemingway
Musik: Bernhard Herrmann
Produzent: 20th Century-Fox
mit: Gregory Peck, Ava Gardner,
Susan Hayward

USA 1952
Night without sleep
Regie: Roy Baker
Buch: Frank Partor, Elick Moll
Musik: Cyril Mockridge, Alfred
Newman, Ken Darby
Produzent: 20th Century-Fox
mit: Linda Darnell, Gary Merrill,
Joyce Mac-Kenzie

BRD 1952
Alraune
Regie: Arthur Maria Rabenalt
Buch: Karl Heuser, nach dem Roman
von Hanns Heinz Ewers
Musik: Werner R. Heymann
Produzent: Styria/Carlton
mit: Karlheinz Böhm, Harry Meyen,
Trude Hesterberg

F 1952
La Fête à Henriette
Auf den Straßen von Paris
Regie: Julien Duvivier
Buch: Henri Jeanson, Julien Duvivier
Musik: Georges Auric
Produzent: Régina
mit: Dany Robin, Michel Auclair

BRD 1952
Illusion in Moll
Regie: Rudolf Jugert
Buch: Fritz Rotter
Musik: Friedrich Meyer
Produzent: Intercontinental
(Erich Pommer)
mit: Hardy Krüger, Sybille Schmitz
Nadja Tiller

BRD 1953
Eine Liebesgeschichte
Regie: Rudolf Jugert
Buch: Axel Eggebrecht, Carl Zuck-
mayer
Musik: Werner Eisbrenner
Produzent: Intercontinental
(Erich Pommer)
mit: O.W. Fischer, Victor de Kowa,
Karl Ludwig Diehl

GB 1953
The man between
Gefährlicher Urlaub
Regie: Carol Reed
Buch: Harry Kurnitz, nach einer
Vorlage von Walter Ebert
Musik: John Addison
Produzent: London Film
mit: James Mason, Claire Bloom,
Wolfgang Neuss

GB 1954
Svengali
Svengali
Regie: Noel Langley
Buch: Noel Langley, nach der
Geschichte von George Du Maurier
Musik: William Alwyn
Produzent: Alderdale
mit: Donald Wolfit, Richard Pearson,
Terence Morgan

BRD 1954
Geständnis unter vier Augen
Regie: André Michel
Buch: Werner Jörg Lüddecke,
Hugo Maria Kritz, Answald Krüger
Musik: Werner Eisbrenner
Produzent: DLF
mit: Carl Raddatz, Ivan Desny,
Willy Maertens

BRD 1957
Madeleine und der Legionär
Regie: Wolfgang Staudte
Buch: Emil Burri, Johannes Mario
Simmel, Werner Jörg Lüddecke
Musik: Siegfried Franz
Produzent: Melodie/UFA
mit: Bernhard Wicki,
Hannes Messemer, Harry Meyen

F 1958
La Fille de Hambourg
Das Mädchen aus Hamburg
Regie: Yves Allégret
Buch: Frédéric Dard, Maurice
Auberge
Musik: Jean Ledrut
Produzent: Films Univers
mit: Daniel Gélin, Jean Lefébre

GB 1958
Subway in the sky
U-Bahn in den Himmel
Regie: Muriel Box
Buch: Jack Andrews,
nach einem Stück von Ian Main
Musik: Jeff Davis, Johnny Gregory
Produzent: Sidney Box
mit: Van Johnson, Albert Lieven

BRD 1958
Der Mann, der sich verkaufte
Regie: Josef von Baky
Buch: Erich Kuby
Musik: Georg Haentzschel
Produzent: Filmaufbau
mit: Hansjörg Felmy, Kurt Ehrhardt,
Antje Weisgerber

I 1960
La Strata dei Giganti
Die Furchtlosen von Parma
Regie: Guido Malatesta
Buch: Erpad de Riso,
Guido Malatesta
Musik: Gian Stellari, Gudio
Robuschi
Produzent: Tiberius
mit: Don Megowan, Paul Müller

A 1962
Lulu
Regie: Rolf Thiele
Buch: Rolf Thiele, nach zwei Dramen
von Frank Wedekind
Musik: Carl de Groof
Produzent: Vienna
mit: Nadja Tiller, O.E. Hasse,
Mario Adorf

F 1962
Catarina di Russia
Katharina von Rußland
Regie: Umberto Lenzi
Buch: Guido Malatesta, Umberto
Lenzi
Musik: Angelo Francesco Lavagnino
Produzent: Romana/SNC
mit: Sergio Fantoni, Giacomo Rossi
Stuart

F/I 1962
Landru
Der Frauenmörder von Paris
Regie: Claude Chabrol
Buch: Françoise Sagan, Claude
Chabrol
Musik: Pierre Jansen
Produzent: Rome-Paris
mit: Charles Denner,
Danielle Darrieux, Michèle Morgan

F 1962
Ballade pour un Voyou
Der dunkelgrüne Koffer
Regie: Jean-Claude Bonnardot
Buch: Jean-Claude Bonnardot,
Jacquelin Sundstrom,
Aleandre Tabor, Marcel Moussy
Musik: Samson Francois
Produzent: Caméra/Les Editions
Cinégraphiques
mit: Philippe Noiret, Laurent Terzieff

BRD/F 1962
Die Dreigroschenoper
Regie: Wolfgang Staudte
Buch: Wolfgang Staudte,
Günter Weisenborn
Musik: Kurt Weill
Produzent: Kurt Ulrichl/C.E.C.
mit: Curd Jürgens, Gerd Fröbe,
Sammy Davis jr.

BRD/A 1963
Das große Liebesspiel
Regie: Alfred Weidemann
Buch: Herbert Reinecker
Musik: Charlie Niessen
Produzent: Team/Wiener Stadthalle
mit: Lilli Palmer, Peter van Eyck,
Walter Giller

F/I/E 1963
Gibraltar
Geheimagentin in Gibraltar
Regie: Pierre Gaspard-Huit
Buch: Jean Stelli, Jacques Companeez
Musik: André Hossein
Produzent: Spéva/Ciné Alliance/
Filmsonor/Dear/Tecisa
mit: Gérard Barray, Elisa Montes

BRD 1964
Wartezimmer zum Jenseits
Regie: Alfred Vohrer
Buch: Eberhard Keindorff,
Johanna Sibelius
Musik: Martin Böttcher
Produzent: Rialto
mit: Götz George, Klaus Kinski,
Hans Clarin

BRD 1964
Verdammt zur Sünde
Regie: Alfred Weidemann
Buch: Eberhard Keindorff,
Johanna Sibelius, nach dem Roman
»Die Festung« von Jaeger
Musik: Gert Wilden
Produzent: Eichberg/Team
mit: Martin Held, Tilla Durieux
Heidelinde Weis

GB 1964
Mozambique
Blonde Fracht für Sansibar
Regie: Robert Lynn
Buch: Peter Yeldham
Musik: Johnny Douglas
Produzent: London Overseas
mit: Paul Hubschmid, Vivi Bach,
Dietmar Schönherr

GB 1967
The lost Continent
Bestien lauern vor Caracas
Regie: Michael Carreras
Buch: Michael Nash, nach einem
Stoff von Dennis Wheatley
Musik: Gerard Schurmann
Produzent: Seven Arts/Hammer
mit: Eric Porter, Suzanna Leigh,
Nigel Stock

BRD 1975
Jeder stirbt für sich allein
Regie: Alfred Vohrer
Buch: Miodrag Cubelic,
Anton Czerwik, nach dem Roman
von Hans Fallada
Musik: Gerhard Heinz
Produzent: Lisa/Constantin/Terra
mit: Carl Raddatz, Brigitta Mira,
Martin Hirthe

BRD 1978
Fedora
Regie: Billy Wilder
Buch: Billy Wilder, I.A.L. Diamond,
nach einem Stoff von Thomas Tryon
Musik: Miklós Rózsa
Produzent: N.F. Geria II/Bavaria
mit: Marthe Keller, William Holden,
Mario Adorf, José Ferrer,
Henry Fonda

BRD/F 1980
Checkpoint Charlie
vorm. *Warum die Ufos unseren Salat klauen*
Regie: Hansjürgen Pohland
Buch: Hansjürgen Pohland
Musik: Gruppe Kraan
Produzent: Martin Häußler,
Cine Contor
mit: Günter Pfitzmann, Curd Jürgens,
Ursela Monn

BRD/F 1985
Flügel und Fesseln
Regie: Helma Sanders-Brahms
Buch: Helma Sanders-Brahms,
Suzanne Schiffmann,
Sylvie Ponsard
Musik: Jürgen Knieper
Produzent: Helma Sanders Film-
produktion/Literarisches Colloquium
Berlin/Les films du Losange, Paris/
ZDF
mit: Brigitte Fossey, Ivan Desny,
Hermann Treusch

USA 1987
Witchcraft
Das Böse lebt
Regie: Martin Newlin
Buch: Daniel Davis
Musik: Carlo Maria Gordio
Produzent: Production Group u.
Filmirage
mit: David Hasselhoff, Linda Blair,
Catherine Hickland, Annie Roos

BRD 1995
Für mich soll's rote Rosen regnen
Regie: Walter Harrich
Buch: Danuta Harrich-Zandberg
Musik: Verschiedene
Produzent: Danuta Harrich-Zandberg
mit: Engel wider Willen, Udo
Jürgens, Konstantin Wecker u. a.

A 1999
Eine fast perfekte Hochzeit
Regie und Buch: Reinhard Schwabe-
nitzky
Musik: Verschiedene
Produzent: ORF u. Star-Film, Wien
mit: Elfi Eschke, Hans Clarin,
Lotte Ledl

THEATER

1945
Heute abend um sechs
Szenische Lesung
Tribüne,
Berlin

Raub der Sabinerinnen
Renaissancetheater,
Berlin

Hokuspokus
von Curt Goetz
Regie: Boleslaw Barlog

Ein Spiel um Liebe und Tod
von Romain Rolland

1946
Danach
von Helmut Weiß

Zum Goldenen Anker
von Marcel Pagnol

Wie es euch gefällt
von William Shakespeare

Drei Mann auf einem Pferd
von J. C. Holms und G. Abbott

1947
O Wildnis
von Eugen O'Neill

alle Aufführungen im
Schloßpark-Theater

1960
Der Nerz
von Félicien Marceau

1961
Nicht von Gestern
von Garson Kanin
Theater der freien Volksbühne,
Berlin

MUSICALS

1955 bis 1957
Silk Stockings
Imperial Theatre am Broadway,
New York, NY, USA

1988
Cabaret
Theater des Westens,
Berlin

TV

1960
Geliebte Stimme
von Jean Cocteau

1962
Golden Boy
von Clifford Odets

Laura
von Vera Caspary

1963
Ein Herr von der Polizei
Kriminalfilm

1965
Mrs. Dally
von William Hanley

1966
**Die Knef,
Bericht über ein Konzert**

1973
Show
Hildegard Knef '73

Hildegard Knef und ihre
Lieder 1975

1979
Der Alte

1982
Der Gärtner von Toulouse
von Georg Kaiser

1982
USA TV-Serie:
Scarecrow & Mrs. King
(Agentin mit Herz)

1985
TV-Porträt:
Nein, ich gebe niemals auf
(60. Geburtstag)

1989
In inniger Feindschaft

1990
Das Schloß am Wörthersee
Serie

1990
TV-Porträt:
Zwischen Gestern und Heute
(65. Geburtstag)

1991
Haus am See
Serie

1992
In weiter Ferne so nah

1993
Peter Strohm
Krimi-Serie

Berlin Break
Serie

1994
Tödliches Erbe
Kriminalfilm

DISCOGRAPHIE

Jeden Abend stehe ich am Hafen
(Schmidseder/v. Pinelli)
EV 10/51 (Elite Special 8580)

Ein Herz ist zu verschenken
(Zelibor/v. Pinelli)
EV 10/51 (Elite Special 8580)

Illusionen
(Rotter/Meyer)
EV 11/52 (Polydor 48 900)

Du bist wunderbar
(Rotter/Rotter)
Duett mit Maurice Teynac
EV 11/52 (Polydor 48 900)

Das Lied vom einsamen Mädchen
(Heymann/Gilbert)
EV 12/52 (Polydor 48 891)

Heut' gefall' ich mir
(Heymann/Gilbert)
EV 12/52 (Polydor 48 891)

Paris Loves Lovers
(Porter/Porter)
Duett mit Don Ameche
EV 7/55 (RCA LOC 1061/ USA)

It's a chemical reaction, that's all
(Porter/Porter)
EV 7/55 (RCA LOC 1016/USA)

Without Love
(Porter/Porter)
EV 7/55 (RCA LOC 1016/USA)

As on through the seasons we sail
(Porter/Porter)
Duett mit Don Ameche
EV 7/55 (RCA LOC 1016/USA)

La Fille de Hambourg
(Ledrut/Vian)
EV 6/58 (Fontana 460 583/
Frankreich)

Bal de Vienne
(Gallop/van Dam/Vian)
EV 8/58 (Fontana 460 591/
Frankreich)

C'etait pour jouer
(Salvador/Vian)
EV 8/58 (Fontana 460 591/
Frankreich)

J'aimerais Tellement CA
(Salvador/Vian)
EV 8/58 (Fontana 460 591/
Frankreich)

Qu'avez-vous fait de mon amant?
(Duhamel/Warren)
EV 8158 (Fontana 460 591/
Frankreich)

Das Mädchen aus Hamburg
(Ledrut/Vian/Lang)
EV 9/58 (Fontana 460 592)

A Nightingale sang in Berkeley Square
(Maschwitz/Sherwin)
EV 2/59 (Fontana 17 095/England)

My Heart belongs to Daddy
(Porter/Porter)
EV 2/59 (Fontana 17 095/England)

Baby, won't you please come home?
(Warfield/Williams)
EV 2/59 (Fontana 17 095/England)

When a woman loves a man
(Mercer/Jenkins/Hanighan)
EV 2/59 (Fontana 17 095/England)

Die geliebte Stimme
(Cocteau-Feist)
EV 10/61 (Polydor 42 017)

Er war nie ein Kavalier
(Niessen/Niessen)
EV 5/62 (Decca D 19 339)

... und der Mann mit der Harmonika
(Wilden/Niessen)
EV 5/62 (Decca D 19 339)

Aber schön war es doch
(Niessen/Relin)
EV 10/62 (Decca D 19 385)

Das Lied vom Leierkastenmann
(Niessen/Niessen)
EV 10/62 (Decca D 19 385)

Macky-Messer
(Weill/Brecht)
EV 1/63 (Decca D 19 400)

Seeräuber-Jenny
(Weill/Brecht)
EV 1/63 (Decca D 19 400)

Zuhälterballade
(Weill/Brecht)
Duett mit Curd Jürgens
EV 1/63 (Decca BLK 16 242)

Dreigroschen-Finale II
(Weill/Brecht)
Duett mit Gert Fröbe
EV 1/63 (Decca BLK 16 242)

Es war beim Bal paré
(Niessen/Relin)
EV 5/63 (Decca D 19 441)

Er hieß nicht von Oerzten
(Niessen/Niessen)
EV 5/63 (Decca D 19 441)

(Ich hab' so) Heimweh nach dem Kurfürstendamm
(Kamp/Schwenn)
EV 8/63 (Decca D 19 458)

Ich hab' noch einen Koffer in Berlin
(Siegel/v. Pinelli)
EV 8/63 (Decca D 19 458)

Die Gigerlkönigin
(Lincke/Jürgens/Seifert)
EV 8/63 (Decca SLK 16 253)

Es war in Schöneberg
(Kollo/Bernauer/Schanzer)
EV 8/63 (Decca SLK 16 253)

Wenn ein Mädel einen Herrn hat
(Kollo/Wolff/Haller/Pordes/Milo)
EV 8/63 (Decca SLK 16 253)

Die Männer sind alle Verbrecher
(Kollo/Bernauer/Schanzer)
EV 8/63 (Decca SLK 16 253)

Ich bin von Kopf bis Fuß auf Liebe eingestellt
(Holländer/Holländer)
EV 8/63 (Decca SLK 16 253)

Ich weiß nicht, zu wem ich gehöre
(Holländer/Liebmann/Holländer)
EV 8/63 (Decca SLK 16 253)

Zwei in einer großen Stadt
(Kollo/Kollo)
EV 8/63 (Decca SLK 16 253)

Wenn die Sonne hinter den Dächern versinkt
(Kreuder/Schwenn)
EV 8/63 (Decca SLK 16 253)

Wake the town and tell the people
(Livingstone/Gallop)
EV 8/63 (Decca SLK 16 253)

So ist Paris
(Ferré/Siegel)
(Paris canaille)
EV 8/63 (Decca SLK 16 253)

Die Nacht ist nicht allein zum Schlafen da
(Mackeben/Hesse)
EV 8/63 (Decca SLK 16 253)

Pigalle
(Gietz/Bradtke)
EV 8/63 (Decca SLK 16 253)

Hallelujah
(Youmans/Robin/Grey)
EV 8/63 (Decca SLK 16 253)

C'est si bon
(Betti/Siegel)
EV 8/63 (Decca SLK 16 253)

Bel ami
(Mackeben/Beckmann)
EV 8/63 (Decca SLK 16 253)

All of me
(Simons/Marks/Marks)
EV 8/63 (Decca SLK 16 253)

Wenn wir zwei uns wiederseh'n
(Wayne/Loose)
EV 8/63 (Decca SLK 16 253)

So oder so ist das Leben
(Mackeben/Beckmann)
EV 8/63 (Decca SLK 16 253)

Goodbye, Jonny
(Kreuder/Beckmann)
EV 8/63 (Decca SLK 16 253)

Der Reigen
(Strauss/Feltz)
EV 8/63 (Decca SLK 16 253)

Sous les Ponts de Paris
(Scotto/Rodor)
EV 8/63 (Decca SLK 16 253)

Domino
(Ferrari/Siegel)
EV 8/63 (Decca SLK 16 253)

Rififi
(Philippe/Gerard/Feltz/Siegel)
EV 8/63 (Decca SLK 16 253)

Der Schleier fiel von meinen Augen
(Kosma/Siegel)
EV 8/63 (Decca SLK 16 253)

Ich hab' mich so an dich gewöhnt
(Rotter/Gaze)
EV 8/63 (Decca SLK 16 253)

Georgia on my mind
(Carmichael/Gorrell)
EV 8/63 (Decca SLK 16 253)

Eins und eins, das macht zwei
(Niessen/Niessen)
EV 10/63 (Decca D 19 472)

So hat alles seinen Sinn
(Niessen/Relin)
EV 10/63 (Decca D 19 472)

Wo einmal nichts war
(Niessen/Niessen)
EV 2/64 (Decca SLK 16 279)

Fever
(Davenport/Colley)
EV 2/64 (Decca SLK 16 279)

Die Welt war jung
(Philippe/Gerard/Colpet)
EV 2/64 (Decca SLK 16 279)

Sei doch so wie damals
(Niessen/Niessen)
EV 4/64 (Decca D 19 536)

Karussell-Karussell
(Niessen/Niessen)
FV 4/64 (Decca D 19 536)

Das geht beim ersten Mal vorbei
(Niessen/Niessen)
EV 9/64 (Decca D 19 613)

Da kannst du was – da hast du was
(Niessen/Niessen)
EV 9/64 (Decca D 19 613)

Lola und Jonny
(Wilden/Wilden/Colpet)
EV 11/64 (Decca SLK 16 313)

Wiegenlied für ein Wunderkind
(Niessen/Niessen)
EV 11/64 (Decca SLK 16 313)

The man I love
(Gershwin/Gershwin)
EV 11/64 (Decca SLK 16 313)

Wenn die Welt zu ändern wär'
(Wilden/Niessen)
EV 11/64 (Decca SLK 16 313)

Grauer Regen
(Wilden/Niessen)
EV 11/64 (Decca SLK 16 313)

Das Brautkleid trug sie zur Maienzeit
(Wilden/Niessen)
EV 11/64 (Decca SLK 16 313)

Kleines Solo
(Niessen/Kästner)
EV 11/64 (Decca SLK 16 313)

Wer will mit mir tanzen?
(Wilden/Niessen)
EV 11/64 (Decca SLK 16 313)

Je t'attends
(Bécaud/Aznavour)
EV 11/64 (Decca SLK 16 313)

Frag' nicht, warum ich gehe
(Stolz/Reisch/Robinson)
EV 11/64 (Decca SLK 16 313)

Patachou
(Niessen/Niessen)
EV 11/64 (Decca SLK 16 313)

Ilse
(Wedekind/Wedekind)
EV 11/64 (Decca SLK 16 600)

Mrs. Dally
(Henley/Capell)
Aufnahme des Theaterstücks
mit Günter Pfitzmann
EV 1/65 (Decca DSC 13 904)

Liebespaar am Fenster
(Niessen/Tucholsky)
EV 3/65 (Decca SDSC 13 903)

Halt auf freiem Felde
(Tucholsky)
EV 3/65 (Decca SDSC 13 903)

Danach
(Tucholsky)
EV 3/65 (Decca SDSC 13 903)

Rezepte gegen Grippe
(Tucholsky)
EV 3/65 (Decca SDSC 13 903)

In Japan ist alles so klein
(Grund/Tucholsky)
EV 3/65 (Decca SDSC 13 903)

Wie wird man Generaldirektor
(Tucholsky)
EV 3/65 (Decca SDSC 13 903)

Der Kontrollierte
(Tucholsky)
EV 3/65 (Decca SDSC 13 903)

Deutscher Abend
(Wilden/Tucholsky)
EV 3/65 (Decca SDSC 13 903)

Zeugung
(Tucholsky)
EV 3/65 (Decca SDSC 13 903)

Augen in der Großstadt
(Bienert/Tucholsky)
EV 3/65 (Decca SDSC 13 903)

Das Lächeln der Mona Lisa
(Tucholsky)
EV 3/65 (Decca SDSC 13 903)

Die Unpolitische
(Tucholsky)
mit Heini Göbel und Waldemar
Müller
EV 3/65 (Decca SDSC 13 903)

Ein Glas klingt
(Tucholsky)
EV 3/65 (Decca SDSC 13 903)

Nur
(Bienert/Tucholsky)
EV 3/65 (Decca SDSC 13 903)

Machen Sie das mal den ganzen Tag!
(Tucholsky)
EV 3/65 (Decca SDSC 13 903)

An das Publikum
(Tucholsky)
EV 3/65 (Decca SDSC 13 903)

In dieser Stadt
(Niessen/Niessen)
EV 10/65 (Decca D 19 732)

Wintersonne
(Wilden/Niessen)
EV 10/65 (Decca D 19 732)

Gestern hab' ich noch nachgedacht
(Niessen/Knef)
EV 2/66 (Decca SLK 16 383)

Berlin, dein Gesicht hat Sommer-sprossen
(Niessen/Knef)
EV 2/66 (Decca SLK 16 383)

Ich brauch' kein Venedig
(Niessen/Knef)
EV 2/66 (Decca SLK 16 383)

Tage hängen wie Trauerweiden
(Wilden/Knef)
EV 2/66 (Decca SLK 16 383)

Werden Wolken alt?
(Wilden/Knef)
EV 2/66 (Decca SLK 16 383)

Ostseelied
(Niessen/Knef)
EV 2/66 (Decca SLK 16 383)

Ich bin zu müde, um schlafen zu geh'n
(Niessen/Knef)
EV 2/66 (Decca SLK 16 383)

Ich möchte am Montag mal Sonntag haben
(Niessen/Knef)
EV 2/66 (Decca SLK 16 383)

Ich wollte dich vergessen
(Wilden/Knef)
EV 2/66 (Decca SLK 16 383)

Ich fühl' mich schuldig
(Niessen/Knef)
EV 2/66 (Decca SLK 16 383)

Guten Tag, mein Zuhause
(Niessen/Knef)
EV 2/66 (Decca SLK 16 383)

Er war der Schönste in der Klasse
(Wilden/Knef)
EV 2/66 (Decca SLK 16 383)

Ohne dich
(Niessen/Knef)
EV 2/66 (Decca SLK 16 383)

Bei dir war es immer so schön
(Mackeben/Beckmann)
EV 6/66 (Decca SHZT 537)

All of you
(Porter/Porter)
EV 6/66 (Decca SHZT 537)

Yesterday
(Lennon/McCartney)
EV 6/66 (Decca SHZT 537)

Von nun an ging's bergab
(Hammerschmid/Knef)
EV 3/67 (Decca SLK 16 466)

Vergiß sie ...
(Hammerschmid/Knef)
EV 3/67 (Decca SLK 16 466)

Was hab' ich von meinem Doppelbett, wenn du auf Nachtschicht bist?
(Hammerschmid/Knef)
EV 3/67 (Decca SLK 16 466)

Laß' mich bei dir sein
(Noris/Knef)
EV 3/67 (Decca SLK 16 466)

Samtbraune Augen
(Hammerschmid/Knef)
EV 3/67 (Decca SLK 16 466)

Die alte Frau
(Niessen/Knef)
EV 3/67 (Decca SLK 16 466)

Der erste Tag mit dir
(Hammerschmid/Knef)
EV 3/67 (Decca SLK 16 466)

Ich zieh' mich an und langsam aus
(Hammerschmid/Knef)
EV 3/67 (Decca SLK 16 466)

Der Mond hatte frei
(Noris/Knef)
EV 3/67 (Decca SLK 16 466)

Vergess'ner Sonnenhut im Gras
(Hammerschmid/Knef)
EV 3/67 (Decca SLK 16 466)

Na und ...?
(Hammerschmid/Knef)
EV 3/67 (Decca SLK 16 466)

Das Glück kennt nur Minuten
(Thieme/Knef)
EV 3/67 (Decca SLK 16 466)

Protest eines Denkmals
(Hammerschmid/Knef)
EV 3/67 (Decca SLK 16 466)

Der Mann – Die Frau – Das Mädchen
(Hammerschmid/Knef)
EV 3/67 (Decca SLK 16 466)

Halt' mich fest
(Hammerschmid/Knef)
EV 3/67 (Decca SLK 16 466)

Das waren schöne Zeiten
(Niessen/Niessen)
EV 10/67 (Decca D 19 890)

Er setzt mich von der Steuer ab
(Niessen/Niessen)
EV 10/67 (Decca D 19 890)

Einsam
(de Vol/Siegfried)
EV 11/67 (Decca D 19 893)

Tausendmal am Tag
(Bernard/Gerald/Colpet)
EV 11/67 (Decca D 19 893)

Sei mal verliebt
(Porter/Porter/Mleinek)
EV 2/68 (Decca SLK 16 540)

Geh' fort von hier
(Porter/Porter/Mleinek)
EV 2/68 (Decca SLK 16 540)

Ich bin leider viel zu faul
(Porter/Porter/Mleinek)
EV 2/68 (Decca SLK 16 540)

Die Herrn ...
(Porter/Porter/Mleinek)
EV 2/68 (Decca SLK 16 540)

Nichts haut mich um – aber du
(Porter/Porter/Mleinek)
EV 2/68 (Decca SLK 16 540)

Endstation
(Porter/Porter/Mleinek)
EV 2/68 (Decca SLK 16 540)

Gern bereit
(Porter/Porter/Mleinek)
EV 2/68 (Decca SLK 16 540)

In der Stille der Nacht
(Porter/Porter/Mleinek)
EV 2/68 (Decca SLK 16 540)

Nur das und nicht mehr
(Porter/Porter/Mleinek)
EV 2/68 (Decca SLK 16 540)

Du hast mich ganz in der Hand
(Porter/Porter/Mleinek)
EV 2/68 (Decca SLK 16 540)

Träume heißen Du
(Porter/Porter/Mleinek)
EV 2/68 (Decca SLK 16 540)

Ich lieb' dich ganz pauschal
(Porter/Porter/Mleinek)
EV 2/68 (Decca SLK 16 540)

Für mich soll's rote Rosen regnen
(Hammerschmid/Knef)
EV 11/68 (Decca D 19 960)

Ich glaub', 'ne Dame werd' ich nie
(Rodgers/Hart/Mleinek)
EV 11/68 (Decca SD 3000/1-2)

This girl's in love with you
(Bacharach/David)
EV 11/68 (Decca SD 3000/1-2)

Mein Zimmer bei Nacht
(Hammerschmid/Knef)
EV 11/68 (Decca SD 3000/1-2)

Wird Herbst da draußen
(Niessen/Knef)
EV 11/68 (Decca SD 3000/1-2)

Prost Neujahr
(Russell/Knef)
EV 11/68 (Decca SD 3000/1-2)

**Die Welt ging unter am Zürichsee,
bei 30 Grad im Schatten**
(Niessen/Knef)
EV 11/68 (Decca SD 3000/1-2)

Doch hör' nicht auf mich
(Hammerschmid/Knef)
EV 11/68 (Decca SD 3000/1-2)

Mame
(Herman/Herman)
EV 11/68 (Decca SD 3000/1-2)

I travel alone
(Coward/Coward)
EV 11/68 (Decca SD 3000/1-2)

Wenn du mich einmal loswerden willst
(Gulda Weiser)
EV 11/68 (Decca SD 3000/1-2)

Zwei Meter Bein
(Niessen/Knef/Niessen)
EV 11/68 (Decca SD 3000/1-2)

Das war mal mein Paradies
(Niessen/Niessen)
EV 11/68 (Decca SD 3000/1-2)

Dein erstes graues Haar
(Niessen/Niessen)
EV 11/68 (Decca SD 3000/1-2)

Ein kurzes Jahr
(Böttcher/Knef)
EV 11/68 (Decca SD 3000/1-2)

Wann fing es an, so aufzuhören?
(Hammerschmid/Knef)
EV 11/68 (Decca SD 3000/1-2)

Love for sale
(Porter/Porter)
EV 8/69 (Decca SLK 16 608)

Too bad
(Hammerschmid/Knef/Cameron)
EV 8/69 (Decca SLK 16 608)

How do you do it?
(Murray/Murray)
EV 8/69 (Decca SLK 16 608)

In this old town
(Niessen/Niessen/Stellman)
EV 8/69 (Decca SLK 16 608)

No sad songs for me
(Springfield/Springfield)
EV 8/69 (Decca SLK 16 608)

Time will say nothing
(Osborne/Auden)
EV 8/69 (Decca SLK 16 608)

The lady is a tramp
(Rodgers/Hart)
EV 8/69 (Decca SLK 16 608)

From here on it got rough
(Hammerschmid/Knef/Cameron)
EV 8/69 (Decca SLK 16 608)

Heading for a love affair
(Böttcher/Knef/Stellman)
EV 8/69 (Decca SLK 16 608)

Wieviel Menschen waren glücklich, daß du gelebt?
(Hammerschmid/Knef)
EV 2/70 (Decca SLK 16 633)

Schwertfisch
(Hammerschmid/Knef)
EV 2/70 (Decca SLK 16 633)

(Ich brauch') Tapetenwechsel
(Hammerschmid/Knef)
EV 2/70 (Decca SLK 16 633)

Insel meiner Angst
(Hammerschmid/Knef)
EV 2/70 (Decca SLK 16 633)

Elvira O.
(Hammerschmid/Knef)
EV 2/70 (Decca SLK 16 633)

Friedenskampf und Schadenfreude
(Hammerschmid/Knef)
EV 2/70 (Decca SLK 16 633)

Liebe auf den hundertsten Blick
(Hammerschmid/Knef)
EV 2/70 (Decca SLK 16 633)

Mein Zeitbegriff
(Hammerschmid/Knef)
EV 2/70 (Decca SLK 16 633)

Der Tag holt Luft
(Hammerschmid/Knef)
EV 2/70 (Decca SLK 16 633)

Im achtzigsten Stockwerk
(Hammerschmid/Knef)
EV 2/70 (Decca SLK 16 633)

Die Herren dieser Welt
(Hammerschmid/Knef)
EV 2/70 (Decca SLK16 633)

Eisblumen
(Hammerschmid/Knef)
EV 2/70 (Decca SLK 16 633)

Dein Zug fährt gleich ab
(Wilden/Niessen)
EV 8/70 (Decca DS 3117/1-2)

Im Schlaf streck' ich meine Hand aus
(Thieme/Knef)
EV 8/70 (Decca DS 3117/1-2)

Der geschenkte Gaul
(Knef)
Hildegard Knef liest
EV 11/70 (Decca 3124/1-2)

Was? Dir geht's gut?
(Humphries/Knef)
EV 10/71 (Decca SLK 16 734)

Ich erkenne dich nicht wieder
(Humphries/Knef)
EV 10/71 (Decca SLK 16 734)

Lieber Herr, liebe Frau
(Humphries/Knef)
EV 10/71 (Decca SLK 16 734)

13 Fische
(Humphries/Knef)
EV 10/71 (Decca SLK 16 734)

Worum geht's hier eigentlich?
(Humphries/Knef)
EV 10/71 (Decca 16 734)

Ferienzeit
(Knef/Hammerschmid/Knef)
EV 10/71 (Decca SLK 16 734)

Nur mit dir
(Humphries/Knef)
EV 10/71 (Decca SLK 16 734)

Such' das Schöne
(Humphries/Knef)
EV 10/71 (Decca SLK 16 734)

Die Schnecke
(Humphries/Knef)
EV 10/71 (Decca SLK 16 734)

Ein Freund
(Hammerschmid/Knef)
EV 10/71 (Decca SLK 16 734)

Ich wart' auf die Nacht
(Hammerschmid/Knef)
EV 10/71 (Decca SLK 16 734)

Schmelzen Butterblumen?
(Hammerschmid/Knef)
EV 10/71 (Decca SLK 16 734)

Natascha
(Hammerschmid/Knef)
EV 10/72 (Philips 6305 159)

Wie war deine Stimme?
(Hammerschmid/Knef)
EV 10/72 (Philips 6305 159)

Fragebogen
(Hammerschmid/Knef)
EV 10/72 (Philips 6305 159)

Ich sing' dein Lied
(Hammerschmid/Knef)
EV 10/72 (Philips 6305 159)

Jene irritierte Auster
(Hammerschmid/Knef)
EV 10/72 (Philips 6305 159)

Wenn das alles ist
(Leiber/Stoller/Knef)
EV 10/72 (Philips 6305 159)

Ich weiß nur noch seinen Namen
(Hammerschmid/Knef)
EV 10/72 (Philips 6305 159)

Mutlosigkeit
(Hammerschmid/Knef)
EV 10/72 (Philips 6305 159)

Von A bis Z
(Hammerschmid/Knef)
EV 10/72 (Philips 6305 159)

Scheu geworden
(Hammerschmid/Knef)
EV 10/72 (Philips 6305 159)

Sie sah nach gar nichts aus
(Hammerschmid/Knef)
EV 10/72 (Philips 6305 159)

Und ich dreh' mich nochmal um
(Hammerschmid/Knef)
Die Linden
EV 10/72 (Philips 6305 159)

Texte
(Hildegard Knef)
EV 10/72 (Philips 6435 009)

Der leergegähnte Jüngling

Sie sah nach gar nichts aus

*Die Kartoffeln sind nicht mehr
gefroren*

Von allen Fahnenstangen

Ein Quadrat, der Hinterhof

Wie war deine Stimme?

Jene irritierte Auster

Lammfellmantel knöchellang

Es ist nicht ordentlich, das Leben

Und ich frag' mich Larifari

Scheu geworden

Kaum abgenabelt

Der Blinddarm

Der Föhn

Die haben uns mißverstanden

Ich weiß nur noch seinen Namen

Und das ganze wär' ein Segen

Totensonntach

Sie hält dir die Stunden vor

Draußen war's kalt

Müdigkeit in jeder Ader

Es gibt Menschen

Ausweglos der Weg

*Sie stehen alle auf und sind einer
Meinung*

Rostig das Gewissen

Platons Utopia

Zwei Staubsauger

Vom Tellertragen

Spruchbänder laufen Absätze schief

Ich erkenne dich nicht wieder

Schmelzen Butterblumen?

Lieber Herr, liebe Frau

Der Tag holt Luft

Die Herren dieser Welt

Auntie
(v. Hemert/v. Hemert)
mit Enrico Macias, Alice Babs,
Sandra & Andres, Demis Roussous,
Vicky Leandros
EV 12/72 (Philips 6832 032)

I will be the singer
(Humphries/Humphries)
EV 8/73 (Decca SD 3023/1-2)

Holiday time
(Knef/Hammerschmid/Knef)
EV 8/73 (Decca SD 3023/1-2)

Christina
(Humphries/Knef/Humphries)
EV 8/73 (Decca SD 3023/1-2)

Frau von Dorndorf-Klosterfelden
(Hammerschmid/Knef)
EV 2/74 (Philips 6303 106)

**Wer nicht verrückt wird,
der ist nicht normal**
(Hammerschmid/Knef)
EV 2/74 (Philips 6303 106)

Ich bin den weiten Weg gegangen
(Hammerschmid/Knef)
EV 2/74 (Philips 6303 106)

Ich zieh' mal wieder um
(Hammerschmid/Knef)
EV 2/74 (Philips 6303 106)

Zirkus
(Hammerschmid/Knef)
EV 2/74 (Philips 6303 106)

Und sie hieß Marilyn
(Hammerschmid/Knef)
EV 2/74 (Philips 6303 106)

**17 Millimeter
fehlten mir zum Glück**
(Hammerschmid/Knef)
EV 2/74 (Philips 6303 106)

Ich liebe dich
(Hammerschmid/Knef)
EV 2/74 (Philips 6303 106)

Und schon liegst du schief
(Hammerschmid/Knef)
EV 2/74 (Philips 6303 106)

Der alte Wolf
(Blum/Blum)
EV 2/74 (Philips 6303 106)

**Ich möchte mich gern von mir
trennen**
(Niessen/Niessen)
EV 2/74 (Philips 6303 106)

Ich gebe alles auf
(Knef/Knef)
EV 2/74 (Philips 6303 106)

**Leg' doch nur einmal
den Arm um mich 'rum**
(Niessen/Niessen)
EV 2/74 (Philips 6303 106)

Das Urteil
(Knef)
Hildegard Knef liest aus ihrem
Roman
EV 6/75 (Philips 6641 320)

Applaus
(Strouse/Adams/Bronner)
EV 9/75 (Philips 6303 136)

Doch nie für mich
(Gershwin/Gershwin/Bronner)
EV 9/75 (Philips 6303 136)

Ich dachte an dich
(v. Heusen/Mercer/Bronner)
EV 9/75 (Philips 6303 136)

Ich fühl' mich heut' so jung
(Myrow/Gordon/Crohn/Bronner)
EV 9/75 (Philips 6303 136)

Ein seltsamer Kauz
(Morét/Whiting/Bronner)
EV 9/75 (Philips 6303 136)

**Ach, wie schön ist
so ein eig'ner Mann im Haus**
(Spina/Elliott/Bronner)
EV 9/75 (Philips 6303 136)

September Song
(Weill/Anderson/Cyprys/Bronner)
EV 9/75 (Philips 6303 136)

Alle lachten ...
(Gershwin/Gershwin/Bronner)
EV 9/75 (Philips 6303 136)

Coffee Song
(Hillard/Miles/Bronner)
EV 9/75 (Philips 6303 136)

Warum lügt er mich immer an ...?
(Bacharach/David/Bronner)
EV 9/75 (Philips 6303 136)

Ich schreib' dir ein Buch
(Rodgers/Hart/Bronner)
EV 9/75 (Philips 6303 136)

Noch einen Drink auf die Liebe
(Arlen/Mercer/Bronner)
EV 9/75 (Philips 6303 136)

Im Falle eines Falles
(Blum/Blum)
EV 3/76 (Philips 6000 194)

Eine Frau ist eine Frau
(Soja/Dostal)
EV 3/76 (Philips 6000 194)

Bei dir war es immer so schön
(Mackeben/Beckmann)
EV 9/76 (Philips 6303 166)

**Was du mir erzählt hast
von Liebe und Treu'**
(Kreuder/Beckmann)
EV 9/76 (Philips 6303 166)

Lass' dein Herz bei mir zurück
(Jary/Balz)
EV 9/76 (Philips 6303 166)

**Es kann zwischen Heute und
Morgen**
(Kreuder/Beckmann)
EV 9/76 (Philips 6303 166)

Das alte Lied
(Love/Beda)
EV 9/76 (Philips 6303 166)

Du, du gehst an mir vorbei
(Misraki/Hess/Bennefeld)
EV 9/76 (Philips 6303 166)

Träume nur
(Mackeben/Beckmann)
EV 9/76 (Philips 6303 166)

Das war sein Milljöh
(Kollo/Pflanzer)
EV 9/76 (Philips 6303 166)

Lausige Zeiten
(Rehbein/Knef)
EV 2/77 (Philips 6303 173)

Laß' das Vergang'ne vergangen sein
(Rehbein/Knef)
EV 2/77 (Philips 6303 173)

Du bist mein Salz in der Suppe
(Niessen/Weyrich)
EV 2/77 (Philips 6303 173)

Solange du bei mir bist
(Sainte-Marie/Weyrich)
EV 2/77 (Philips 6303 173)

Larifari
(Rehbein/Knef)
EV 2/77 (Philips 6303 173)

Und wenn ich wage, dich zu lieben
(Rehbein/Knef)
EV 2/77 (Philips 6303 173)

Es hat alles einen Anfang
(Rehbein/Weyrich)
EV 2/77 (Philips 6303 173)

Ich liebe euch
(Rehbein/Knef)
EV 2/77 (Philips 6303 173)

Sie hat ihr Leben an den
Kleiderhaken Mensch gehängt
(Rehbein/Knef)
EV 2/77 (Philips 6303 173)

Anderthalb Millionen
(Schulz-Reichel/Weyrich)
EV 2/77 (Philips 6303 173)

Das Jahr 2000
(Rehbein/Knef)
EV 2/77 (Philips 6303 173)

Meine Lieder sind anders
(Rehbein/Weyrich)
EV 2/77 (Philips 6303 173)

Heimweh Blues
(Faltermeier/Weyrich)
EV 2/78 (Philips 6303 183)

New York, New York
(Kander/Ebb/Weyrich)
EV 2/78 (Philips 6303 183)

Ich brauch' ein Rettungsboot
(Faltermeier/Weyrich)
EV 2/78 (Philips 6303 183)

Heute morgen war Termin
(Faltermeier/Weyrich)
EV 2/78 (Philips 6303 183)

Die Straßenbahn Linie 3
(Niessen/Weyrich)
EV 2/78 (Philips 6303 183)

Lieber Leierkastenmann
(Kollo/Kollo)
EV 2/78 (Philips 6303 183)

Guten Morgen, Paul
(Faltermeier/Weyrich)
EV 2/78 (Philips 6303 183)

Ich könnte heulen
(Niessen/Weyrich)
EV 2/78 (Philips 6303 183)

Mein Nachbar, der Clown
(Niessen/Weyrich)
EV 2/78 (Philips 6303 183)

Wenn ich bedenk'
(Niessen/Niessen)
EV 2/78 (Philips 6303 183)

Mir geht es so wie dir
(Faltermeier/Weyrich)
EV 2/78 (Philips 6303 183)

Das ist Berlin
(Leux/Perl/Hannes/Balz)
EV 2/78 (Philips 6303 183)

Überall blühen Rosen
(Bécaud/Amade/Zimber)
EV 10/78 (Philips 6303 190)

Was wird aus mir?
(Bécaud/Delanoe/Bradtke)
EV 10/78 (Philips 6303 190)

Das ist Liebe
(Dumont/Makhno/Weyrich)
EV 10/78 (Philips 6303 190)

Ich geh' allein durch die Räume
(Berger/Weyrich)
EV 10/78 (Philips 6303 190)

Mein flaches Land
(Brel/Grasshoff)
EV 10/78 (Philips 6303 l90)

Parlez-moi d'amour
(Lenoir/Bader)
EV 10/78 (Philips 6303 l90)

Mein Ideal
(Aznavour/Bader)
EV 10/78 (Philips 6303 190)

La vie en rose
(Louiguy/Piaf/Doll/Weyrich)
EV 10/78 (Philips 6303 190)

Unter dem Himmel von Paris
(Giraud/Dréjac/Hoff/Weyrich)
EV 10/78 (Philips 6303 190)

La Bohème
(Aznavour/Plante/Bader)
EV 10/78 (Philips 6303 190)

Amsterdam
(Brel/Schneyder)
EV 10/78 (Philips 6303 190)

Moulin Rouge
(Auric/Larue/Siegel/Weyrich)
EV l0/78 (Philips 6303 l90)

Der Mensch muß unter die Leute
(Kaempfert/Weyrich)
EV 8/79 (Philips 6000 249)

Du hast mir so gefehlt
(Kaempfert/Rehbein/Weyrich)
EV 9/79 (Philips 6303 198)

Love
(Kaempfert/Gabler)
EV 9/79 (Philips 6303 198)

Wer will nochmal?
(Kaempfert/Rehbein)
EV 9/79 (Philips 6303 198)

Danke schön
(Kaempfert/Gabler)
EV 9/79 (Philips 6303 198)

**Da ist eine Zeit zu Lachen
und zu Leben**
(Rautenberg/Knef)
EV 8/80 (Philips 6302 039)

Ein Stück Himmel
(Rautenberg/Knef)
EV 8/80 (Philips 6302 039)

Wenn's dem Esel zu gut geht
(Rautenberg/Knef)
EV 8/80 (Philips 6302 039)

Ich liebe dich noch immer
(Humphries/Knef)
EV 8/80 (Philips 6302 039)

Ein Kind spielt Klavier
(Rautenberg/Knef)
Klaviersolo: Christina Palastanga
EV 8/80 (Philips 6302 039)

Wo ist mein Lachen geblieben?
(Humphries/Knef)
EV 8/80 (Philips 6302 039)

Nein, ich gebe niemals auf
(Humphries/Knef)
EV 8/80 (Philips 6302 039)

Das ist es doch, was ich gewollt
(Rautenberg/Knef)
EV 8/80 (Philips 6302 039)

Zugvögel
(Rautenberg/Knef)
EV 8/80 (Philips 6302 039)

Schau' sie an
(Humphries/Knef)
EV 8/80 (Philips 6302 039)

**Sie konnte ohne ihn
nicht mehr leben**
(Humphries/Knef)
EV 8/80 (Philips 6302 039)

Wir sind Chaoten
(Rautenberg/Knef)
EV 8/80 (Philips 6302 039)

„Tournee, Tournee"
Das Live-Album ihrer Konzertreise
EV 11/80 (Philips 6604 002)

In dieser Stadt

Tournee, Tournee

Von nun an ging's bergab

Wo ist mein Lachen geblieben

Ein Stück Himmel

*Leg doch noch einmal den Arm um
mich rum*

Ich brauch kein Venedig

Ostseelied

Die Herren dieser Welt

Jene irritierte Auster

Der alte Wolf

Schwertfisch

Mackie Messer

Amsterdam

Aus dem Musical
Der geschenkte Gaul:
Ouvertüre
(Faltermeier/Knef)

Wolken der Erinnerung

Ich bin Zuhaus'

Die Welt ist ein offenes Meer

Großvater hat sich umgebracht

Ich bin allein

Europa

Vielleicht ist das der Mann

Die Fehler meines Lebens

**Wir sind Brüder,
wir sind Schwestern**

That's life
(Gordon/Gordon)

Für mich soll's rote Rosen regnen

Da ist eine Zeit

Ich brauch Tapetenwechsel

Eins und Eins

Aber schön war es doch

Tournee, Tournee (Finale)

*Ich glaub, 'ne Dame werd' ich nie
(The Lady Is A Tramp)*

Wieso?
(Biersach/Knef)
EV 2/86 (HMV-Constant 4309)

Weißt du nicht mehr?
(Biersach/Knef)
EV 2/86 (HMV-Constant 4309)

Ways of love
(Tess/Weindorf/Lorenz/Yarbrough/
Tess)
Duett mit Glenn Yarbrough
EV 11/87 (PMV 887 171-7)

Sag' mir, wo die Blumen sind
3-Track-CD-Maxi
EV 6/92 (Polydor 422-861-7032-
320002)

Für mich soll's rote Rosen regnen
mit der Gruppe Extrabreit
CD-Maxi
EV 11/95 (Eastwest 630-861703-3)

Für mich soll's rote Rosen regnen
7-CD-Box incl. Film-Soundtrack
EV 11/95 (Eastwest 630-12998-2)

17 Millimeter
CD
EV 11/99 (Red Moon 3984-29736-2)

Wer war froh, daß es dich gab?
(Brönner/Knef/dt. Text H.-R.-Kunze)

Eins und Eins (Version '99)
(Niessen/Niessen)

17 Millimeter
(Brönner/Knef)

Ich war nie in Las Vegas
(Brönner/Knef)

Er geht mir rundum auf den Geist
(Brönner/Knef)

Herr Kalecke an der Ecke
(Brönner/Knef)

Im 80. Stockwerk
(Hammerschmid/Knef)

Wird Herbst da draußen
(Niessen/Knef)

Der Mann für dich
(Gershwin/dt. Text Andree/Knef)

Zum Schluß
(Brönner, Raab/Knef, Brönner, Raab,
Andree)

Für mich soll's rote Rosen regnen
(Hammerschmid/Knef)

Hildegard Knef
Ich seh' die Welt durch meine Augen
Wie LP + Bonus-Tracks:
In dieser Stadt
Wintersonne
east west 8573-80871-2

Hildegard Knef
Die großen Erfolge
Wie LP + Bonus-Tracks:
Da kannste was
Das geht beim ersten Mal vorbei
east west 8573-80872-2

Knef
Halt mich fest
Wie LP + Bonus-Tracks:
Er setzt mich von der Steuer ab
Das waren schöne Zeiten
Von nun an geht's bergab (Single-Version)
east west 8573-80873-2

Brecht/Weill
Die Dreigroschenoper
mit Hildegard Knef, Curd Jürgens

Wie LP + Bonus-Tracks:
Mackie Messer
Seeräuberjenny
east west 3984-23258-2

Hildegard Knef
Ihre großen Erfolge
Eurotrend 157.924
identisch mit
Hildegard Knef
Concert – Ihre großen Erfolge
Sonia 77073
live: 28.1.1986, Hamburg, Musikhalle

Hildegard Knef
Meine Lieder sind anders
Mercury 534538-2

Hildegard Knef
Ich sing dein Lied
Mercury 546865-2

Hildegard Knef
Nichts haut mich um (Big Hits)
Convoy CBU 67 217

BIBLIOGRAPHIE

Der geschenkte Gaul
Bericht aus einem Leben
1970
Molden Verlag Wien

Der geschenkte Gaul
1972
Ullstein Verlag Taschenbuch
Lizenzausgabe
(Ullstein Bücher 2902)

Ich brauch' Tapetenwechsel
Texte
Ullstein Verlag Taschenbuch
(Ullstein Bücher 3078)

Mensch gegen Mensch
Das Urteil
1978
Wilhelm Goldmann Verlag
(Goldmann Große Reihe 3520)

Das Urteil
oder der Gegenmensch
1975
Molden Verlag Wien

So nicht
1982
Albrecht Knaus Verlag, Hamburg,
Ferenczy Verlag, Zürich

Nichts als Neugier
Wilhelm Goldmann Verlag
(Goldmann Große Reihe 3690)
1977

Romy, Betrachtung eines Lebens
1983
Albrecht Knaus Verlag,
Hamburg/München

Heimweh-Blues
(Knef/Kossatz)
1978
Heyne Verlag (Ex Libris 40)

Auszeichnungen und Preise

1948
Filmfestspiele Locarno
(Vorläufer der Filmfestspiele in
Cannes): Auszeichnung für
Film ohne Titel

1951
Hildegard Knefs Zementabdrücke
vor ›Hollywood Grauman's
Chinese Theatre‹

1953
Französischer Kritikerpreis
für *Fête à Henriette*

1959
Bundesfilmpreis
für beste weibliche Nebenrolle in
Der Mann, der sich verkaufte

1964
Kleiner goldener Bär,
dem Publikumsliebling einer
Weltstadt

1968
Die Goldene Schallplatte
für 3 Millionen verkaufte
Langspielplatten

1972
Edison-Preis für beste Texte,
verliehen nach einer Konzert-Gala
in Amsterdam

1975
Bundesverdienstkreuz 1. Klasse

1975
Tschechischer Kritiker-Preis
für ihre Rolle in der Fallada-
Verfilmung
Jeder stirbt für sich allein

1976
Mark-Twain-Preis
in den USA für ihr Buch
Das Urteil

1977
Bundesfilmpreis
für ihr Gesamtwerk

1981
Goldene Tulpe,
holländischer Musikpreis,
den u. a. auch Ella Fitzgerald
und Frank Sinatra erhielten

1992
Helmut-Käutner-Preis
in Düsseldorf für
Die Mörder sind unter uns
als Zeugnis für den demokratischen
Neubeginn in Deutschland

1995
**Großer Verdienstorden des
Landes Berlin**
überreicht vom
Regierenden Bürgermeister
von Berlin, Eberhard Diepgen

1996
Marlene-Preis
der Bühnenunterhaltung

1999
Deutscher Videopreis
für Lebenswerk

2000
Goldene Kamera
Berliner Ehrenpreis

2000
Echo – Musikpreis
Europäischer Musikpreis
für Gesamtwerk

Personenregister

448 Seiten, ISBN 3-7844-2313-2

208 Seiten, ISBN 3-7844-2744-8

... *wenn man trotzdem lacht*

Ein schonungsloser Lebensbericht

Dieses Buch zeichnet, basierend auf Tagebucheintragungen und pointiert geschrieben, den Weg einer bis heute erfolgreichen Künstlerin und einer klugen, dem Leben positiv gegenüberstehenden, tapferen Frau nach.

Meine Wunder dauern etwas länger

Von der Kunst, lachen zu können

In ihrem letzten autobiografischen Buch bietet Liselotte Pulver wieder ihre unverwechselbare Mischung aus Humor, Lebensfreude und Herzlichkeit. Sie beweist einmal mehr ihr großes Talent, den Menschen Mut zu machen und Freude zu schenken.

Langen Müller

336 Seiten, ISBN 3-85002-448-2

Georg Markus

Die ganz Großen

Den Stars ganz nahe kommen

Der prominente Journalist erzählt von den großen Film- und Theaterstars des 20. Jahrhunderts. Es entstand ein einfühlsames Buch über die Lieblinge des Publikums Marlene Dietrich, Curd Jürgens, Hans Moser, Heinz Rühmann, Romy Schneider, Paula Wessely u.v.a. Markus, mit den meisten von ihnen persönlich bekannt, zeigt ihr Leben im Scheinwerferlicht, aber auch ihre Schicksalsschläge und kleinen Schrullen.

Amalthea